本书为江干区城市管理工作研究室课题
"城市管理现代化的杭州模式"（2045200079）的最终成果

城　市
治理现代化

杭 州 样 本

MODERNIZATION OF
URBAN GOVERNANCE

A SAMPLE OF HANGZHOU

张本效　著

社会科学文献出版社
SSAP
SOCIAL SCIENCES ACADEMIC PRESS (CHINA)

编委会名单

序 一

城市是日益重要的人居空间，具有五个普遍的特征：城市都是人口高度密集的地方，有以一个或一组目标来表示的明确的目的，都发育出一种系统的结构以规范和限制成员的行为，都有自己的地理空间背景和关系。现代城市管理是20世纪80年代以来逐步发展起来的理论与实践，其实质就是在市场化、全球化、数字化、绿色化背景下政府同市场、社区、自然一起使城市规划、设计、建设、营运等城市再生产各项活动完成得更具有高质量、更具有高效率、更加公平、更加安全、更加可持续的全员、全要素、全过程的管理。随着城市化水平不断提高，城市中国、城市世界的到来，如何治理城市已经成为决定中国和全球经济、社会、环境可持续发展命运的主要力量。

城市是创新中心。作为20世纪初开天辟地的新生事物，中国共产党自诞生之日起就为实现中华民族伟大复兴，一直高度重视从全局谋城市、以城市服务全局，不断形成和发展了中国城市战略治理思想，开辟了"农村包围城市，武装夺取政权"的革命道路，建立了社会主义城市制度，形成了以社会主义市场经济为基础的城市体制。为适应工业化、信息化、城镇化、农业现代化、绿色化深入发展的战略要求，20世纪末以来，如何在基于社会主义市场经济的城市体制框架下推进城市治理现代化成为我国现代城市治理的前沿课题，其探索经历了自发、规范、创新三个不同的发展阶段。浙江省杭州市以城市大脑为代表的智慧城市，是我国城市治理现代化的佼佼者，其中江干区则是杭州城市治理现代化的领跑者，其先进经验和先进做法在全国具有推广的重要价值。张本效教授撰写的《城市治理现代化：杭州样本》一书，立足于我国城市治理现代化的大背景，对杭州市江干区城市治理现代化实践进行了全面总结和系统分析，不仅生动展示了城市治理现代化的经验样本，而且提供了进一步开展城市治理现代化研究的重要理论基础，具有重要的城市治理理论和实践价值。

综览全书，有以下几点值得特别关注。

第一，江干区城管局"四化协同"的现代化治理实践。城市治理是一个复杂的社会巨系统，既有城管局内部的机构运转和部门协同问题，又有外部的条块关系问题，也有城市部件与城市事件的管处问题，还有服务城市社会和城市居民过程中诸多纷繁复杂的问题。理顺这些问题，以城市治理的科学与高效促进城市社会的良性运行和协调发展，是个很不容易的复杂系统工程。江干区城管局的"四化协同"实践，将如许的复杂问题用"四化协同"的框架予以整合与运行，取得了预期的成绩，堪称现代化城市治理创新的典范。

第二，党建工作与城市治理中心工作融合发展的新路径。江干城管人经由工作架构的搭建，为党建工作与城市治理中心工作的融合建构了平台，创新出党建城市治理工作融合化发展的新路径，确保了城市治理工作在党建引领下的健康快速发展。坚持中国共产党的领导是我们的制度优势，更是城市治理现代化健康快速发展的生命力源泉，探索二者间的乘数效应，实现"1＋1＞2"的常规路径，江干城管局做出了很好的探索努力。

第三，城市治理的科学化。城市治理是一门科学，经由科学的手段实现对城市的科学治理，是城市治理的题中之意。问题在于，怎样的治理理念、方式和手段是科学的？江干区城管局在四个维度上提供了参考。一是通过城市治理的标准化实现城市治理的科学化；二是通过城市治理的多元化实现城市治理的科学化；三是通过城市治理的个性化和差异化实现城市治理的科学化；四是通过城市治理的智慧化实现城市治理的科学化。这些探索既暗含着生产力的发展要求，也暗含着生产关系的阶段化特征，更有鲜明的时代特色，从特定的角度告诉人们，城市治理的科学追求，既应有为，也应大有作为。

第四，城市治理的创新驱动。作为"两引"之一的"创新引擎"，已经与江干区城管局整个城市治理工作融为一体，显见于"四化协同"的创新，已经不再是一时一事的偶发行为，而是涵盖了创新理念、创新体系、创新行动等诸多方面，是融入工作理念、融进工作体系、化为工作习惯、成为工作追求的体系化、集成化、常规化的行动理念与行为方式的"化"的集合。创新的理念、创新的思路、创新的行动和创新的成就弥漫于江干区城市治理现代化事业的方方面面,这给人以启迪:城市治理现代化发展过程,离不开创新发展的驱动和贡献,城市治理现代化与城市治理创新也是协同推进、同向而行的。

第五,城市治理的人本化。在杭州市江干区城市管理局"四化协同"城市治理现代化实践中,人本化具有特殊的位置和价值,主要体现在它与其他"三化"的互动关系之中,体现在整个城市治理现代化的初心与使命之中;从实践层面上看,则体现于江干城管人对初心与使命的执着、自觉的坚守,体现于融大爱于具体治理活动的"温度",体现于"以人为本"的高度,更体现于春风化雨般的城市治理现代化文化建设维度。坚守践行以人为本的城市治理,以一流的城市治理推动江干全域治理现代化走在最前列,"守初心",就是江干城管人在服务民众的基础上治理城市;"担使命",就是江干城管人切实把握好以人为本这一基础,坚持为民服务不避难,锲而不舍提升群众获得感、满意度。

第六,城市治理的发展趋势。在全书的最后,作者指出了我国城市治理未来发展的趋势,强调:未来的城市治理地位和作用日趋重要,面临的压力和挑战依然巨大,将始终高扬"党建引领",日益重视现代化文化建设、全体市民共治共享;未来的城市治理是科学化、智慧化与创新化协同推进,寓服务于治理,使"城市让生活更美好"。

未来的城市治理现代化会面临各种各样的风险与挑战,绝对不会是风平浪静的,但只要坚持以人民为中心的发展思想,坚持创新、协调、绿色、开放、共享的新发展理念,植根于形成新发展格局之中,走中国式现代化之路,相互学习、共同进步,前途之光明不可限量。该书的出版发行无疑有助于城市治理理论研究者与实际工作者相互学习、共同探索,共同进步,对我国城市治理现代化具有重要意义。

杨开忠

2021 年 4 月 24 日于北京香山

序　二

　　张本效教授是我带出的第一位博士，在其新书《城市治理现代化：杭州样本》（以下简称《城治》）出版之际，邀我赠其序一篇。

　　通览全文，《城治》给我印象最为深刻的是作者始终具有经世致用追求的探索精神，其中有几个值得我们关注的研究方法、重要思路及基本观点，体现了这种精神。

　　首先，《城治》选题有新意。正如作者在书中所言，我国的城市治理已经迎来了它的黄金发展时期。外在原因是：一方面，城市治理得到自中央到地方各级政府的推动和支持，得到全社会的关注和期待；另一方面，城市快速发展的客观实际催生出对现代化城市治理的无限需求。内在原因是：城市治理本身还存在着许多亟待攻克的难题，换句话说，当下的城市治理工作与中央及地方政府的要求、与城市快速发展的需求、与社会各界的期待还有一定的差距。因此，城市治理选题，不仅具有理论创新意义，更有解决现实生活中迫切需要解决的实际问题的应用价值。

　　其次，《城治》的研究方法值得借鉴。在阅读过程中可以清晰地感知到，该书的顺利完成得益于作者与杭州市江干区城市管理局领导和工作人员搭建起的良好合作关系。诚如书中所言，城市治理工作领域的典型案例并不少，适合研究的案例也不在少数，围绕着典型案例展开研究的学者和一线城管工作者也大有人在。但是，学者与城市治理具体工作的隔阂，城市治理实操者与城市治理学科发展和理论进步的隔阂，使两类研究者的成果要么是站在理论的角度雾里看花，要么是站在实践的角度自说自话，很难将理论与实践紧密结合，产出既有深度又有实践热度的优秀作品。因此，理论研究工作者和城市治理实操者之间建立起坦诚交流的合作关系至关重要。这是《城治》提供给后来者们富有操作价值的研究启迪。

最后，我非常认同《城治》关于城市治理"为人"与"立人"使命的观点。这是从更高的层次来理解城市治理、研究城市治理和致力于城市治理，是破解城市治理诸多难题的根本方法。正如作者所言，城市本质上就是人的城市，是芸芸众生让城市充满生命力，也是芸芸众生让城市病缠身。理顺了城市与人的竞合关系，才能保证城市的可持续发展。而能够理顺这种关系的武器，既不是物质化的城市，又不是只关注私利的市民，也不能是利益场中的市场，它只能是与现代化城市发展相呼应的城市管理文化。肩负起这一文化建设是城市治理责无旁贷的职责和义务。

能够体现作者经世致用追求的观点和思路可见于《城治》的各处，我仅就上述三个方面发表自己的一些看法。希望读者在阅读该书的过程中，关注《城治》的应用性追求，并在其中获得城市治理的操作化对策和启迪。

纪晓岚

2021 年 4 月 23 日于华理

目　录

第一章

导 论

　　在研究城市社会时，我们时常因为对"管理"和"治理"这两个概念的选择而纠结。从学理意义上讲，这两个概念内涵明确，边界清晰，但在现实生活中，它们却难以置信地纠缠在一起，明明是管理的，却有着治理的外衣；明明是治理的，却以管理的形式出现，这或许就是社会转型期的"转型现象"吧。研究发现，管理和治理的纠缠程度与城市的发达程度具有正相关关系：越是发达的城市，管理与治理纠缠的程度就越高，这种纠缠往往不是披上了治理外衣的管理，而是有着一颗治理"红心"的管理：行动理念、行动方式和目标指向皆为治理，却习惯化地沿用"管理"一词。本研究的样本城市杭州，是一个快速发展的现代化城市，在很大程度上，管理已经让位于治理，治理的现代化已全面展开，但在具体实践领域，"管理"依然是人们的习惯性用语。本着尊重研究样本的原则，在非必要之处，本研究沿用实践中的"管理"用语，以向读者展现原汁原味的客观实在。

　　2017 年，在撰写出版《城市管理学》[①] 普通高等教育"十三五"规划教材的时候，我们对我国城市治理发展态势做出了一个基本判断："城市治理进入黄金期。"当时做出这个判断的依据有三。第一，实践领域中城市管理迅猛发展，包括两个方面：一是各级别的城市管理机构在全国各地普遍成立，其管理触角不但遍及城市的各个领域、各个角落，而且以小城镇为依托，延伸到所辖的农村区域，可以说，城市管理已经成为政府管理

[①]　张本效主编《城市管理学》，中国农业大学出版社，2017。

城乡的重要抓手；二是城市管理的职能不断增加，"大城管"的概念甚至都不能涵盖城市管理的实际内容了。同时，城市管理不断规范化、科学化，城市管理从初始状态的"摸着石头过河"，并被社会各层人士不断诟病，发展成初具现代化特质的城市治理朝阳事业。

第二，我国城市化的快速推进、城市化率的快速提高，将城市管理日益打造成为城市社会最重要的管理事业，并将之推进到治理的高度，置于城市社会最关键、最核心的位置。2011 年，我国的城市化率首次超过50%，标志着我国正式告别农业社会，进入城市社会时代。与之相伴随的是，各种城市问题纷至沓来，多米诺骨牌效应让城市人应接不暇。当城市问题多发、频发，城市管理效果不佳之时，城市居民，包括不断涌入城市的农村人口，对城市品质的要求、对自身生活品质的要求却随着我国经济发展水平、人均收入水平的不断提高而迅速增多。再加上中央顶层设计对诸如改善城市秩序、促进城市和谐、提升城市品质、优化城市生态、完善城市文化等的高度重视和全面强调，助推了城市居民和城市社会对高质量城市管理的客观要求，导致现有城市的管理水平和管理绩效与城市居民的需求之间存在不小的落差，有时甚至出现严重脱节现象，城市管理成为现代城市良性运行、和谐发展急需补齐的短板，成为城市和谐发展最需要攻克的难关。[①] 正是上述因素凸显了城市管理在城市中的关键作用和核心位置。

第三，党中央的顶层政策设计。2015 年 12 月的中央城市工作会议明确指出："抓城市工作，一定要抓住城市管理和服务这个重点，不断完善城市管理和服务，彻底改变粗放型管理方式，让人民群众在城市生活得更方便、更舒心、更美好。"紧接着，2015 年 12 月 24 日《中共中央 国务院关于深入推进城市执法体制改革 改进城市管理工作的指导意见》出台，进一步强调要"以城市管理现代化为指向，以理顺体制机制为途径，将城市管理执法体制改革作为推进城市发展方式转变的重要手段，与简政放权、放管结合、转变政府职能、规范行政权力运行等有机结合，构建权责明晰、服务为先、管理优化、执法规范、安全有序的城市管理体制，推动城市管理走

---

① 张本效主编《城市管理学》，中国农业大学出版社，2017，前言，第 1~2 页。

向城市治理，促进城市运行高效有序，实现城市让生活更美好"。① 围绕城市管理问题的中央顶层设计，既是对实践中城市管理现状的回应，也是对市民需求的回应，还是对城市发展规律的认知和对城市良性运行与和谐发展的规范与引领。所以，在彼时我们认为，上述三者已经集体发力，正在并将共同建构起一个气象万千的城市管理朝阳事业。

近年来，习近平总书记多次就城市管理问题发表重要指示：2016 年 3 月 5 日，在参加十二届全国人大五次会议上海代表团审议时，习近平总书记强调"城市管理应该像绣花一样精细。城市精细化管理，必须适应城市发展。要持续用力、不断深化，提升社会治理能力，增强社会发展活力"。② 2018 年 11 月，在上海考察时，习近平总书记指示："提高城市治理水平，一定要在科学化、精细化、智能化上下功夫。我们创建国际一流的城市，要有一流的治理，我们要为此再进一步努力。"③ 2019 年 11 月，习近平总书记又指示："城市治理是推进国家治理体系和治理能力现代化的重要内容。衣食住行、教育就业、医疗养老、文化体育、生活环境、社会秩序等方面都体现着城市管理水平和服务质量。要牢记党的根本宗旨，坚持民有所呼、我有所应，把群众大大小小的事情办好。要推动城市治理的重心和配套资源向街道社区下沉，聚焦基层党建、城市管理、社区治理和公共服务等主责主业，整合审批、服务、执法等方面力量，面向区域内群众开展服务。要推进服务办理便捷化，优化办事流程，减少办理环节，加快政务信息系统资源整合共享。要推进服务供给精细化，找准服务群众的切入点和着力点，对接群众需求实施服务供给侧改革，办好一件件民生实事。"④ 2020 年 3 月，在湖北省考察新冠肺炎疫情防控工作时，习近平总书记指示："要着力完善城市治理体系。城市是生命体、有机体，要敬畏

---

① 《中共中央　国务院关于深入推进城市执法体制改革 改进城市管理工作的指导意见》，央广网，http://news.cnr.cn/native/gd/20151231/t20151231_520983244.shtml，最后访问日期：2015 年 12 月 31 日。

② 《习近平参加上海代表团审议》，新华网，http://www.xinhuanet.com/politics/2017-03/05/c_1120571919.htm，最后访问日期：2017 年 3 月 5 日。

③ 《习近平：要像绣花一样治理城市》，央广网，http://news.cnr.cn/native/gd/20181109/t20181109_524410929.shtml，最后访问日期：2018 年 11 月 9 日。

④ 《习近平在上海考察时强调　深入学习贯彻党的十九届四中全会精神　提高社会主义现代化国际大都市治理能力和水平》，央视网，http://news.cctv.com/2019/11/03/ARTIlpkB7kA3JmcrHAOMRzqb191103.shtml，最后访问日期：2019 年 11 月 3 日。

城市、善待城市，树立'全周期管理'意识，努力探索超大城市现代化治理新路子。要着力完善城乡基层治理体系。…… 要夯实社会治理基层基础，推动社会治理重心下移，构建党组织领导的共建共治共享的城乡基层治理格局。"① 2020 年 4 月，在浙江考察时，习近平总书记指出："城市治理是治理体系和治理能力现代化的重要内容。"② 习近平总书记对城市管理、城市治理的持续关注和重要指示显示了城市治理在城市现代化发展中的举足轻重地位和作用。

第一节　研究缘起

时至今日，回顾当初的判断，笔者生发出了诸多感慨，首先，确如上述判断所言，城市管理因为时代的需要和自身的努力，迎来了属于自己的"春天"，在保证和促进城市社会良性运行和协调发展方面发挥着越来越重要的作用；同时，城市管理自身日渐规范、管理理念日趋科学、管理行为日渐人性化、管理绩效不断提高，管理向治理的嬗变已悄然进行并在发达的城市得以实现。但是，始料不及的是，城市管理的客观环境发生着前所未有的巨变，因之，步入"春天"的城市管理也遭到前所未有的挑战，首先是智慧城市建设与发展带来的理念与技术的挑战，如何通过建设与发展"智慧城管"来满足智慧城市对城市治理的要求，成为城市管理者必须直面与解决的迫切问题。作为这方面的先行者，杭州市已经通过建设和运行"城市大脑"来应对巨变的客观环境挑战，但是，"城市大脑"并不必然能够带来一个和谐善治的城市，它更需要高素质、高效率的城市治理与之适应和匹配。面对这样的环境巨变，城市管理者们准备好了吗？他们遇到了哪些困局，又是如何破解这些困局的？这些问题强烈地吸引着笔者，笔者期望通过解读一些典型案例来研究适合与匹配智慧城市的现代化城市治理，特别是期望研究一些已经获得或接近获得成功的先行者，以期总结经验教训，为全国城市管理者们找到破解时代难题的钥匙。

---

① 《在湖北省考察新冠肺炎疫情防控工作时的讲话》，新华网，http://www.xinhuanet.com/politics/leaders/2020 - 03/31/c_1125794013.htm，最后访问日期：2020 年 3 月 10 日。

② 《"浙江行"第三日　习近平关注了这个话题》，央广网，http://news.cnr.cn/native/gd/20200402/t20200402_525039108_1.shtml，最后访问日期：2020 年 4 月 2 日。

另外的挑战也纷至沓来，其中，最具时代意义的是"文化城管"的建设和城市治理文化的建设，实际上，这个挑战与智慧城市的到来有着密切的关联。智慧城市已经让每个城市人、每次城市行动和每个城市事件透明化，并且这种透明化具有不可逆转和日趋进步的发展态势。因之，城市管理的传统理念、艺术和手段已经严重不适应这个透明化的城市，治理理念、艺术和手段的创新刻不容缓。那么，这些领域创新发展的基本方向在哪里呢？我们认为，润物细无声的、先进的、积极向上的城市治理文化是基本方向。实际上，城市治理的担当者不仅仅是城市管理局里的工作人员，也不仅仅是从事外包工作的城市管理相关人员，真正的城市治理担当者应该是居住、生活甚至是短暂路过城市的每个"城市人"。目前的城市管理，特别是20世纪末和21世纪初的城市管理，之所以绩效不高，之所以不断被诟病甚至是被污名化，很重要的原因是城市管理局一家单打独斗，其他的"城市人"没有直接参与，甚至也没有间接参与到城市管理事业中来，因此，当自身利益受损后，他们不是归咎于自身的不参与和不作为，而是将矛头指向"城管"。试想一下，当每个"城市人"都积极参与城市治理事业的时候，城市治理还是一件难事吗？要在城市中建设积极向上的城市治理文化，让每个"城市人"成为城市治理的自觉者。对于这项工作，城市管理局的领导和员工们准备好了吗？欲正人先正己，城市管理局内部指向的"文化城管"建设得如何了？能够扮演起城市治理文化的积极建构者角色吗？这些问题也强烈地吸引着我们，我们也期望通过解读一些典型案例来研究相关的问题。

还有一个挑战也不容忽视。法治中国建设已经呈现常态化，其积极成果就是国民法治意识的增强，城市管理执法如何利用好这片沃土、事半功倍地实现城市治理现代化目标，也是一个需要不断创新发展的课题。这个问题也强烈地吸引着我们，我们也期望通过解读一些典型案例来进行理论梳理和对策探讨，并希望为实践中的城市治理寻找到可以借鉴的经验、可资奋斗的标杆。

基于上述思考，我们开始寻找理想的研究目标，在寻找过程中，杭州市江干区城市管理局渐渐地进入我们的视野。原因有以下四个方面。一是过去研究经历见闻的激发。在"十三五"开局之年，我们接受杭州市某区的委托，编制该区"'十三五'城市管理发展规划"，在规划编制过程中，我们与该区城管局的各层级领导和工作人员进行了广泛深入的交往与交流。其间，我们了解到，在杭州市下辖的 13 个区县市中，该区城管局在杭州市城管系统城管目标考核中连续多年排名位居前列，是一个名副其实的城市管理先进单位。但是，他们多次向我们提及江干区城管局，并称其为杭州城管系统中的"老大"，对江干区城管局取得的工作成就大加褒扬。这引起了我们浓厚的兴趣。同行对其也有大量的正面评价和高度评价，这引起了我们的极大兴趣，并对之进行了有针对性的资料搜索。我们发现，近年来，特别是"十三五"期间，江干区城市管理局备受赞誉，在全市城管目标考核这个"大考"中，已经发挥了"领跑杭州"的作用。在我们苦苦寻找城市治理现代化的典型案例予以研究和解读的特殊时段，江干区城管局自然进入我们的选择范围。

二是老百姓的口碑。俗话说，金杯银杯不如老百姓的口碑，处于社会基层的老百姓是城市治理最大，也是最直接的利益相关群体，其中包括"城管"直接的管理对象，如流动摊贩、沿街商铺经营者、道板停车者及各类利益受损者等。从理论上讲，他们当中的每一个人都可能成为城管执法的利益受损者；事实上，在现实生活中，确实有许多人的利益，无论是正当利益还是非正当利益，在城管执法过程中都会受到影响。一般来说，受益的人不一定会感恩"城管"，但是受损的人极有可能会仇恨"城管"；从概率上看，同一件事情，受益者和受损者往往兼半。在这种情况下，想要获得老百姓的普遍赞誉，是十分困难的事情。恰恰是在这种情景中，江干区城管局的工作得到了各级领导和老百姓的普遍赞誉，年终部门绩效考核位居所有政府管理部门中的前三，这是一个了不起的成绩，他们究竟是如何做到的呢？其中是不是蕴含着城市治理现代化的一般路径和普遍经验？我们想进一步探索其中的奥妙，因此，自然而然地将其作为我们的优选对象予以关注和研究。

三是江干区城市管理局独特的地理位置和突出的管理绩效。江干区的区位特点优越，它不仅是杭州市委、市政府的驻地所在，也是杭州城市的"东大门"，是杭州新的政治中心、文化中心、枢纽中心，也是杭州市委市政府"城市东扩""拥江发展"决策的兴盛之地，是"西湖时代"迈向"钱塘江时代"的印证之地。

杭州市因为"城市大脑"等创新改革而名扬全国，成就了全国城市学习杭州的骄人业绩，而在杭州市城市管理圈内，已经形成了全市学习"江干城管"的格局。换句话说，江干城管因为在杭州市内的领先发展，因此自然也就在全国范围内处于领先发展位置，这是其地理位置赋予它的领先地位。因此，研究江干区的城市治理事业，既能够很好地体现整个杭州市城市治理的发展态势，对全国城市治理事业的推进也具有非凡的意义。实际上，江干区的城市治理事业与整个杭州市的城市发展是彼此呼应、相互促进的，可以说，是迅速发展的杭州成就了江干区城市管理"领跑杭州"的业绩。另外，"江干区城管驿站党建获评全国城市基层党建创新最佳案例，桶长制实践案例获评中环协 2019 年全国垃圾分类示范案例"，① 等等。由此，我们认为，江干区城市治理是一个极佳的城市治理现代化综合案例，是能够为全国城市治理事业提供最优、最新经验的典型案例，值得我们下大力气认真研究。

四是与金炜竑局长一拍即合的研究伙伴关系。多年的研究经验告诉我们，城市治理工作领域的典型案例并不少见，适合研究的案例也不在少数，围绕着典型案例展开相关研究的学者和一线城管工作者也大有人在。但是，学者与城市管理具体工作的隔阂，城市管理实操者与城市管理学科发展和理论进步的隔阂，使两类研究者的成果要么是站在理论的角度雾里看花，要么是站在实践的角度自说自话，很难将理论与实践紧密结合，形成既有理论深度又有实践热度的优秀作品。因此，这两类研究者之间能不能搭建起坦诚交流的研究伙伴关系是关键因素，也是决定最终研究成果能否忠于现实、是否具有针对性、是否具有可操作性、是否具有理论创新性的关键约束因素。幸运的是，在一次公务活动中，笔者与金炜竑局长不期而遇，局长丰富的工作阅历、工作背景及对城市治理的深刻洞见，以及笔者的学术研究背景和研究兴趣，使我们两人很快找到了共同的兴趣点。好的开始是成功的一半，首先，在金局长的推动下，江干区城管局成立了"江干城市管理工作研究室"，从目标定位、组织体系、主要职能、研究工作小组、推进步骤和相关要求六个方面建构起"研究室"的工作架构，这就从制度层面保证了合作研究的顺利进行；同时，江干区城管局还制定了

① 张冰静：《喜报：我区连续四年蝉联市对区城市管理目标考核主城区第一》，《江干城管》2020 年 3 月 1 日，第 1 版。

由规划科科长陈峰和妇联主席徐永盈为联络人的对接团队，使我们的研究合作有了常规性的运转机制保障。另外，我们组建了由笔者跟金炜竑局长两人担任主任的编委会，利用各自的资源优势，搭建起既具有战斗力又具有团队精神的研究团队；同时，邀请实务界和学术界中有见地的领导和专家组建了顾问团队，并在具体研究中得到了他们的指导和帮助。

上述诸种合力，让本研究最终选定杭州市江干区城市管理局作为我们的样本对象，并集合整个研究团队之力，解读与剖析杭州市江干区城市治理的现代化实践案例。在大量实证调研的基础上，经过精准的统计分析和反复的研究讨论，最终撰写出本研究成果。

第二节　研究目的和研究意义

一　研究目的

本研究以杭州市江干区城市管理局日常管理活动，特别是"十三五"期间的管理成就为研究对象，其间也会涉及与各地其他城管局典型案例的横向比较，旨在就下述问题做出有针对性的回答。

第一，江干区城市管理局的现代化治理实践如何？在这个实践样式内部，关键的结构性因素有哪些，各因素之间的比例关系及功能运转方式如何？其创新之处有哪些？可以为全国城市管理行业的从业人员提供哪些可资借鉴的成功经验？"江干实践"能否在全国推广，能否被全国其他城市管理局模仿与超越？可以为理论界的城市治理研究者提供什么样的研究素材和理论启迪。

我国的城市治理已发展，但还不成熟、不完善，江干区城市治理如此，杭州市域内的城市治理也如此，全国其他地方的城市治理更是如此。在这样的一个发展阶段，我国整个城市治理事业需要一个成功的典型，以资借鉴、模仿，甚至创新。成功者本身也需要总结经验、寻找不足，以促进自身更好更快地发展。江干区城市管理局已经通过自身的实践成就证明了自己发展路径的可行性和优越性，但是，对于"可行性具体表现在哪些方面，优越性之具体所在为何""自身积累的经验仅仅是有着严格范围限定的具体经验，还是具有普遍适用性价值的经验"等问题，还处于感性状态，没有上升到理性自觉。我们希望通过总结并提炼江干实践，让所有上述问题实现理性化和理论化，并且，从全国推广的可操作性角度，研究其内部的结构性关系，通过理性的力量、理论的魅力，助推全国城市治理的健康快速发展。

第二，江干区城管局治理现代化实践的支点是什么？在支点之上，江干区城市治理是如何高效运转的？

对城市治理的支点探讨，大多数人可能将注意力聚焦于技术支点方面，诚然，作为实践中的城市治理，技术，包括互联网、物联网、云计算等硬技术，也包括治理才能、治理经验、治理艺术等软技术，对城市治理的运行与发展至关重要，可以说，没有这些技术，就没有今天高效智能的城市治理。本研究的目的之一就是探究这些技术发挥作用的精准方式及其比例关系，为推行精准城管、科学城管奠定良好的基础；与此同时，本研究更加关注的是另一类治理支点，这就是党的建设这个具有无穷生命力的政治支点。江干区城市治理事业取得重大成就的一个重要原因，或者说是最关键原因，是创新发展高水平、高质量的党建工作。江干区城管局的党建工作不仅覆盖党组织内部的每个机构和每个党员干部，也覆盖局相关群团组织和群众，还覆盖有业务关系的流动党员，并且，这种覆盖不是形式主义的浅尝辄止，而是扎扎实实的到位工作。概言之，在江干区城管局，城市治理的技术支点和党的建设的政治支点，"两手抓、两手都要硬"，成为其创新发展的法宝，而"两引一坚持"①的工作思路不仅将党的建设置于全局工作最核心、最关键的位置，而且成为"务实"而非"务虚"的工作。本研究希望进一步提炼由这两个支点构成的支点体系，且在进一步操作化的基础上予以从理论上提升，还希望推广成为全国城市管理从业者创新发展城市治理事业的基本抓手。

第三，江干区城管局在探索发展过程中遭遇到了哪些风险？他们是如何克服这些风险的？这些风险管控措施与经验是如何反哺模式本身的？

与其他政府职能部门及其工作性质相比较，新兴的城市管理部门在日常工作中会遭遇到更多的工作不确定性和风险因素，而长期存在的"城

---

① "两引一坚持"是江干区城管局在实践工作中提炼出的一种工作思路和工作方法，具体包括"秉持党建引领、创新引擎和坚持标准化"三个方面的内容。

管"被污名化的事实，更加剧了这种不确定性和风险爆发的可能。2020年突发的新冠肺炎疫情，则从公共卫生事件领域提醒着城市管理者们工作风险的无处不在和严重后果。在风险如此之多的城市治理领域，江干区城管局在过去的工作中遭遇到哪些风险？他们是如何识别风险因子？又是如何克服风险，积极作为，践行现代化的城市治理理念的？在风险管控过程中，他们又是如何修正自己的工作，进一步改进和优化城市治理工作本身的？所有这些问题的回答，不仅对于江干区未来城市治理工作具有重要参考价值，而且对全国的城市治理工作者来说也具有重要的借鉴意义。

第四，江干区城市治理"为人"与"立人"的抓手是什么？其功能发挥的方式与路径如何？

"人民城市人民建，建好城市为人民"，相信大家可能会在城市的角角落落、在不经意的抬头间发现这条早已深入人心的标语。我们党的"以人为本"执政理念则将"人民城市"上升到空前的高度。因之，毫无疑问的是，城市治理的直接目的和最终目的都是"为人"，都是为人民服务，为"城市人"服务，"城市让生活更美好"是城市治理者的唯一追求。那么，城市治理如何"为人"？"为人"的抓手是什么？焦点问题在哪里？影响"为人"落地的又是哪些因素？这些应该是城市治理者们经常思考的问题，也是各类冲突事件中需要直面的焦点问题。另外，现代化的城市治理需要更加注意的应该是"立人"问题，也就是如何通过城市治理常规工作来培育、培养城市人优良的城市品质及合规的城市行为的问题。城市治理关键是对城市人的行为治理，当城市人的城市行为都是或者说大部分是合规、合法、合理的时候，城市治理就成为最简单的治理工作了，城市治理的工作量就大大减少了，城市治理的重要性就大大降低了。我们想，这应该是现在从事城市治理工作的每个人的最大心愿。本研究的第四大研究目的正在于此，我们不仅希望找到城市治理"为人"的抓手，更希望找到城市治理"立人"的抓手，以期为全国范围内城市治理现代化模式建构提供经验借鉴。

二 研究意义

本研究的意义可以从以下几个方面予以阐释。

第一，总结并提炼江干区城市治理创新发展的具体经验，为全国城市治理从业者树立标杆，提供可资学习和推广的先进经验。

在阐释这个意义时，我们可以引用列宁的语录作为注脚，他说："在政权转归无产阶级掌握以后，在剥夺了剥夺者以后，情形就根本改变了，榜样的力量——如最著名的社会主义者多次指出过的那样——第一次有可能表现自己的广大影响。"① 这也就是人们常说的"榜样的力量是无穷的"的最初版本。细究这个最初版本，我们至少可以得到三个方面的启迪。其一，榜样力量的发挥需要制度环境充当第一推动力，只有在"政权转归无产阶级掌握以后"，榜样的正能量才能成为引导人们前进的不断动力。其二，榜样力量的发挥也需要其他的推动力，至于这个"其他的推动力"是什么，有哪些，可以因时因地而有所不同。当这两种推动力能够协同的时候，"榜样的力量是无穷的"就变成了社会事实。其三，榜样作用发挥的大小，影响范围的广度和影响的深度，还要看有没有社会需求，社会需求有多少，二者之间实际上呈现的是一种强烈的正相关关系。换句话说，就是在既定的社会主义制度内部，对榜样的需求越强烈，榜样发挥作用的能力就越大，影响的深度就越深，影响的广度就越大。对于我国的城市治理来说，因为发展不完善，也因为风险社会的客观环境，其对榜样的需求特别强烈，在这个阶段，如果能够找到一个典型，树立一个榜样，对全国城市治理来说，其意义之巨大是可以想象的。再加上本研究的样本——江干区城管局的创新发展本身在全国就是领先，自身就具有标杆性质、全国意义，因此，两种意义叠加，其价值和影响效应就是不可低估的了。

第二，基于对过去成绩的总结，进一步梳理江干区城市治理的整个发展历程，清楚了解 2016～2020 年城管局所做的具体工作与工作成就，探讨推动工作实施的体制机制原因，研究创新发展的内在动力和发展规律，为江干区城市治理未来的进一步创新发展提供理论思考。

2016～2020 年，江干区城市管理局各项工作都呈现大踏步领先发展的态势，创新性经验、典型案例和具有全国影响的成功做法层出不穷。他们也通过各种途径整理与总结自身经验，提炼出了诸如"两引一坚持"的工作思路，"工作设计化、设计系统化、体系标准化"的工作方式等操作化理论创新成果。从时间维度和效益维度上看，这些成果步入了江干区城管

---

① 列宁：《苏维埃政权的当前任务》，载《列宁选集》第 3 卷，人民出版社，1960，第 513 页。

局创新发展的快车道，引领了城市治理工作的持续创新发展。本研究按照时间维度，对江干区城市治理的整个发展历程进行了系统梳理，继之在时空二维坐标中探讨推动该区城市治理事业创新发展的体制机制原因，研究创新发展的内在动力，发掘内含的发展规律，从而开展全方位的理论研判，并形成系统化的理论研究成果。

第三，为学术界的理论研究者提供实践素材和理论启迪，推动我国城市治理事业跨越式发展。

习近平总书记要求"广大科技工作者要把论文写在祖国的大地上，把科技成果应用在实现现代化的伟大事业中"，① 这是对学术生命力的最好诠释。学术研究的生命力在于它的实践性，需要经历多次"从实践中来、到实践中去"的不断反复，才能够成为指导实践工作不断进步的研究成果。但是，囿于各方面的限制，最经典的、最前沿的创新实践案例并不是每个学术研究者都能够轻易获得的，本研究利用双方合作这一得天独厚的机会，对江干区城管局近年来的工作全貌进行细致的调查、统计与分析，通过去粗存精的梳理工作，为学术界的理论研究者提供在中国大地上书写自己论文的实践素材。同时，通过我们自己的研究思考和理论提炼，对江干区城市治理现代化实践予以理论升华，得出自己的研究结论，出版自己的理论成果，为从事理论研究的工作者提供进一步探究的理论基础和理论启迪。本研究的另一重要意义来自我们的一个研究愿景，那就是用理论武装每个从事城市治理事业的工作者，"批判的武器当然不能代替武器的批判，物质力量只能用物质力量来摧毁；但是理论一经掌握群众，也会变成物质力量。理论只要说服人，就能掌握群众；而理论只要彻底，就能说服人。所谓彻底，就是抓住事物的根本"。② 我们期望，我们的理论努力，能让城市治理事业成为合乎自身发展规律的自觉行动，推动我国城市治理事业跨越式发展，实现从传统的城市管理向现代化城市治理的流畅转型。

---

① 《习近平治国理政"100 句话"之：把论文写在祖国的大地上》，央广网，http://news.cnr.cn/dj/20160610/t20160610_522366922.shtml，最后访问日期：2016 年 6 月 10 日。

② 卡尔·马克思：《〈黑格尔法哲学批判〉导言》，载《马克思恩格斯选集》第 1 卷，人民出版社，1995，第 9 页。

第三节 研究的主要方法

本研汲取实证主义方法论、人文主义方法论和马克思主义方法论各家之所长，力争在方法论层面上，形成"站在巨人肩上"的优势，为整个研究的顺利进行，为高质量研究成果的产生奠定方法论基础。相对应地，我们在具体研究方法的运用上做出了如下选择。

一 资料收集方法

1. 文献法

我们主要从两个方面应用文献法，以强化对江干区城市管理发展历程及实践成效的理论透视和深入分析，提升本研究成果的理论档次和学术品位，并力争在实证研究过程中实现相关理论的突破与创新。这里的"两个方面"，一是指集中运用文献法行文的理论对话这部分内容，二是指贯穿于全文的、体现为重视理论、运用理论及其创新理论观点的研究努力，以及对学术界已有成果吸收、借鉴和对话的各种努力。如果说第一个方面是实证研究论文的一种格式化要求的话，那么第二个方面则是我们有意为之并力图有所建树的学术努力。正如习近平总书记所强调的"解决中国的问题，提出解决人类问题的中国方案，要坚持中国人的世界观、方法论。如果不加分析把国外学术思想和学术方法奉为圭臬，一切以此为准绳，那就没有独创性可言了。如果用国外的方法得出与国外同样的结论，那也就没有独创性可言了。要推出具有独创性的研究成果，就要从我国实际出发，坚持实践的观点、历史的观点、辩证的观点、发展的观点，在实践中认识真理、检验真理、发展真理"。[①] 因此，本研究将以文献法为工具，分析国内外相关理论研究成果，在这个过程中，在同等重视实证主义研究成果和人文主义研究成果的基础上，重点对后者进行学习与反思，从而使自己能够站在巨人肩上，实现对我国城市治理现代化模式的理论思考和发展路径创新。[②]

---

① 习近平：《在哲学社会科学工作座谈会上的讲话》，2016 年 5 月 17 日。
② 张本效：《城镇化的模式创新与风险管控》，社会科学文献出版社，2018，第 47~48 页。

2. 问卷调查与访谈

对江干区城市治理现代化模式进行调查研究时，我们主要采用问卷调查、访谈、座谈会、专家咨询等手段，获取了丰富的第一手材料，在此基础上，经由各种实证研究方法进行数据整理与分析，获取了对样本对象的感性认识和初步思考。

第一，我们利用双方紧密合作的契机，以"江干区城市管理工作研究室"为平台，以城市治理现代化为主体内容，围绕城市治理及执法主体、手段、绩效、问题、环境等多个分主题，分门别类地制定与发放调查问卷，按照分层抽样的方式选取调查对象，进行问卷调查，力争全方位、多层次地获取科学翔实的实证数据，为全面了解和深入研究江干实践奠定良好基础。在选取调查对象时，我们也会充分尊重江干区城管局领导的意见和推荐，在样本的代表性和覆盖面方面予以充分考虑。

第二，在访谈方式上，我们采用两种方法，一是结构性访谈。这一工作主要是在本研究的初、中期集中进行，访谈对象来自城管局领导的指定和安排。二是自由访谈，这一工作贯穿于本研究的自始至终，在研究的不同阶段，访谈的对象也会变化；在对象选取方面，我们根据研究的具体任务和所涉及的不同对象群体，采用概率抽样方式予以确定。

第三，根据以往的研究经验，召开各类座谈会是领导们比较认可和欢迎的调研方式，也是集中收集实证数据的重要途径。在城管局各级领导的配合下，我们举行了十多次座谈会。我们采取了必要的技术手段，扬长避短，实现单位时间内座谈效果的最优化。

第四，有选择地参加江干区城管局举办的各类集体活动，包括领导层的决策会议和各类公开活动。参加领导层的决策会议，主要是为了了解城管局的政治生态及运行机制和发展动态；参加各类公开活动则是为了了解城管局的社会生态、任务结构和动力机制等相关问题。

第五，通过专家咨询会等形式，同学术界内外的专家、学者、政府官员等进行交流，参考他们的建议，凝练自己的观点。同时，我们也充分利用参加各种学术会议的机会，将本研究的前期成果大胆示人，抛砖引玉，从而得到不同领域专家、学者的良好建议，这是我们研究团队长期以来所坚持的，也是行之有效的研究路径和研究心得与诀窍。

二　资料分析方法

根据江干区城市管理局的特点和本研究的任务和目的，我们采用实证研究与理论分析相结合的方法、功能分析法、比较分析法和拓展个案法四种具体研究方法进行资料分析与研究。

（1）实证研究与理论分析相结合的方法。以问卷调查和深度访谈为主，配合民族志方法收集资料；利用文献研究、学术交流等形式对样本对象进行总体把握；以社会运行理论为视角，探索江干区城市管理事业在促进"区域"甚至是"市域"范围内城市社会良性运行协调发展的历史业绩。

（2）功能分析法。本研究将从正功能、反功能、非功能以及隐性功能和显性功能等各个角度，研究城市管理中各行为主体所承担的各种功能，研究江干模式在城市治理现代化进程中的显性功能，并对其以隐性功能方式发挥的经济社会作用及其结果进行深入的剖析、研究与评价。

（3）比较分析法。一是国内外比较分析方法。对西方发达国家和地区相关问题进行梳理，探讨江干区城市治理创新发展的原理、规律与优化路径。二是历史与现实对比法。对城市治理不同发展阶段进行对比分析，对向度不同的发展模式进行对比分析，以发现共性与规律、经验与教训。

（4）拓展个案法。首先将江干区城市治理事业嵌入杭州市城市治理快速发展的大背景，从全局的高度，研究、思考江干区城市治理的实践经验，从而用"宏观"框定"微观"，用"一般"理解"特殊"；然后，通过对来自江干区的城市管理典型个案进行研究，深入剖析它们具有自己特色的发展路径、发现其独特个性，在此基础上，挖掘出具有一般性和规律性的东西来，从而实现"从'特殊'中抽取出'一般'、从'微观'移动到'宏观'"的目的。

第二章

"四化协同"的城市治理

北宋词人柳永的传世名作《望海潮》这样描写当时的杭州：

> 东南形胜，三吴都会，钱塘自古繁华。烟柳画桥，风帘翠幕，参差十万人家。云树绕堤沙，怒涛卷霜雪，天堑无涯。市列珠玑，户盈罗绮，竞豪奢。
>
> 重湖叠巘清嘉。有三秋桂子，十里荷花。羌管弄晴，菱歌泛夜，嬉嬉钓叟莲娃。千骑拥高牙。乘醉听箫鼓，吟赏烟霞。异日图将好景，归去凤池夸。[①]

相信学过、看过或者听说过柳永这首词的人，很难不为美丽富裕的杭州所吸引、所倾倒。而今的杭州，市区面积已经扩展到约 8000 平方公里，不是旧日的杭州可比的；城市人口突破了 1000 万人关口，也早已不是"参差十万人家"的古杭州可望其项背的了；但是，可以比拟的是，杭州依旧"豪奢"常在，特别是近年来，以电商为代表的信息经济异军突起，杭州经济社会步入快速发展时代，城市能级迅速提升；杭州依旧"好景"长存，"西湖时代"的秀美依然，"钱塘江时代"的壮观可期，"忆江南"，最忆的还是杭州。也就是说，无论是经济社会发展，还是自然生态环境，乃至空间结构形态，在"硬件"方面，杭州都是过硬的，配得上"人间天堂"之美誉。

---

① 周汝昌等：《宋词鉴赏辞典》（上），上海辞书出版社，2003，第 67 页。

我们一直坚信,"城市让生活更美好"是城市的初心与使命,但是,长期以来的发展让城市与其初心、使命渐行渐远,"城市病"不断出现,"大部分人达成共识的看法是,城市规划是一个解决美国城市问题的途径的幻想破灭了……规划设计承诺的'公园里的城市'常常演化为'停车场里的城市'"。① 实际上,城市的核心要素,或者说城市最关键的要素始终是人,城市的良性运行、和谐发展服务的是"人"——"城市让生活更美好";而保证、促进或者阻碍、干扰城市良性运行、和谐发展的还是"人"。因此,从"人"这个关键要素入手谋求良方,是治愈"城市病"的不二法门。围绕着"人"可以做很多文章,城市规划与建设始终致力于"硬件"打造,但结果不尽如人意,因此,我们可以推知它不是最好的方法和最佳的选择。城市治理顺势而生,以"软件"打造为基础,借助"硬件"的支撑,逐渐理顺了诸多的城市痼疾,让人们感受到了最终消除"城市病"的希望——城市治理不仅"理事",还能"管人",它能够从理念、信念、思想干预入手,建构现代化的城市治理文化,形塑城市人的现代化理念,规范与约束城市人的城市行为,进而外拓至城市的方方面面,最终达致城市的良性运行与协调发展。

令人振奋的是,在"软件"方面,杭州市的城市治理者们经过不懈努力,也交出了一份成绩优秀的答卷。"硬件""软件"的互构与协同,成为杭州市"敢为人先、勇立潮头"的重要抓手和成功密码。杭州市城市治理者是打造"软件"的高手,成就了"全国城管学习杭州"的业界时尚,本研究的样本对象江干区城管局更是杭州城管的标杆和样板。江干城管人"四化协同"的治理实践,对杭州城市治理、浙江城市治理,乃至全国的城市治理,以及传统的城市管理转型为现代化的城市治理,都是不可多得的宝贵财富,是可以被推广的。

第一节　杭州市江干区城市管理局介绍

杭州市江干区的城市管理既不是国外流行的"大城管",也不是限于

---

① 维托尔德·雷布琴斯基:《嬗变的大都市:关于城市的一些观念》,叶齐茂、倪晓晖译,商务印书馆,2016,第78~79页。

执法管理的"小城管"，而是介于二者之间的"中城管"，其对应的政府职能部门是江干区城市管理局，其任务范围涵盖了城市管理、城市综合行政执法等多个领域。在其任务涵盖的多个领域中，江干城管人经过多年的奋斗，特别是经过2016~2020年的创新改革努力，不仅取得了令人称道的工作成就，而且积累了丰富的治理经验，构建起"四化协同"的成功实践。

一 主要职责

为了更好地研究与剖析江干区城市治理现代化实践的基本结构、运行特点、绩效与经验等诸多方面的内容，我们对江干区城管局承担的主要任务和履行的主要职责进行了类别化处理，具体情况可参见表2-1。

表2-1 江干区城管局管理职责分类

序号	类别	主要职责
1	规划管理	(1) 贯彻执行国家、省、市有关城市管理和综合行政执法的法律、法规、规章及相关管理政策和规范；组织拟定全区相关政策并组织实施 (2) 组织拟定并实施全区城市管理的发展战略、中长期发展规划和年度计划；组织编制并实施全区市政设施、水利设施、环境卫生、市容景观等专项规划和行业发展规划 (3) 负责编制城市管理和综合行政执法专项资金项目计划，提出资金安排建议，并监督实施
2	建设管理	(1) 负责城市基础设施建成移交后的日常管养和维修的监督管理工作；参与城市基础设施相关建设项目的规划定点、方案设计、竣工验收等工作；负责道路停车收费管理和公共停车场库的管理工作；配合推进公共自行车停放点的规划布点和地下综合管廊运行管理工作 (2) 负责智慧城管信息化建设和数字城管工作
3	执法管理	(1) 负责全区城市管理工作的综合协调和监督管理工作；推进城市管理重心下移和基层社会治理能力建设；推进基层治理体系综合行政执法平台建设和网格化管理 (2) 负责全区综合行政执法的统筹协调和指导监督工作，深化综合行政执法体制改革；协调综合行政执法部门与业务主管部门的执法协作工作；承担市场监管、生态环境保护、文化市场、交通运输、农业等领域间和领域外相关部门间的执法协调 (3) 推进综合行政执法规范化建设；负责综合行政执法的督察工作；组织开展综合行政执法活动和专项执法行动 (4) 负责城市管理和综合行政执法科技创新工作

续表

序号	类别	主要职责
4	安全管理	（1）负责城市管理，水利、渔业行业安全生产工作；负责建立和完善城市管理和综合行政执法应急管理体系；负责管理管辖范围内的防汛防台、抗雪防冻及应急抢险工作 （2）负责渔业资源保护、开发和利用的监督管理工作；负责钱塘江堤防护管理工作，协调和落实江干辖区内防潮安全管理工作
5	行业管理	负责市政设施、水利设施、环境卫生、市容景观的行业管理、行政审批和监督管理工作
6	其他	完成区委、区政府交办的其他任务

从表2-1中可以看出，江干区城市管理局承担的工作任务、履行的管理职责是众多的和庞杂的，这也正是我们将其界定为"中城管"的基本依据。表2-1所做的类别化处理，很难做到精准到位，也难以做到分类边界清晰，这只是一个粗略的大致框架。在搭建这个框架时，我们的基本标准是城市正常运行的三大要素，即规划、建设与管理，这三大要素也是我们研究城市管理须臾不可分离的三大维度。城市管理要想真正履行自己的职责，推动城市真正实现自己的初心与使命，就必须在管理理念与管理行为上做到"横向到边、纵向到底"——不留空白、不留盲区、应管尽管。因此，与城市良性运行与协调发展密切关联的三大城市要素，应该是城市管理应该管也必须管的工作对象。但是，由于行政体制及政府各部门职责的约束与限制，无论是中国的城市管理，还是外国的城市管理，都不可能将这三大要素集于一身而实现应管尽管。所以，规划、建设与管理三者间在不同层次、不同领域的"打架"事件层出不穷，这是城市难以做到良性运行协调发展的关键。但是，作为城市管理一方来说，无论是现实中的"打架"事件频发与否、激烈与否，在管理理念与管理行为上都必须有一个清醒的认知，即良好的城市管理、健全的城市管理必须基于规划、建设与管理三者间的协调与协同。因之，在受制于体制机制性因素约束的条件下，城市管理者应该采取积极进取的姿态，在可掌控的范围内，尽力推动三者间的协调与协同。正是基于这样的考量，我们将三维视角应用于江干区城管职责的分类之中，形成了这样的一个类型框架。从本研究的推进来看，这个框架一方面可以让我们较为清晰、方便地了解和熟悉江干区城市管理局的工作性质、特点和价值，另一方面可以为我们深入科学地研究"四化

协同"实践提供基本参数。

二 工作成效和自我定位

在研究江干区城管局"四化协同"实践的创新发展历程时，我们发现了一个耐人深思的现象，或者说是一个内在性推进规律，即他们所取得的成绩和其自身定位有着极强的正相关性，或者说二者间存在着一种相互促进的乘数效应：以往的工作成绩激励着他们不断提升自身的工作定位，而定位的提升又成为进一步创造更大工作成就的强大推动力，二者之间形成了良性循环的互动格局。这是一种自我加压、永不满足、永不停步的工作状态，这也成就了其在全国城市管理界的领先发展。

1. 工作成效

窥一斑而知全豹，我们可以从两个方面简单地感知江干区城管局近年来，特别是 2016～2020 年的工作成就，一是杭州市政府对下辖各城区部门进行的年度目标考核，二是江干区城管局近年来获得的各种荣誉称号。

从"年终大考"的成绩来看，自 2016 年开始，江干区城管局已经连续五年位居全杭州市第一，圆满完成了江干区委区政府提出的"城市管理领跑杭州"的目标任务。从一般意义上说，一个"市级第一"能够证明其在市域范围内的领先发展水平，但难以说明其在全省、全国范围内的发展位置。但是，由于杭州市城市管理已经领跑全国，因而，领跑杭州的成绩毫无疑问就成为领跑全国的铁证。

从江干区城管局近年来获得的各种荣誉称号来看，其领先发展的格局也能够得到很好的说明。2016～2020 年，该局获得的市级以上的集体荣誉称号多达 200 项，其中有 6 项国家级奖和 25 项省级奖。表 2-2 列出的是省级及以上奖项，全部奖项详情可参见附录。

表 2-2　2016～2020 年江干区城管局获得的省级及以上奖项

序号	级别	集体	获得荣誉名称	时间	荣誉评定部门
1	国家级	江干区城市管理局	江干区城市阳台公厕、沿江大道（七堡）绿化带公厕、沿江公园公厕、华景南公厕荣获 2018 年度中国公共厕所示范案例	2018.11	中国城市环境卫生协会

续表

序号	级别	集体	获得荣誉名称	时间	荣誉评定部门
2	国家级	江干区城市管理局	丁兰街道大农港治水体验店荣获美丽河湖研学基地	2019.3	中国水利博物馆
3	国家级	江干城管驿站	江干城管驿站党建获评全国城市基层党建创新最佳案例	2019.9	中组部组织二局
4	国家级	江干区城市管理局	城市垃圾清运智能管理系统获评2018年度中国智慧环卫"政府管理创新案例"	2018.1	中国城市环境卫生协会智慧环卫专业委员会
5	国家级	江干区分类办	生活垃圾分类"桶长制"实践案例荣获全国"垃圾分类示范案例",并被认定为全省七个分类"模式"之一	2019.11	中国城市环境卫生协会
6	国家级	采荷环卫所市民中心花园广场公厕	光大杯"最美公厕"评选"最美公厕"科技奖	2016.11	中国城市环境卫生协会
7	省级	江干区	2015年度浙江省治水最高荣誉"大禹鼎"	2016.2	中共浙江省委、浙江省人民政府
8	省级	江干区	浙江省第二批省级生态文明建设示范县（市、区）	2018.7	浙江省人民政府
9	省级	江干区	2017年度美丽浙江建设工作考核优秀县（市、区）	2018.6	中共浙江省委、浙江省人民政府
10	省级	江干区	2018年度美丽浙江建设工作考核优秀县（市、区）	2019.4	中共浙江省委、浙江省人民政府
11	省级	江干区	2019年度全省生活垃圾分类工作优秀县（市、区）	2020.6	浙江省生活垃圾分类工作领导小组
12	省级	江干区城市管理局	2016年度浙江省G20杭州峰会工作先进集体	2016.9	中共浙江省委、浙江省人民政府
13	省级	江干区城市管理局	浙江省"优秀园林工程"金奖	2017.9	浙江省风景园林学会
14	省级	江干区城市管理局团委	全省共青团"护三水"优秀项目	2016.3	浙江省青年绿色环保协会
15	省级	江干区"五水共治"工作领导小组办公室	2015年度全省"五水共治"工作优秀县（市、区）	2016.3	中共浙江省委办公厅
16	省级	江干区"五水共治"工作领导小组办公室	2016年度全省"五水共治"工作优秀县（市、区）	2017.3	中共浙江省委办公厅

序号	级别	集体	获得荣誉名称	时间	荣誉评定部门
17	省级	江干区"五水共治"工作领导小组办公室	2017年度全省剿劣突出贡献集体	2018	中共浙江省委办公厅
18	省级	江干区"五水共治"工作领导小组办公室	剿灭劣V类水工作中突出贡献集体	2018.10	中共浙江省委浙江省人民政府
19	省级	杭州市生态环境局江干分局、江干区治水办	2018年度"五水共治"工作成绩突出集体	2019.12	中共浙江省委浙江省人民政府
20	省级	江干区城市管理局	浙江省智慧城管工作先进集体	2015	浙江省住房和城乡建设厅
21	省级	江干区综合行政执法大队四季青中队	浙江省综合执法工作先进集体	2017.12	浙江省住房和城乡建设厅
22	省级	江干区综合行政执法大队四季青中队	浙江省综合行政执法文明规范公正基层队所	2018.12	浙江省司法厅/浙江省综合行政执法指导办公室
23	省级	笕桥中队	浙江省青年文明号	2016.03	浙江省"青年文明号、青年岗位能手"活动组委会
24	省级	东站中队	浙江省巾帼文明岗	2020.05	浙江省妇联
25	省级	市政园林养护所	浙江省巾帼文明岗	2016.09	浙江省巾帼建功和双学双比活动协调小组
26	省级	市政园林养护所	服务G20杭州峰会立功竞赛工人先锋号	2016.9	浙江省总工会
27	省级	之江环境服务有限公司	浙江省城市市容环卫工作成绩突出集体	2019	浙江省总工会
28	省级	采荷环境卫生管理所	浙江省城市市容环境卫生工作先进集体	2017.10	浙江省住房和城乡建设厅
29	省级	采荷环卫所公厕保洁班	浙江省巾帼文明岗	2016.02	浙江省巾帼建功和双学双比活动协调小组
30	省级	行政审批窗口	2016～2017年度省级青年文明号集体	2018.6	浙江省"青年文明号、青年岗位能手"活动组委会办公室
31	省级	江干区丁兰片区河道	省级"美丽河湖"	2018.12	浙江省水利厅

如果对表 2-2 中的各项荣誉称号再予以细化，则我们还会发现，其已经覆盖了城市管理的方方面面，这说明江干区城市管理事业已经全面开花，各领域齐头并进且相互促进，"四化协同"在此得到初步彰显。

2. 自我定位

江干区城市管理局是在两个坐标系中自我定位的。第一个坐标是杭州市政府职能部门系统，第二个坐标是全国城市治理系统。从一般意义上讲，通过这两个坐标系就可以精准确定某个城市管理局所处体制内的系统位置。但是，在当下，对杭州市下辖的城市管理局来说，这两个系统所提供的位置定位实际上是统一的，原因就是我们在前文中已经介绍的杭州市城市管理在全国领先发展的客观事实。在这样的背景下，江干区城管局为自身设定的系统位置是："杭州标兵、浙江示范、全国样板"，用更直白的话来说，就是杭州第一、全国领先。在 2016 年前，这个定位还是一个奋斗目标的话，但自 2016 开始，这个目标就已经转换为既成事实。自此开始，截至 2020 年底，已经完成了"领跑杭州"的业绩，实现了领跑杭州、持续领跑杭州的目标，成为杭州第一、全国第一。

如果我们把研究的目光更加前移，就会发现，江干区城管局的自身定位经历了一个与时俱进、不断提高的过程，例如，在 2015 年 12 月，他们还在这样描绘自己的奋斗目标："把江干城市管理工作进入全市第一方阵的前列，全面实现与'国内一流现代化中心区'目标相匹配的城市管理水平作为江干城管当前及今后一个时期始终坚持的奋斗目标。"[①] 在 2017 年 1 月，他们继续这样描述自己的奋斗目标："确保江干城市管理各项成绩继续稳固在杭州市第一方阵，全面高水平实现与'国内一流现代化中心区'相匹配的城市管理水平。"[②] 当江干区城管局 2017 年底的"各项工作都取得较好成效，市对区十二项主要考核排名全部位居杭州市第一方阵"时，2018 年 1 月 2 日，江干区城市管理局办公室印发的《关于印发〈江干区城管局 2017 年工作总结及 2018 年工作思路〉的通知》就明确提出了"勇当杭州城市管理铁军标兵，打造中国城市管理江干样本，为'高水平全面建

---

① 《江干区城市管理局 2015 年工作总结和 2016 年工作思路》（2015 年 12 月），江干区城管局内部材料。

② 《江干区城管局 2016 年工作总结及 2017 年工作思路》（江城管〔2017〕1 号）。

设国内一流现代化中心区'、'打造世界名城首善之区'奠定坚实的环境基础，谱写新时代新篇章"① 的新定位。这种工作成绩与目标定位的良性循环，既是江干区城市管理事业不断推向进步的重要原因，也是江干城管人勇争第一、敢当第一的群体形象写照，铸就了江干区城管事业"四化协同"成功管理样式的强大基因。

第二节 "四化协同"实践的基本结构

江干区城市管理局在推进辖区城市管理事业跨越式发展的过程中，创新出属于自己的一种现代化治理模式——"四化协同"。该模式中的"四化"特指贯穿于江干区城市管理事业中的四条发展主线，分别是：党建与城管中心工作的融合化、城市治理科学化、城市治理创新化和城市治理人本化，这"四化"是该模式的四大支撑要素，各要素内部的协同和各要素间的协同，形构出协同发展格局。在该模式中，创新发展的理念如同一根红线，始终贯穿于模式构建的始终，贯穿于"四化"之"每一化"建构的始终，指导着、引导着、推动着、塑造着江干城管人的创新管理行动和日常管理行为，而后者的不断创新发展又进一步推动创新理念的进步和升华，二者间始终处于良性互构状态，成为"四化协同"的活跃内核。如果从最简陋的层面勾勒这一模式的话，可以将之形构为单环的同心圆，即车轮模型（见图 2-1）。如果将各要素的内部关系和相互间的互动关系纳入思考的话，则需要建构多个副中心、多环的大同心圆模型。为了能够较为全面、具体地展示这个同心圆模型的枝节性内容，我们首先将其拆解为图 2-2、图 2-3、图 2-4、图 2-5，在此基础上，我们再用一个大同心圆构架为抓手，精准、系统地梳理和研究"四化协同"的大同心圆。

第一，我们通过图 2-2 展示党建工作与城市管理中心工作的融合化要素。图 2-2 展示了江干区城管局党建工作与城市管理中心工作融合化过程中的关键要素及其相互间的作用机理，还展示了它的正外部性特点。如图 2-2 所示，从制度设置角度分析，党建工作和城市管理中心工作是两个单

---

① 《关于印发〈江干区城管局 2017 年工作总结及 2018 年工作思路〉的通知》，江城管〔2018〕1 号。

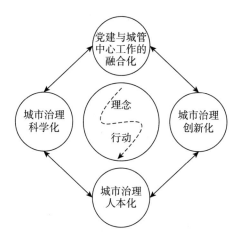

图 2 - 1 "四化协同"的车轮模型

独的工作领域,各有其相对独立的工作目标、任务和工作原理。长期以来,在党政关系的历史上存在着两种倾向,一是党政不分,以党干政;二是党政分离、各自为政。这两种倾向实际上都既不利于党的领导力、影响力和战斗力的展现与发挥,也不利于政务工作的提质增效及顺利推进,还不利于两者形成工作合力,发挥出"1+1>2"的培增效应甚至是乘数效应。江干区在实践中创新出二者融合的模式,从而将原本相对独立的两个领域转化为一个融合的体系,使之成为统领全局工作的核心、聚合全局力量的枢纽,既克服了党政不分和党政分离两种倾向的弊端,又形成了工作合力,并以传统的党建基地基石和创新的党建新基地新基石为抓手,融合形成党建工作与城市管理中心工作的鱼水关系,还通过社会化的城市管理

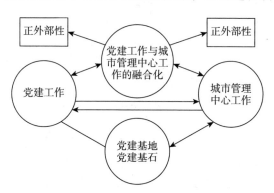

图 2 - 2 党建工作与城市管理中心工作的融合化

参与机制和城市管理的辐射效应，对江干区乃至整个杭州市经济社会发展产生了直接的推动作用，形成了显见的积极影响。

第二，我们通过图2-3展示城市治理科学化要素的相关内容。图2-3展示了以城市治理科学化为副中心的"四化协同"大同心圆的一个局域，这里又存在着一个同心圆：围绕着副中心，构成城市治理科学化的四大因素，而且它们各司其职并相互构建，形成了与不同生产力发展水平相适应的适宜的管理途径、管理手段与管理技巧。另外，需要特别强调的是，构成这个同心圆的每一个因素，本身也包含着众多的构成要件，它们又围绕着副中心的次级中心，形成了自己的小同心圆，只是因为内容太过庞杂、细碎，我们没有将其在图2-3中一一呈现，只是用几个箭头予以表示。但是，它们对于这个局域的同心圆是不可或缺的构成要件，发挥着重要的作用，在后文的论述中，我们再进一步予以说明。

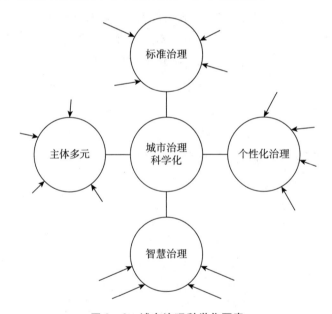

图2-3 城市治理科学化要素

第三，我们通过图2-4展示城市治理创新化要素的相关内容。图2-4展示的是以城市治理创新化为副中心的"四化协同"大同心圆的第三个局域，图中的"1"指代的是制度领域的创新实践，"2"指代的是体制领域的创新实践，"3"指代的是机制领域的创新实践，"4"指代的是城市治理方式方法领域的创新实践。按照这四个领域间的内在逻辑关系，我们将它

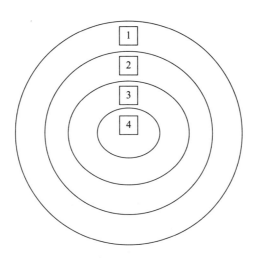

图 2 - 4　城市治理创新化要素

们合并到一个包含着四个圈层的同心圆中，每个圈层既反映了创新发展的一个单独领域，又反映了四者之间包含与被包含的实践意义和逻辑意义，彰显着四者间体系化存在的客观逻辑：创新发展不能只是一个偶发的创新事件，它必须是一个体系化的系统工程，不仅仅是一时一地的零打碎敲，更是根植于管理理念、思维方式、工作方式和工作习惯的常态化存在，唯有如此，才能配得上"单位"层面、"局级"层面的创新发展。

第四，我们通过图 2 - 5 展示城市治理人本化要素的相关内容。

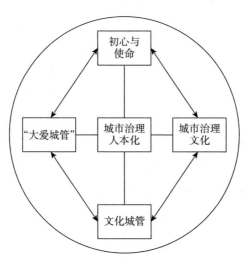

图 2 - 5　城市治理人本化要素

图2-5展示了以城市治理人本化为副中心的"四化协同"大同心圆的第四个局域，在这个局域中，江干区城市治理现代化实践已经从主要关注硬件建设上升为软、硬件建设"两手都要抓、两手都要硬"的全面发展高度。其中的初心与使命是城市治理现代化的目标和追求；"大爱城管"既是江干区城市管理人的现代化治理手段，也是城市治理这一行业应然的群体形象；文化城管是城市治理现代化的内部文化要素和城市管理人的文化角色；城市治理文化则是指代整个城市社会共建共享的现代化城市气质和城市特色。它们之间具有互构互建的同向度关联特点。

综上，如果从最简陋的层面勾勒江干区城市治理现代化实践，则我们可以将之形构为如图2-1所示的单环同心圆车轮模型；如果将各要素所携带的主要因素包含在内，则"四化协同"的基本模型就应该是包含着多个圈层的大同心圆。所以，也可以将江干区创新发展的城市治理现代化实践称为"四化协同"的大同心圆。在下文中，我们将结合江干区城市管理人的创新历程全面分析与解读"四化协同"的实践模式。

第三节 "四化协同"的条件与动力机制

江干区城市管理局之所以能够在实践中创新发展出"四化协同"的大同心圆，除了所有政府职能部门共享的发展条件与动力机制之外，也有着属于其自身的得天独厚的发展条件与动力机制。对于前者，也就是我国所有的政府部门所共享的发展条件与动力机制，我们不做重点阐述，但是，作为一个宏观背景，它们时时处处主导着、规范着和引领着城市管理事业的健康快速发展。因此，在详细阐述我国城市管理事业，特别是江干区"四化协同"的大同心圆时，这些宏观背景将不言自明地发挥着巨大的作用，并贯穿于城市治理创新发展的始终。通过梳理江干区城市治理的发展历程，特别是2016~2020年的发展经历，我们发现，可以从三个向度将其发展条件与动力机制打包为三个方面的内容，分别是以人为本的自上而下的压力驱动、以人为本的自下而上的压力驱动和江干城管人自我施加的压力与驱动。

一 自上而下的压力驱动

对于城市管理事业来说，最大的自上而下压力驱动机制的发端事件首属第三次中央城市工作会议的召开。因为自改革开放以来，中央并没有一个单独针对城市管理的顶层设计，城市管理实际上是在没有顶层设计指导与规范的条件下，以"摸着石头过河"的试错方式逐步推进与发展的。在此期间，城市管理的动力更多的是以各方负面谴责的形式强加与强迫的，这不是能够良性运行协调发展的客观环境，其必然结果就是城市管理自身的混乱状态、城市管理的疲软化状态以及城市管理从业者的污名化状态。这与地域空间迅猛扩张、城市人口迅速增加、"城市病"迅猛增多并日趋严重的客观现实形成了强烈反差。2015 年的中央城市工作会议不但回应了现实中城市运行、发展中遇到的困难，而且为问题的解决指明了方向："贯彻创新、协调、绿色、开放、共享的发展理念，坚持以人为本、科学发展、改革创新、依法治市，转变城市发展方式，完善城市治理体系，提高城市治理能力，着力解决城市病等突出问题，不断提升城市环境质量、人民生活质量、城市竞争力，建设和谐宜居、富有活力、各具特色的现代化城市，提高新型城镇化水平，走出一条中国特色城市发展道路。"① 不仅如此，中央城市工作会议还将城市管理作为一个系统工程进行整体谋划和系统设计，并从城市工作的出发点和落脚点，统筹发展、重点突破的工作方法，以及提高城市发展持续性、宜居性等方面规划了城市工作的推进路径："城市工作是一个系统工程。做好城市工作，要顺应城市工作新形势、改革发展新要求、人民群众新期待，坚持以人民为中心的发展思想，坚持人民城市为人民。这是我们做好城市工作的出发点和落脚点。同时，要坚持集约发展，框定总量、限定容量、盘活存量、做优增量、提高质量，立足国情，尊重自然、顺应自然、保护自然，改善城市生态环境，在统筹上下功夫，在重点上求突破，着力提高城市发展持续性、宜居性。"②

如果说第三次中央城市工作会议以前的城市管理者还是因为没有顶层

---

① 《中央城市工作会议在北京举行 习近平李克强作重要讲话》，中央政府门户网站，http://www.gov.cn/xinwen/2015–12/22/content_5026592.htm，最后访问日期：2015 年 12 月 22 日。

② 《中央城市工作会议在北京举行 习近平李克强作重要讲话》，中央政府门户网站，http://www.gov.cn/xinwen/2015–12/22/content_5026592.htm，最后访问日期：2015 年 12 月 22 日。

设计的明确工作方向和全国统一的工作目标而自行其是、自说自话的话，那么此后的城市管理就需要对标中央城市工作会议精神去设计自己的工作方案、完成自己的任务、实现城市管理的目标。这是来自体制内的自上而下传导的压力推动机制，对于体制内的城市管理者而言，其强大推动力不言而喻。需要另外强调的是，来自中央的这个压力驱动，并不都是以外在强制力的形式作用于实践中的城市管理者的，因为会议精神第一次对城市管理在城市中的地位、角色与功能进行了明确的界定："抓城市工作，一定要抓住城市管理和服务这个重点，不断完善城市管理和服务，彻底改变粗放型管理方式，让人民群众在城市生活得更方便、更舒心、更美好。要把安全放在第一位，把住安全关、质量关，并把安全工作落实到城市工作和城市发展各个环节各个领域。"① 这段文字中对城市管理工作重要性的强调，对城市管理工作成效的期望，与此前城市社会中存在的一边倒似的批评和非议形成了强烈对比，这对城市管理者来说是重大的肯定和莫大的鼓励，其产生的正向激励效应在某种程度上可能要大于强制性的压力驱动。总之，以强制性的压力驱动形式所产生的负向激励效应和以激励形式产生的正向激励效应，成为这个时段我国城市管理事业进一步发展的重要驱动力量。分析2015年前后江干区城市管理局的相关文件内容及用语，我们也感觉到了这种自上而下的压力驱动。

当然，这个自上而下的压力驱动，无论是其巨大的外在强制力，还是由其激励政策而产生的内在驱动力，对于全国范围内的城市管理者来说应该是同质的、无差别的，从理论上说，其产生的压力结果也应该是同质的、无差别的。但是，不同省份、不同城市的城市管理者的实际响应还是存在着不小差异的，究其原因，与不同省、市的经济社会发展阶段及其不同的工作重点是息息相关的。也就是说，由省情、市情的差异引致的不同的城市管理地方政策，是城市管理者承接的第二类自上而下的压力驱动。对于杭州市江干区的城市管理者来说，其承接的压力驱动是有其独特之处的，姑且不论具体的省、市政策，单从"浙江精神"的层面分析，我们就

---

① 《中央城市工作会议在北京举行　习近平李克强作重要讲话》，中央政府门户网站，http://www.gov.cn/xinwen/2015 - 12/22/content_5026592.htm，最后访问日期：2015 年 12 月 22 日。

能感受到城市管理者承受的压力性驱动力。在 2016 年"G20 杭州峰会"结束之际，习近平总书记将"浙江精神"概括为"干在实处、走在前列、勇立潮头"。这十二个字的"浙江精神"，不是停留在字面上的观念与谈资，而是行动方略和实实在在的实践行动，是对实干中经验与做法的提炼与总结。秉承这种精神而行动的浙江省委省政府出台的各类地方性政策、发出的各种行动号召，当然就符合领先性、创新性、实践性及拼搏性的基本标准了。对于新兴的城市管理行业来说，实践性及拼搏性当不在话下，不只是江干区的城市管理者，就全国一线的城市管理者来说，"干在实处"是他们的日常工作和工作标签；领先性和创新性标准，却不是一个新兴行业所能够轻松操作的，但是，在这样的"省情"之下，江干区城管却不能不迎难而上，追潮逐流。

坊间在定义"浙江精神"时做出如下的解释："浙江精神作为中华民族精神的重要组成部分，是浙江人民在千百年来的奋斗发展中孕育出来的宝贵财富，世代传衍，历久弥新，始终激励着浙江人民励精图治、开拓创业，显示出强大的生命力和创造力 。浙江精神是浙江发展的动力，也是浙江地域文化个性和特色的表达 。"① 坊间的这个定义，从另一个维度诠释着来自省级政府的压力驱动，对"生于斯长于斯"的江干区城市管理者来说，励精图治、开拓创新已经成为他们的工作准则和工作本分。因此，浸润在"浙江精神"之中的城市管理者，其工作的起点、工作的氛围、对事业的执着、对自身的要求，与全国的同行们相比，就有着显而易见的差异，在承接来自顶层的压力驱动时，自然就会产生不同的效果。

杭州作为浙江的省会城市，作为在全国城市管理行业领先发展的标杆城市，也有自己的城市精神，坊间普遍将之概括为"精致、和谐、大气、开放"，这种精神也影响着杭州市的自身定位和发展方略，进而规定着杭州市城市管理行业的自身定位和发展态势。我们可以从 2017 年杭州市城市工作会议文件中窥见端倪。这次会议对杭州市的定位是"和谐宜居、富有活力、特色鲜明的现代化城市"，是国际化的"独特韵味别样精彩世界名城"，为了实现这一目标，会议为城市管理详细规定了如下的工作任务和

---

① 《浙江精神》，https://baike.so.com/doc/6102075 - 6315186.html，最后访问日期：2018 年 12 月 5 日。

实现方式，"加快城市国际化、建设世界名城，必须推进城市治理体系和治理能力现代化。要在城市治理法治化、精细化、社会化、智慧化、标准化上持续用力，坚决守住城市安全底线，不断完善城市治理体系、创新治理方式、提升治理能力，努力为人民群众提供精细的城市管理和贴心的服务。要按照有利于增加人民群众获得感、有利于调动市和区两个积极性、有利于资源配置最优化、有利于增强城市发展活力和竞争力的方向，落实时间表、路线图、责任制，着力在'最多跑一次'改革、理顺全市规划管理体制、理清市和区城市建设管理财政事权及支出责任、推动城市管理职能重心下移、提升市区发展一体化水平、优化整合产业平台和市级做地主体、创新城市建设投融资体制上取得新突破，进一步探索完善城市规划建设管理体制机制。市民是城市的主人，市民素质高一分，城市形象美十分。要坚持重在价值引领、润物无声，重在落细落小、抓长抓常，重在创新载体、营造氛围，引导广大市民践行社会主义核心价值观，养成爱国爱家的情怀、开放包容的观念、科学理性的思维、尊法守法的意识、崇德向善的自觉、勤学善思的习惯、文明守礼的言行，在共商、共建、共享中共同建设人与人、人与自然和谐共处的美丽家园"。①

上述这一大段文字，内容丰富，涵盖面广，更多的是从"大城管"角度谋划整个杭州市的城市管理，但是，涉及"中城管"的内容也非常多，可以从中感知到市级层面政策设计对"中城管"的要求和希望。与中央顶层设计和省级政策规定的不同在于，市级层面的规定与城市管理工作更为贴近，要求更为具体、更具操作性和指标化，因此，其对工作绩效的衡量与考核也更具直接性。细细解读其中的内容，完全可以归纳出诸如高标准、高规格、高起点、高要求、高素质、重实效、重基石、重创新、大开放、以人为本等内涵的实质性要求和关键性指标，它们既是匹配"国际化"的"世界名城"的标准，也是匹配"和谐宜居、富有活力、特色鲜明的现代化城市"的标准。在这样的标准下，无论是从"大城管"角度分析，还是从"中城管"角度分析，甚至是从"小城管"的角度分析，其对城市治理体系和治理能力现代化的要求都是"高、大、上、全"；在这样的标准之下，施加于

---

① 《杭州市委城市工作会议召开》，杭州市城市管理局网站，http://cgw. hangzhou. gov. cn/art/2017/6/26/art_1603680_29405368. html，最后访问日期：2017 年 6 月 26 日。

城市管理者身上的压力，对城市管理者群体与个体能力、素质和工作绩效的要求，对常规化工作质量和效率的要求，对创新发展方面的要求，都是高规格、高标准的。市级层面施加的压力驱动，将中央、省、市三级领导层的诸多压力驱动整合为一体，以耳提面命化的方式，推动着江干区城市管理事业的不断进步与发展。

二 自下而上的压力驱动

不管是将城市管理定义为"面子工程"，还是定义为"里子工程"，抑或是定义为"民生工程"，城市管理都是最大的"实用工程"，城市管理的最大成就、最终成就，或者说是城市管理的直接目的和最终目的，就是"城市让生活更美好"，这就是城市管理的初心与使命。因此，生活在城市里的普通民众就是城市管理是非优劣的阅卷人和最权威评判者。无论是中央城市工作会议发布的"坚持以人民为中心的发展思想，坚持人民城市为人民"的顶层设计，还是杭州市城市工作会议强调的"努力为人民群众提供精细的城市管理和贴心的服务"要求，都从不同层面和角度正视和强调了城市普通民众的阅卷人角色和最权威评判者地位。因此，实践中的城市管理者"以市民为中心"的管理思路和管理导向，既是上级政策的压力性要求，也是城市管理理应如此的本质性要求，还是应对年终各项大考的策略性要求，而最根本的则是实现城市管理初心与使命的终极要求。所以，对于实践中的城市管理者来说，其工作中的压力驱动还有来自普通市民的感受、要求与希望，我们称之为来自市井的、民间的、自下而上的压力驱动。自下而上的压力驱动包含着方方面面的内容，我们将之类型化为五个方面，分别是年终大考中"以人为本"指标集的压力驱动，城市智慧化时代城市管理公开化、透明化、即时化的压力驱动，市民管理意识觉醒后积极参与城市管理事件的压力驱动，市民生活质量提高后对更美好生活追求的压力驱动以及国际名城拉动的市民需求的压力驱动。

首先，对体制内的城市管理者群体及个体来说，对城市管理局来说，年终大考犹如一把达摩克利斯之剑。当"以人为本"被指标化为考核分值后，城市普通市民的意愿及诉求就转化为自上而下的体制性压力，这就不是可以选择性应对的民间舆情，而是必须全力应对与满足的奖惩性指标。

第二，城市智慧化伴随的必然是城市管理的公开化和透明化，这个公开和透明是全方位和深层次的，包括城市管理局的组织机构、运转机制、职能职责、功能结构、人员构成等结构性要素，也包括现场执法实况、即时管理视频、即时管理绩效等即时性视频与影像，还包括线上线下的即时性观点与评论，等等。总之，智慧城市时代的城市管理必将越来越透明，在全场域、全天候、360度无死角的透明状态中，城市管理者遭遇到前所未有的压力和无处不在的监督。在公开、透明和即时化的状态中，优秀的城市管理者们自会知难而上，通过创新发展来完成适应时代要求、满足市民诉求的管理任务。

第三，城市治理现代化的一个副产品是市民管理意识的被唤起和觉醒，是市民参与城市管理能力的提高、参与意识的提升和参与行动的常态化。对城市管理事业来说，瞬间增加了海量的管理大军；对城市管理的一线管理者来说，瞬间拥有了大量的同盟者、协作者和支持者。城市管理因之成为全体市民的事业，城市管理真正地迎来了自己的"春天"，甚至是进入了自己的"夏天"，迎来了自己健康快速发展的黄金时代。但是，对于城市管理者来说，这同样带来了意料之中和意料之外的诸多压力。例如，众口难调的市民建议如何调处和推行？如何应对无处不在的市民质疑和责难？市民参与城市管理的常规渠道是什么？谁来提供？如何平衡专业化的城市管理和非专业的市民参与管理？这些都是城市管理创新发展过程中已经和必将遇到的难题，是城市管理者不能回避、必须解决的难题，城市管理也正是在解决和必将解决这些难题中破茧重生、创新发展。

第四，市民对美好生活的追求是无止境的，城市为市民提供的美好生活也是没有最高级，只有比较级的，正如一句广告词所说的：没有最好、只有更好。因此，来自市民生活质量提高后对更美好生活追求的压力，也是城市管理者们面对的永恒挑战和必须承担的历史使命，他们面临的这一压力驱动也将是永恒的。

第五，国际名城不仅仅是一个概念，更是一个实体，是一个包含着众多评价指标的系统工程，杭州市国际名城的目标追求，毫无疑问地拉高了普通市民对城市的期望值，可以将之比拟为国际名城建设的一个外部效应。市民以国际名城的标准来审视城市的现状，衡量城市管理的得失，聚焦于城市管理的不足，势必会给城市管理者带来意料之中的压力，在这样的压力面前，城市管理除了更加创新发展之外别无选择，这是创建型城市特有的压力驱动，也是江干区城市管理局及其管理者们要面对的现实。

总之，自下而上的压力驱动虽然发端于民间，难以匹敌自上而下的压力指数，但是，在"以人为本"成为顶层设计的重要内容，在"城市让生活更美好"成为信念和追求时，"干在实处、走在前列、勇立潮头"的浙江精神和"精致、和谐、大气、开放"的杭州精神，无一不向江干区城市管理者们发出灵魂考问，这成为强大的外在推力，再加上即将阐述的江干城管人的城市管理情怀，使自下而上的压力驱动被江干城管人自觉接受和积极应对，成为江干区城市治理现代化模式创新发展的重要驱动力。

三 江干城管人的自我强加的压力与驱动

无论是自上而下的压力驱动，还是自下而上的压力驱动，都是江干区城市治理现代化实践的外生动力，这种动力能不能真正推动城市管理事业创新发展，转化为实际工作中的真正力量，还需要一个前置条件，即城市管理者的积极响应和真抓实干。否则，外生动力将永远是一个"外来者"，难以"变现"，难以转化为城市管理的实际生产力。江干区城管局之所以能够创建出"四化协同"的大同心圆式的现代化城市管理模式，就在于他们积极主动且创造性地承接了来自两个向度的外生动力驱动，并结合江干区城市管理工作实际，将实干、肯干、会干、巧干有机融合为一个整体，因此才成就了今天其领跑杭州且持续领跑杭州的现实，成就了杭州第一、全国第一的事业。换句话说，外生动力与内生动力的对接与融合，是"四化协同"大同心圆得以创建的动力源泉。

如果用一个词语来形象概括江干区城管局的内生动力全貌，则可以用"情怀"这一词，这是我们在社会调研时，在江干区城管局听到的频率很高的一个词语。自局长到科长再到普通的城市管理者，他们对城市管理这个职业的认识，对待城市管理工作的态度，已经超越了养家糊口、安身立命所在的生存意识与生活所需的层面，而升华为一种事业追求、一种发展需要、一种奉献精神。如果套用马斯洛需求层次理论予以解释，则在江干区城管局人眼里，城市管理之于他们，已经不再是诸如生理需求、安全需求、社交需求以及尊重需求这些低层次和较低层次的生理与社会需求了，而是在需求的最高层次上，即在自我实现与自我超越这个顶级需求层次上，城市管理成为他们孜孜追求的毕生事业。因此，他们是从自觉、自为的高度，而不是被迫的角度从事着常规性和突发性的城市管理活动。换句话说，他们从事城市管理的内生动力不是生存层次的驱动，而是自我实现与自我超越的完善，是发展层次的驱动。

实际上，套用马斯洛需求层次理论的解释思路进行的上述分析，只能部分而不能真正地认识江干城管人之于城市管理的情怀与追求，否则就不能够解释工作中出现的许多英雄人物和英雄团队现象。自 2018 年以来，江干区城市管理局先后培育出了 13 支城市管理"英雄团队"（见表 2-3）。

表 2-3　江干区城管局"英雄团队"分类

序号	团队名称	情怀
1	末末信息宣传队	宣传工作没有终点，团队成员将继续深耕主业，"末末"奋斗，以身发声
2	凯哥青年志愿队	用热血和干劲，彰显城管人的风采
3	郭财根便民服务中心	平凡的岗位干出不平凡的事业； 没有出类拔萃的成绩，没有惊世骇俗的壮举，只有无怨无悔地默默奉献
4	张璐城管驿站施工队	"接地气、沾泥土、带露珠"的城管驿站党建综合体
5	永貌垃圾分类执法先锋队	立足岗位，坚持问题导向，不断提高垃圾分类执法管理水平
6	小玲信访巾帼岗	发扬无私奉献、助人为乐的优良传统美德；用勤恳实干、扎实奉献谱写当代巾帼英雄的赞歌
7	郑威应急突击分队	讲奉献、敢担当、有作为；始终牢记"以人民为中心"宗旨，为民排忧解难，披星戴月，无怨无悔
8	"背心哥"环卫先锋队	激情奉献，快乐工作
9	张海清民间护河队	护河队由 55 岁到 70 岁的 15 位热心志愿者组成，组建"白+黑"两支护河队；队长张海清因为喉癌做了切除声带手术，没办法和大家用语言交流，就用儿童写字板沟通
10	彭卫中心党员医疗服务分队	行医问道，他们是城管驿站的亮丽风景线；嘘寒问暖，他们是环卫工人的健康守护者；无私奉献，他们是美丽江干的平凡志愿者
11	晓武橙色监管卫士班	"宁愿脏一人，清洁千万家"；肯实干、有担当；监管在前沿、服务在一线，在平凡的岗位上闪耀光芒
12	克贞美丽河道冲锋队	克难攻坚，争创一流
13	晓波助跑文明号	巾帼不让须眉，用女性特有的柔情，在一线直面办事群众和企业，用耐心细心做好窗口各项服务工作，在助推"最多跑一次"中创先争优，发挥先进作用

从团队类型上看，江干区城管局围绕着城市管理主业，形成了特色各异但又"异曲同工"的"英雄团队"。特色各异是因为他们的工作性质和工作特点各不相同；而"异曲同工"则是因为他们追求的都不是马斯洛意义上的低层次和较低层次的生理与社会需求，甚至不是马斯洛意义上的最高层次的需求，而是"群众需求在哪里，城市管理就在哪里"① 的"以人民为中心"的服务精神、实干精神、创新争优精神和自我牺牲精神。这种内生动力已经超越了自我的层面，由个体进入社会，由利己升华为利他、利市民、利社会、利城市。因此，如果要从个人层面，从作为利益群体的单位层面找寻驱动力源泉的话，我们只能用江干城管人自己的流行语——"情怀"一词予以概括。

事实上，用什么词概括其实是无关紧要的，关键在于，拥有这种情怀的江干城管人在城市管理实践中爆发出的能量和因之铸就的工作业绩，它完美地承接了自上而下和自下而上的两类压力驱动，并与之形成合力，创新出"四化协同"的城市治理现代化成功模式。

第四节 "四化协同"的推广、借鉴与创新

江干城管人的"四化协同"实践，虽然还在不断完善发展的路上，但它在实践中已经取得了突出的成就，迅速发展的城市管理实践证明并将不断证明着它的先进性、科学性和可行性。需要特别强调的是，"四化协同"实践毫无疑问是崛起于杭州这个快速发展的"新一线"城市之中的，杭州市的特殊禀赋、发展环境、发展模式及发展成就，既是它的约束性客观因素，也是其创新发展的客观凭仗。因此，从这个意义上说，"四化协同"大同心圆具有与杭州市相依存的特殊性，是个性化的城市管理创新发展模式。同时，我们更应该强调，江干城管人创新发展的这一现代化城市管理模式，内含着超越地域空间限制的普遍性价值和本质性规律。从某种意义上说，它的这些普遍性价值和内含的本质性规律，对于我国快速推进中的城市管理事业来说，具有理论价值和实践意义。特别是在实践领域，由于我国现代化的城市管理实践探索起点低、起步晚、经验少、问题多，社会

---

① 江干区城市管理局访谈笔录。

各方面的要求和期望值，包括城市本身迅猛推进的客观现实对城市管理的要求和期望又非常高，城市管理实践满足不了城市良性运行协调发展的要求，满足不了城市居民的需求，满足不了城市政府对城市管理的要求。甚至在某些地方，社会各界对于城市管理的一些基本要求都难以得到满足，在城市管理实际工作中，特别是在城市执法管理过程中，个别地方有时还会出现暴力执法案件。这些不足说明，目前我国城市管理的整体水平还较低，实践中面临的问题还很多，管理手段、管理技巧还严重不足，更难以在管理艺术这个层面上有所作为。在这样的一个发展阶段，榜样的力量、成功的经验、科学的管理实践对我国的城市管理来说就太重要、太关键了。正是在这个意义上，我们发现了江干城管人创建的"四化协同"大同心圆的价值之所在：推广、借鉴，甚至创新，是我国城市管理事业事半功倍、健康快速发展的途径之一。

一　为什么能够推广

在上文的研究中，我们已经开始涉及这个问题，毫无疑问，"四化协同"大同心圆具有自己的特殊性，其特殊之处我们可以列举出很多，例如杭州的城市特征、发展阶段，例如杭州的城市文化、风土人情，例如杭州的市民组成、流动人口的基本特征，例如城市管理的独特机遇、城市管理的领导个体与群体、城市管理工作人员的结构性特征，等等，特殊之处实在是很多很多。杭州市江干城管人创新发展的现代化城市管理新样式就是基于这些特殊性而创建的，也正是因为对这些特殊性的认真关注和认真应对，才使这一样式在城市管理实践中具有强大的生命活力，发挥出巨大的作用。紧盯特殊性、突出特殊性、解决特殊性，正是"四化协同"的成功之处，也正是这个成功之处，是可以在全国各地城市管理实践中予以推广的。因此，从这个角度来讲，具有特殊性的、成功了的江干区城市治理现代化实践，是可以推广的，也是可以被借鉴的。

我们还应该知悉，"四化协同"内含着城市管理的规律性和必然性。换句话说，要通过科学的城市管理促进、保证和实现城市的良性运行和协调发展，城市管理就必须按照"四化协同"的路子实现对城市的科学管理、规范管理。就目前我们研究所达到的深度分析，"四化协同"起码揭示出健全的城市管理应该包括的几条规律性存在。

第一，党建工作与城市管理中心工作融合发展的城市管理内在运行规律。这一规律揭示出的是具有中国特色的城市管理健康快速发展的"超级密码"，就是党的领导在城市管理工作中主导作用发挥的方式方法与基本路径，是城市管理中心工作始终成为促进城市良性运行协调发展保证和保障的方式方法与基本路径。这一规律没有地域性限制，也没有发展阶段、发展程度及发展水平的限制，是我国城市管理事业必须遵守的规律性存在。换句话说，遵循、保证与促进二者的融合发展，城市管理事业就得到沿着正确的轨道健康快速发展的保障；反之，则会陷入方向不明、内耗丛生、战斗力缺乏、管理效率低下，甚至是失能的混乱、无序状态。

第二，城市管理与时俱进的基本发展规律。这里的与时俱进包括管理理念、管理途径、管理手段、管理方法、管理艺术等方方面面的与时俱进，既有城市管理整体性内容的与时俱进，也有城市管理枝节性内容的与时俱进。与时俱进特别强调进取精神和创新精神，要求站在时代的高度、创新发展的高度经营与运行城市管理事业，这是城市管理能够发挥自己的作用，促进与保证城市良性运行与协调发展所必须遵循的基础性规律。这个规律也是没有任何限制性客观约束的，只要城市管理人依规律前行，就能够为自身的提高和完善，为完成城市赋予的管理重任奠定坚实的基础。

第三，城市管理常规工作与创新驱动协同发展的推进规律。城市管理的常规工作是按部就班的，但也不能止于按部就班，常规工作中的创新驱动是提高常规工作质量和效率的抓手和秘钥，因此，常规工作的顺利高效推进本身就需要创新驱动发挥作用。另外，随着城市各领域跨越式发展日趋常态化，城市管理的创新发展成为常规工作外的必要的配套，二者独立发展并相互套嵌、协同推进，越来越成为城市管理的常规发展路径。这一规律的存在，不仅能够保证城市管理承担起日常的管理职责、发挥常规的管理功能，还能够从容应对快速发展的城市社会向城市管理提出的瞬息万变的客观要求。特别是在风险社会，遵循这一规律推进城市管理事业发展，已经成为全国城市管理界甚至是全球城市管理者必须遵循的规律，它的要求，对任何管理者、对任何城市，都是无差别的，是普遍性的规律。

第四，城市管理常规工作与城市管理终极目标互构共生的规律。简单地说，城市管理的终极目标就是给城市人带来日趋美好的城市生活，也就是说，城市管理要以人为中心，并最终服务于这个中心，这就是城市管理的初心与使命。这一初心与使命决定了以人为本在城市管理常规性工作中的轴心地位，或者说风向标地位。但是，城市管理又是任务繁多，压力性指标纷乱的复杂性工作，而且，很多工作指标在表面上又是与"以人为本"不能兼容或者是难以兼容的。因此，这一规律经常发挥作用的方式往往是以显见的冲突性事件予以呈现的，而且，越是在管理落后的城市，其呈现的频率就越频繁，其呈现的烈度就越强烈；而管理越优良、越先进的城市，反而没有呈现显性指标。因之，会给人们带来一种错觉：似乎并不存在城市管理常规工作与城市管理最终目标互构共生的规律，或者说城市管理常规工作与城市管理最终目标互构是一种非常规的存在，而不是一种规律性存在。实际上，这正是一种规律，也是许多规律性存在发挥作用的一种常态化方式：按规律前行，规律带来的将是秩序、常规和隐性或显见的发展，好像是自然而然，实际上是顺理成章；违背规律胡乱作为，规律带来的将是失序、失和、混乱和隐性或显见的退步，实际上是背道而驰。同样，这一规律发挥作用的前提也是没有任何预设的。

总之，我们从杭州市江干区城市管理实践中初步发现的上述四大规律，对我国的城市管理事业来说，都是普遍的，只有依照规律前行，才能实现良好的城市管理。

二 推广、借鉴什么

对于一个领先发展并且是在全国范围内领跑发展的管理典型来说，杭州市江干区城市管理"四化协同"可以提供给各地城市管理者学习、借鉴，经验与做法是全方位和多层面的，概括起来，可以将之类型化为三个方面，分别是理念的推广与借鉴、管理模式的推广与借鉴和具体做法的推广与借鉴。

首先，管理理念的推广与借鉴。从概念上解释，理念有两个层面的含义，一是"看法、思想、思维活动的结果"，二是"理论，观念（希腊文idea）。通常指思想。有时亦指表象或客观事物在人脑里留下的概括的形象"。[1] 简单地说，理念实际上就是上升到理性高度的观念，正是因为理性的作用与活动，理念才告别了随机性和盲目性而上升为理论。从实用主义

---

① 夏征农主编《辞海》，上海辞书出版社，1989，第 1367 页。

的角度说,已被实践证明了的理论之于实践的指导价值人尽皆知,因此,推广、学习乃至创新"四化协同",首先应该推广江干城管人的管理理念。因为,实践已经证明,江干城管人秉承的管理理念是科学的和可行的,推广甚至创新这一管理理念,是各地城市管理者事半功倍的管理途径之一。江干城管人秉承的并被实践证明的管理理念用一句话予以概括,就是现代化的城市管理理念,如果将其条分缕析,可以梳理出许多格言式的操作化警句,按照"四化协同"的基本结构,我们整理出了极具推广价值的几类管理理念。

第一类属于党建工作与城市管理中心工作融合化领域,包括:"城市管理工作到哪里,党的建设就推进到哪里";"党建想进去了思考才有深度,党建抓起来了管理才有办法,党建离不开了专业才有自信";等等。①

第二类属于城市治理科学化领域,包括:"一流的城管做标准",全面树立标准化理念;让权力在阳光下运行,让服务在满意中提升的理念;"治水先治岸"的理念;"全民共理、全民共管、全民共享"理念;等等。

第三类属于城市治理创新化领域,包括:"改革创新是城市管理发展的关键,改革每深化一步,管理就更上一个台阶";"一个单位好不好,品牌很重要";经营垃圾的理念;等等。②

第四类属于城市治理人本化领域,包括:"激情奉献、快乐工作、和谐执法、满意城管"的工作理念;"群众需求在哪里,执法队伍就在那里";把城区安全运行作为头号大事;等等。③

上述四类管理理念,对从事城市管理的群体和个体来说,都是可以即插即用、高效、实用又易于操作的管理理念,可以成为全国城市管理者推进城市管理健康快速发展的"实用手册"。

其次,管理模式的推广与借鉴。作为江干区城市管理创新发展的集大成者,"四化协同"是最应该被各地城市管理者所学习、效仿和追逐的。因为它的结构性要素及各要素间的互动、互构关系已经清晰明了,各结构

① 来源于江干区城管局相关材料。
② 对江干区城管局领导的访谈笔录。
③ 对江干区城管局领导的访谈笔录。

性要素的结构性功能及功能发挥路径也较为清晰。更重要的是，这是一个取得了成功的现代化城市管理实践，只是简单地"照猫画虎"就能够提升和促进各地城市管理的创新发展：不仅能够迅速有效地解决和处理旧有的城市管理顽疾，而且能够迅速实现本地城市管理的跨越式发展，满足市民对城市的要求与期望，满足城市良性运行与协调发展之于城市管理的要求，完成政府的任务安排，改善并提升城市管理者群体及个体的社会形象。

最后，具体做法的推广与借鉴。在这一方面，江干区城市管理局为全国同行们创新出了许多极具推广价值和借鉴可能的管理方法，因为内容太多，我们在此仅就几个影响力较大的管理方法做一简单的介绍，在后面的研究中，有些具体做法会被提及，有些做法将会被详细介绍。

江干城管驿站是首先应被推介、推广、学习、借鉴的具体做法。这是将党建工作与城市管理中心工作有机融合的典型案例，已经在杭州市内推广普及，并被重新命名为杭州城管驿站。江干城管驿站最早于 2016 年 7 月 13 日挂牌成立，在这里，城管工人们可以吃饭、休息，甚至上网，它是一个城市一线管理者歇歇脚的地方。这也是江干区城管局精心打造的党建综合体，设置了驿站党委、协会党总支、驿站支部三级党组织机构，织密了一张覆盖江干全区的行业系统党建基层堡垒网络。驿站支部通过"1 + 1 + N"的联建机制，开展开放式党组织活动，促流动党员回归组织、促机关党员下沉一线、促"两新"党员同心共建。实现了"条块力量在驿站凝聚、同心资源在驿站融合、城市治理在驿站做强"的目的。2019 年 9 月，江干区城管驿站被评为"全国城市基层党建创新案例最佳案例"。截至2020 年底，全国已有 36 个地区在到江干区城管局学习后，对城管驿站的做法进行了主动借鉴。

桶长制是应该被推介、推广、学习的又一个具体做法，该做法获评中环协 2019 年度全国垃圾分类示范案例，并于 2020 年 11 月，被全国垃圾分类课题组重点推介。桶长制是指生活垃圾分类桶长责任制，它将居民、商铺店长、行业局长指定为"桶长"，形成完整的垃圾分类桶长制闭合管理圈。桶长制在江干区垃圾分类及管理中取得了优异成绩，共在 391 个生活小区推行桶长制，在 202 条道路街巷、9616 家商铺实现撤桶入室、统一收运；全区机关事业单位及重点行业平均分类准确率均在 90% 以上；生活垃圾"三化四分"考核排名全市第一,并被命名为浙江省7个模式之一,生活垃圾总量同比减少5.47%;其配套的升级做法是应用全链条设计体系,设计构思以"经营垃圾"为理念,按照"政府主导、市场运作、以商促分、多网融合、共生共赢"的工作原则,构建"1+9+N"①的垃圾分类再生资源回收体系。

标准化管理是应该被推介、推广、学习、借鉴的又一项管理举措。实事求是地讲,在我国,将标准化引入管理实践已不是一件新鲜事了,例如,早在20世纪末,就已经有人关注ISO质量管理体系在中国管理领域的应用问题;而在21世纪初,就有不同的政府管理部门开始将ISO质量管理体系引入管理实践。但是,将标准化在管理实践中全面铺开,并上升为推进整体工作抓手的高度来开展标准化管理的党政事业单位,还是不多见的。江干城管人秉承"一流城管做标准"的理念,联合省级、市级有关部门编制发布包括《美丽河道评价标准》《城管驿站建设与管理规范》在内的7项省级标准、6项市级标准、1项省级团体标准;同时注重标准渗透,在建管衔接、行政审批、综合执法、综合监管、养护作业、机关管理、制度建设等各个方面进行总结提炼,形成具有江干区城管特色、接地气的精细化管理标准,进而构建起"体系完整、紧密衔接、自我完善、彰显特色"的城市管理标准体系。江干区城管局还开发出"江干城市管理标准词典",为用户提供实时查询及下载服务。实现了以标准化助推城市全方位、全层次、全领域施行精细化的管理。

以城市大脑为新形态的智慧城管是应该被推介、推广、学习、借鉴的又一个管理举措。城市大脑是智慧城市的最新成果,是杭州市依托独具的信息技术优势首创的智慧城市平台。江干区城市管理局积极对接与融入杭州市的城市大脑系统,在自己已有的智慧城管基础上,打造智慧治水、智慧治废等数字化应用场景,推进政府数字化转型,升级创建"一中心、一仓库、五平台"的"115"智慧城管架构体系。其中,清水排涝智慧管理信息系统、城市垃圾智慧管理系统以及渣土运输车智能管控系统已经比较

---

① 江干区城管局推行的"1+9+N"的垃圾分类再生资源回收体系具体内容如下:"1"是指区级成立运维集团牵头指导,"9"是指各街道(管委会)实体公司负责具体运作,"N"是指各社区、小区建立统一布局的回收网点服务平台,实行名称、标识、标准、内容、车辆、服装"六统一",按规范要求建成再生资源回收网点。

成熟完善，在城市管理常规工作和应急管理工作中发挥了应有的作用，为各地城市管理相关工作提供了很好的技术支撑样板，为全国城市管理界提供了很好的样板。江干区城管融入杭州市城市大脑系统的步伐正在加快，在这个过程中，他们创新发展的诸多思路，例如，积极对接、融入城市大脑系统的技术性手段、技术路线、工作平台，目标诉求等，都为各地城管界做出了易于学习、借鉴的榜样。

总之，无论是在理念层面，还是在管理样式层面，抑或是在具体的操行性环节，江干城管人都以自己的创新努力，为全国城市管理者们提供了可推广、可借鉴、可学习、可创新的标杆与样板。这是他们为我国城市管理事业的健康快速发展贡献出的"江干经验"和"江干样板"。

三 如何推广、借鉴

有了好的榜样与样板，接下来就需要关注如何推广与借鉴的问题了。实际上，推广与借鉴的方式不外乎两种，一是机械式地照抄照搬、全盘接受，二是创造性地学习与借鉴。从学习者的立场和利益思考，也从江干经验和江干样板本身思考，我们认为，上述两种方式，都具有实际意义和科学价值。

创造性地学习与借鉴是最佳的选择。最好的学习借鉴还是创造性地学习与借鉴。我们是基于以下三种考虑提出这一观点的。一是避免不了的"水土不服"问题。虽然全国各地的城市管理者履行的管理任务和达到的管理目标是大同小异的，虽然管理对象方面也没有本质的差异，但是，毕竟还存在着细部的、微小的、地域化的、发展性的差异，这些细小的差异在管理过程中可能因为不同的时空组合而被放大。因之，全盘照搬的江干经验难以预料和应对变化了的情况，因此，管理中难免会出现这样或那样的问题。因此，根据可能出现的问题进行创造性学习，或者说在管理的具体实践过程中根据变化了的时空特点对江干实践进行创新性应用，是最佳的借鉴模式。二是培育和提升城市管理者的创新发展意识和创新发展能力的需要。将先进的城市管理经验融入自身的管理实践之中，是快速起步、快速提升自身管理水平的经济实用型工作路径，但是，只是学习是形成不了真正有进取心、有执行力与战斗力的工作团队的，整个所在地城市管理事业的最好结果也只能是亦步亦趋地模仿与学习别人的成果，不可能形成自身的创新发展格局。所以，在落后时期创造性学习与借鉴外来的成功做法和先进经验，一方面可以在短时间内促进所在地城市管理事业的迅猛发展，另一方面可以培养自己的人才、创新自己的做法，逐渐形成适合当地城市管理实际的自有模式。这对城市管理事业的后发展者来说，既是低成本的，也是智慧的。三是构建我国城市管理事业百花齐放创新发展格局的需要。"一枝独放不是春，万紫千红春满园"，我国城市管理事业的真正发展、真正成熟，需要全国城市管理从业者的集体努力，需要全国城市管理事业的整体发展。"头雁引领群雁飞"，有了一个全国学习的榜样，并在这个榜样的引领下百花齐放、集体创新发展，才应该是我国城市管理事业的常态，也才是我国城市管理事业整体发展的表现。这个常态、这个表现，只靠"头雁"的孤军奋战、领先发展是形成不了的，从这个意义上说，城市管理后发展城市的管理者们，只有创造性地学习与借鉴先进经验和先进做法，才是最佳的选择，也是最应然的选择。

第三章

党建城管工作融合化

如何建构党建工作与城市管理中心工作相互促进、协调发展的和谐关系，既是一个实践话题，也是一个重大的理论话题。用运行论理论视角分析，我们会发现，二者有着各自的工作领域、本质特征和运行规律，因此，从一般意义上理解，二者间的个性差异是必然存在的，而且是泾渭分明的，甚至可以说，二者间可能存在着明显的运行冲突，这是建构二者间相互促进、协调发展的和谐关系的天然障碍。我们党的宗旨是全心全意为人民服务，"党除了工人阶级和最广大人民群众的利益，没有自己特殊的利益。党在任何时候都把群众利益放在第一位，同群众同甘共苦，保持最密切的联系，坚持权为民所用、情为民所系、利为民所谋"[1]，这决定了党的建设工作的任务、目标和"城市让生活更美好"的城市管理目标的同一性和一致性特征。因此，二者间的个性差异就不具有绝对性，二者间的运行冲突就不具有根本性。换句话说，目标的一致性决定了它们有着天然的亲缘关系与和谐发展的基因。因此，在城市管理实践过程中构建二者相互促进、协调发展的和谐关系是完全必要和完全可能的。

但是，天然的亲缘关系与和谐发展的基因并不意味着二者能够自然而然地达致协调与和谐，也不意味着二者的关系自然而然地就能相互促进、相辅相成。党政关系的发展历史证明，构建二者良性运行、和谐发展的关系模式，特别是构建二者相互促进、协调、高效发展的关系模式，不是一件容易的事情。新中国成立以来，我国的党政关系已经经历了几次大的变

---

[1] 引自《中国共产党章程》，人民出版社，2017，第19、20页。

革，有学者将之划分为"'寓党于政'、'以党代政'、'党政分开'、'以党统政'四个不同阶段"①。姑且不论"四阶段说"是否能够精准地反映新中国成立以来党政关系的实际状况，但就其中彰显的复杂变化情况，便能看出探索二者间和谐关系历程的曲折和艰难。江干区城管局的"四化协同"实践，从一个具体可感的层面，为良性运行、协调发展的党政关系探索出了一条新路径，即党建工作与城市管理中心工作融合发展的新路径，为我国党政关系的构建，特别是为城市管理界正确理顺党政关系提供了模板。

第一节　党建引领融合发展

简单来说，体现于"四化协同"中的党建工作与城市管理中心工作融合发展的新路径，就是江干城管人在"党建引领"理念指引下创新出的一系列工作架构和高效率的工作举措。他们经由工作架构的搭建，为党建工作与城市管理中心工作的融合建构了平台，创新出了融合发展的运行机制，保证了二者融合发展的常态化和效率化；他们经由工作举措的创新，对接融合平台机制，满足融合平台运转要求，提升融合平台运行绩效，形成了创新个案与融合平台相辅相成的良性互动关系，并通过日常的点滴高效管理举措，一方面为创新平台查漏补缺，另一方面则全面调动了城市管理者个体及社会各方的积极性，让党建工作与城市管理中心工作的融合成为遍地开花的群众性事业。

一　党建引领的融合性工作架构

江干城管人按照分层设制的方式搭建起涵盖广度与涵盖深度各不相同的融合发展工作框架，按照行政级别和工作任务涵盖面的差异，党建引领理念指导下的融合创新工作架构有几个典型代表，其中，"江干城管系统党建组织架构"和"江干城管驿站党建综合体"最具有典型性和代表性。

---

① 陈红太：《从党政关系的历史变迁看中国政治体制变革的阶段特征》，《浙江学刊》2003年第 6 期，第 79 ~ 89 页。

（一）江干城管系统党建组织架构

江干城管系统党建组织架构是江干区城管局系统内部最顶层的体系化融合平台，它包含着一系列的操作性设计。

（1）平台设计师。江干城管系统党建组织架构的设计师是江干区城管局党委，其中，城管局党委书记、局长金炜竑是实际上的总设计师，发挥了关键性作用。

（2）平台建构的原则。平台建构的首要原则是实现党建工作与城市管理中心工作融合发展，第二个原则是建设形成区域统领、行业引领、两新融合和街社兜底的城市基层党建工作格局，第三个原则是坚持问题导向、破解难题导向。

（3）平台处置的问题和与其达成的目标。针对基层党组织管理服务缺位、党员组织意识缺位、党员作用发挥缺乏和组织生活基本落空的"三缺一空"问题，通过"1 + 1 + N"的联建机制，可以促进流动党员回归组织、促进机关党员下沉一线、促进两新党员同心共建。

（4）具体组织架构，详见图 3 - 1。

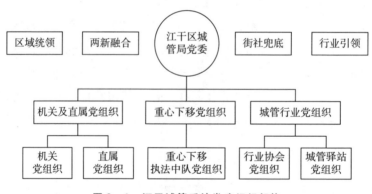

图 3 - 1　江干城管系统党建组织架构

（5）平台的融合成效。经过"十三五"期间的不懈努力，江干区城管局织密了一张覆盖全区的城管行业系统党建基层堡垒网络，并以党建带群团、堡垒加服务为主线，共画区域化党建共建"同心圆"。截至2020年底，江干区城管局已经建立起覆盖全区8个街道和区域重点路段的49个城管驿站（简称驿站）党支部，成为江干城市发展在基层饱含温度的体验点、城管行业系统党建凝聚力量的示范点、城市基层党建政治引领和服务社会的落脚点。以驿站为圆心，建立了志愿服务网点、党员服务网格和社会服务网络。依托"志愿汇"和"江干同心圆"等党建平台，打通了微心愿等"党建+公益"的线上线下联动路径。一个支部一个堡垒、一名党员一面旗帜，通过党建引领、政府引导、各街道大力协同、市场化作业单位和爱心企事业单位参与建设、捐赠物资、送温暖、献爱心等，写就了"众人拾柴火焰高"的动人故事。聚力谋发展、同心创未来，内化于心、外化于行，通过将党建工作与城市管理中心工作揉在一起，江干区城市管理事业取得了事半功倍的效果，开启了"信念扎根、梦想开花"的城市管理新篇章。

（二）江干城管驿站党建综合体

城管驿站党组织是江干城管系统党建组织架构中的一个有机组成部分，为促进全局党建工作与城市管理中心工作融合发展做出了重大贡献，同时，依托业务关联与工作人员交融叠加的优势，城管驿站党组织又建构起自己的融合分支平台，即江干城管驿站党建综合体（以下简称综合体）。

（1）综合体建设。江干城管系统党建组织架构的设计师江干区城管局党委书记、局长金炜竑在综合体建设中发挥了关键作用。

（2）综合体运营由江干城管驿站党委负责。

（3）综合体预期达成的目标是实现条块力量在驿站凝聚、同心资源在驿站融合、城市治理在驿站做强。

（4）具体组织架构，详见图3-2。

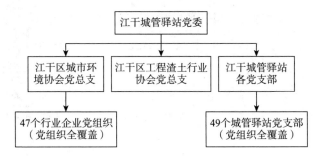

图3-2 江干城管驿站党建综合体

（5）具体工作路径。以驿站为圆心，建立志愿服务网点、党员服务网格和社会服务网络，设置驿站心愿墙，依托"志愿汇"和"江干同心圆"

等党建平台，打通了微心愿等"党建＋公益"的线上线下联动路径。设置"相约十五"固定主题党日，提高党员思想意识，解决工作中的疑难问题；成立城管驿站宣讲团，通过领导干部连点宣讲、支部书记驻点宣讲、专家学者特邀宣讲、开放式实践宣讲和同心圆共建宣讲五种类型的宣讲活动，城管驿站成为教育管理党员、凝聚群众的前沿阵地。江干区城管局强化驿站功能输出，通过党建联席会议，找出破题解难的"最大公约数"；通过先锋工作室邀请"两代表、一委员"倾听一线心声；建立开放体验点，让城市管理变成"全民共理"。

（6）工作融合成效。江干城管驿站党建综合体让原来组织不了的组织起来了，原来整合不了的整合起来了，原来做不好的做优了。截至 2019 年底，已有国内外 107 个考察团来江干区城管局学习取经、1900 余人次参观学习，被新华社、人民网、《浙江日报》等主流新闻媒体多次报道；2019年 9 月，江干城管驿站被评为"全国城市基层党建创新案例最佳案例"；截至 2020 年底，全国已有 36 个地区在到江干区城管局学习后，对城管驿站的做法进行了借鉴。

二 "党建引领"的融合性工作举措

与系统性工作架构相互支撑的，是江干区城管局对内对外采取的高效率工作举措，二者相互呼应、相互促进，既强化了各自的工作努力，又共同建构起党建工作与城市管理中心工作融合发展的崭新格局。近年来，特别是"十三五"期间，江干区城管局推出了许多能够代表与反映这一格局的具体工作举措，我们仅就其中的数项举措予以展示。

（一）党政一体、融党于政、融政于党的组织人事安排

所谓党政一体、融党于政、融政于党的组织人事安排，是指江干区城管局在内部领导岗位设置和组织人事安排上采取的具体工作举措，简单地说，就是全面实行局级领导"一肩挑"的人事制度，即党的领导同时担任行政领导。

（1）局级领导"一肩挑"。由局党委书记担任局长，其他局级领导分别担任党委副书记、委员等职，具体情况详见表 3 - 1。

表 3 – 1 局级领导"一肩挑"情况

序号	姓名	岗位	
1	JWH	党委书记	局长、一级调研员
2	CH	党委副书记	副局长
3	CX	党委委员	二级调研员
4	PGY	党委委员	二级调研员
5	SCH	党委委员	副局长
6	RMZ	党委委员	副局长

在表 3 – 1 中，我们对各位局级领导的名字进行了技术化处理，其他的事项，包括任职情况、在局内的排名等，都严格按照客观事实予以实事求是地呈现。需要特别说明的是，表中涉及的各位领导的职责情况，更多体现的是上级部门的意志、工作思路和工作选择，不是江干区城管局内部可以决定的事宜。从这个角度来看，这好像与该局推出的"党建引领"融合性工作举措关系不大，但是，由于该局一以贯之的这一工作理念和工作思路，引领和强化了"一肩挑"领导们融合党建工作与城市管理中心工作的内在动力、主动性和积极性，其主观能动性的提高和发挥成为他们在城市管理实践中执行上级指令、消弭内耗、融合两个领域、提高工作绩效的重要凭仗。

（2）科室领导"一肩挑"。科室领导担任党总支书记、支部书记，这一制度是由城管局领导发起和决定的，是促进党建工作与城市管理中心工作融合发展的创新性举措，也是江干区城市管理事业创新发展的体制性原因。

（3）工作理念与工作态度。除了前文已经提及的理念问题，在党建工作与城市管理中心工作融合发展的环节中，江干区城管局有下述三点值得在这里再次提及，分别是：①"城市管理工作到哪里，党的建设就推进到哪里"的理念与工作守则；②"党建想进去了思考才有深度，党建抓起来了管理才有办法，党建离不开了专业才有自信"的工作态度和工作方法；③把党组织的政治引领和服务功能延伸到城市基层末梢。

（4）工作抓手。以强化队伍建设为抓手，江干区城管局切实打造了一支肯干事、能干事、会干事的城管队伍。①针对全局干部能力提升，提出了"跑步进入全市前列"的奋斗目标，并将"争就要争第一"贯彻于干部培养的始终；②明确了干部培养标准，制定实施"两好一强"和"三有三力"标准①；③要求局内中层干部具备抓党建的三种能力，即"让大家听你话"的号召力、"让大家都跟着你好好干"的凝聚力和"把每件事干得有声有色"的战斗力；④针对重点干部，定制实施"一干部一方案，两张图、四清单"培养路径，即针对每一个重点干部定制个性化的成长规划图、培养路线图，针对每一个重点干部开列问题、培训、实用和考评清单。

（5）工作成效。首要的工作成效就是党政融合发展后，江干区城管局内部凝聚力、战斗力的增强，以及局内党员干部号召力的提升；其最显性的成效是前后对比中的成就差异：2015 年及以前，江干区城管局的年度大考成绩位列全杭州市倒数第一，经过全局上下的不懈努力，截止到 2020 年底，其年度大考成绩连续五年名列全杭州市正数第一。两个性质不同的"第一"，从最直观的角度，诠释了江干区城管局内部发生的综合性嬗变，展示了党建工作与城市管理中心工作融合发展的现实意义和工作价值。

（二）支部建在驿站上

支部建在科室上、支部建在驿站上，是江干区城管局实施与实现党建工作与城市管理中心工作融合发展的又一典型做法，并在全国范围内产生了较大影响力。

（1）建设背景与面临的问题。①在基层党建工作中存在着党组织管理服务缺位、党员组织意识缺位、党员作用发挥缺乏和组织生活基本落空的"三缺一空"现象；②在垂直管理的行业系统基层党建中，长期存在着块上管不了、条上抓不透，条块之间缺乏协调性、协同性，甚至互相矛盾、互相掣肘的管理困境；③ 2016 年，江干区以覆盖环卫、市政、停车、绿化、河道、执法 6 大行业，拥有 6000 余名一线党员和职工的城管系统为试点，坚持从条入手、向块融合、由点及面，在全区建成了 18 个集用餐、休息、学习、交流、应急于一体的江干城管驿站党建综合体。

（2）建设目的。①把驿站作为行业系统党建融入区域党建的重要枢

---

① "两好一强"是指"人品好、态度好和能力强"，"三有三力"是指"有激情、有思想、有担当，有自转力、执行力和创新力"。

纽，不断充实服务内涵、创新服务载体，把城管驿站打造为一个集职工服务、志愿服务、专业服务为一体的坚固的基层治理阵地；②发挥城管驿站支部在一线、为一线的优势，把城市管理延伸到每条马路、延伸进每个小区，打通城市管理的"最后一纳米"；③把城管驿站作为应急保障工作一线的前哨指挥所和后勤保障库，为打赢应急攻坚硬仗提供有力支撑；④把全江干区与城管工作联系紧密的82家单位纳入城管驿站"同心圆"单位，引导各单位主动依托驿站发挥作用，开展精准服务。

（3）建设主体。建设主体是江干区城管局，执行建设主体是江干区城管局城管驿站党委。

（4）工作路线图。①按照"城市管理工作到哪里，党建工作就推进到哪里"的行业党建推进思路和行业引领、区域统领、两新融合、街社兜底的城市基层党建工作格局，坚持"有形堡垒＋无形堡垒"并举，走出一条党建引领城市管理发展的新路径。②通过支部建在科室上、支部建在驿站上、行业"三必须"准入机制等实现党组织的全覆盖，并将行业的条与区域的块拧成"一股绳"，把党组织的政治引领和服务功能延伸到城市基层末梢。③实现"驿站＋"向"党建＋"、"城管驿站"向"城市驿站"的理念转变。④实施"组织建设工程"和"品牌建设工程"，进一步强化机关联建，推动机关党组织与驿站党组织结对全覆盖，落实站体共建、组织共管、服务同心、发展同向工作机制，深入打造功能联席会、先锋工作室和开放体验点。⑤进一步强化特色创建，重点做好城管行业协会单位党组织特色创建、驿站党建综合体打造、基层队所党建示范点创建，凝聚各具特色、全面发展的城管系统党建氛围。⑥进一步强化互融共建，全面落实党支部建在驿站上相关制度，重点推进行业党建责任、考核、退出、报告"四项制度"执行落地，推点扩面做大5号志愿服务日活动，广泛吸引"同心圆"单位开展区域化共建，将城管行业党建主动融入城市基层党建格局中，实现共融互促。⑦城管驿站提供用餐、休息、阅读、学习等基础服务功能，让城管一线工作者在城管驿站"安身、安业、安心"。⑧驿站支部开展党建知识、专业技能大比武，为行业系统培育更多"跟党走、懂城市、会管理"的专业人才。⑨在每个驿站开展"点亮微心愿"活动，驿站党支部定期组织机关、社区、"同心圆"单位党员认领。

（5）建设成效。①实现了条上资源在驿站融合、条块力量在驿站凝聚、城市治理在驿站做强的目的；②成功保障了 G20 杭州峰会的顺利召开；③将以人民为中心的思想落到实处，将增进民生福祉由工作的出发点和落脚点变为现实；④江干城管驿站被评为 2019 年"全国城市基层党建创新案例最佳案例"；⑤截至 2020 年底，江干城管驿站做法已经被全国 36 个地区主动学习；⑥江干城管驿站被浙江省、杭州市相关领导肯定和褒扬，并将其升级为杭州城管驿站，浙江城管驿站也即将挂牌成立；⑦出台了省市标准，输出了江干经验，城管人的归属感、自豪感、幸福感大大增强，减少了环卫职工的流动性，熟练工人持续增多。

（三）党建引领破解垃圾围城困境

以党建引领来破解城市日益严重的垃圾围城困境，是江干区城管局促进党建工作与城市管理中心工作融合发展的一个经典案例。该案例将再生资源回收工作作为一个系统工程，并将之与党建工作深度融合，以党建为总抓手，带动回收网点各项工作有序开展。

1. 成立江干区清道夫集团党总支

为了发挥党组织在城市治理中的战斗保垒作用，把党的政治优势和组织优势转化为基层社会治理优势，以清道夫再生资源回收体系建设为契机，江干区成立了隶属于江干城管驿站党委的江干区清道夫集团党总支，下辖 8 个党支部，详情见图 3-3。该项举措将党建的力量延伸到每一个再生资源回收网点，让每一个网点成为垃圾治理的宣教中心、展示基地，让每一个网点成为党建工作与城市管理中心工作融合发展的生动实践。

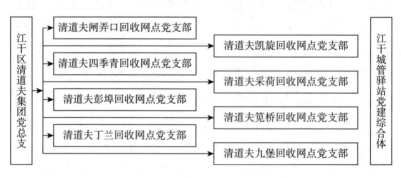

图 3-3　江干区清道夫集团党总支情况

2. 困境与难题

①垃圾围城状况没有得到改善，困境依然；②垃圾分类工作虽已开展

了很多年，但成效很差，依然处于未破题状态；③再生资源回收行业发展较为滞后，存在很多亟待解决的问题。

3. 具体工作目标

建构起再生资源回收体系，打造出家门口的回收站，化解垃圾围城难题。

4. 具体做法

①依托网点党支部，召开党建联建主题会议，打造共商共建工作平台，提升服务水平、促进管理创新；②培育、建设"清净环境、道法自然、匹夫有责"的清道夫垃圾分类文化，从垃圾分类文化因子培育建设开始，逐步提升人们的垃圾分类意识，改变人们的垃圾分类习惯，规范人们的垃圾分类行为，一劳永逸地解决垃圾分类难题。

5. 实践效果

①建构起党建引领，区、街道、社区三级联动，企业深度参与的党建工作与城市管理中心工作融合发展的新格局；②逐步推进生活垃圾资源化、减量化、无害化，垃圾处置压力大幅度下降、处置成本逐步降低，城市生态环境得到改善，2019 年以来，江干区生活垃圾总量同比下降 5.47%，城市垃圾围城困境得到初步缓解；③清道夫垃圾分类文化氛围渐趋浓厚，市民良好的垃圾分类习惯逐渐养成；④截至 2020 年底，江干区因垃圾分类工作连续两年获得浙江全省优秀县（市）区荣誉称号。

综上，我们很容易就会发现，体现于"四化协同"中的党建工作与城市管理中心工作融合发展的新路径，已经成为江干城管人"克敌制胜"的法宝，成为推进城市治理现代化的最有力抓手。虽然我们只是介绍了有限的几个代表性案例，但足以看出江干区城市管理事业的整体格局和发展态势，足以看出其在发展过程中的思路和操作方法，这不仅成为江干城管人继续自己辉煌事业的基地与基石，更为后发者提供了清晰明白的学习样板。

第二节　融合发展的基地与基石

在江干区城管局创新的"四化协同"样式中，推动党建工作与城市管理中心工作融合发展的抓手不仅有整体性的工作架构和高效率的工作举措，还有将这些工作架构和工作举措一揽子落实和实践的融合发展基地与基石。并且，不仅有实体化的基地与基石，还有网络空间中的虚拟化的基地与基石，通过线上线下协同联动，共同为党建工作与城市管理中心工作融合发展提供了条件与保障。

一　基于基地的融合发展

我们可以将江干区城管局促进和实现党建工作与城市管理中心工作融合发展的基地大致分为两类，第一类是面向全局的融合基地，我们称其为"党建+"；第二类是面向基层、辐射社会的局域性融合基地，我们称其为"驿站+"。

（一）"党建+"融合化发展

"党建+"融合化发展基地是线上线下的双重互构、共建模式，较为成熟和率先实践的是线下模式，线上模式参考了线下的思路，并在发展过程中创新出自己的特有路径。无论是线上模式还是线下模式，都是"六有"基地。

（1）有主题教室。其中，线下是实物教室，线上是虚拟教室。恒定主题是以党建引领城市管理事业发展；与时俱进的主题则是根据城市管理发展实际，坚持目标导向和问题导向，将党的建设工作与城市管理年度工作和重点工作紧密结合，重针对性、重实效，为打造城市管理的杭州排头兵、浙江示范、全国样板提供助力、保驾护航。

（2）有明确目标。充分发挥党组织的政治核心作用、党员的先锋模范作用，实施"党建+"融合战略，把党建工作融入城市管理工作全过程。

（3）有特色项目。①加强理想信念教育和对党忠诚教育，巩固"不忘初心、牢记使命"主题教育成果，建立党建工作长效机制，全面发挥党建引领作用。②推进支部建设规范化、党建责任清单化，实现党建数字化管理，确保各项制度全面落地。③持续开展"走亲连心三服务"，深化落实"周三访谈夜"担当引领机制，实现江干城管"贴心直通车"全面品牌化并具备一定社会影响力。④推进局属各级党组织之间的互促互融、共建共联，不断扩展"同心圆"辐射外延，全面提升全局系统党建工作质量。⑤结合星级中队、标杆中队评定和两新企业党建特色，强势推进"一队所一品牌"，至2025年底实现品牌创新全覆盖。

（4）有工作抓手。重点抓城市管理队伍建设、作风建设、纪律建设、文化建设。

（5）有培训机构。2017年成立的江干区城市管理培训学院承担了促进和保障党建工作与城市管理中心工作融合发展的培训功能。学院结合城管行业特点，不断创新课程内容，深化办学方式，转变办学思路；学院坚持内培为主、外引相辅，形成一支有专业、有素质的教员队伍，建成"江干城管智库"；学院通过内部挖潜和外部合作，开展城管行业党建、精细化管理、智慧化建设等方面的课题研究，总结创新经验，推动江干城管自身发展，促进全国城市管理创新发展。

（6）有基层融合发展的创新支点，例如，①党建引领"五治"融合、云上云下协同推进的"彭友圈"品牌；②打出"领任务、评先进、创满意、强教育"组合拳的中队层面融合发展品牌；③"云上·贴心直通车"品牌；④最强党支部、最强领头雁；⑤紧抓"桶口"，打造文明江干样本的"桶长制"；⑥紧抓"河口"，打造水韵江干样本的全域治水；⑦紧抓"窗口"，打造美丽江干样本的市容管理；⑧紧抓"路口"，打造幸福江干样本的市政设施管理；等等。

（二）"驿站+"融合化发展

与"党建+"融合化发展相同的是，"驿站+"融合化发展也是线上线下的双重互构、共建模式。"驿站+"是江干区城管局面向基层、辐射社会的局域性融合基地，是被实践证明了的一种成熟的、高效率的创新融合方式。

1. "1+1+N"融合平台

"1+1+N"是一个集刚性与包容性于一体的融合平台，其刚性是指以党建引领城市管理事业发展的核心内涵，其包容性则是指其工作对象、工作范围、工作场所及融合形式等方面的开放性和包容性特征，大致情况可参见图3-4。江干区城管局以城管驿站作为行业系统党建融入区域党建的重要枢纽，不断充实服务内涵、创新服务载体，将之打造为一个集职工服务、志愿服务、专业服务为一体的融合发展阵地。

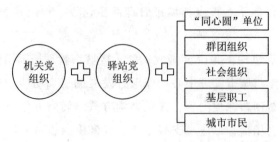

图3-4 "1+1+N"融合平台

2. 工作目标设计

①发挥城管驿站支部在一线、为一线的优势，把城市管理延伸到每条马路、延伸进每个小区，打通城市管理的"最后一纳米"。②当好共建单位的"支点"，把全区与城管工作联系紧密的单位，纳入城管驿站"同心圆"单位，引导它们主动依托驿站发挥职能作用、开展精准服务。③建构守护应急保障的"关键节点"，把城管驿站作为应急保障工作一线的前哨指挥所和后勤保障库。

3. 具体工作方法

（1）"阵地前移"到一线。改变传统按照环卫、执法、绿化、市政、河道、停车6个条线设置党组织的模式，实行支部建在驿站上，将城管各条线的一线党员按照工作责任区重新编入驿站党支部。专门制定《党支部工作清单》，明确主题党日、"两学一做"学习教育、"三会一课"等10项基本制度，有效保证驿站党支部建设规范化、制度化。

（2）"各方联动"建一站。坚持党建引领、政府引导、企业参与、社会协同，按照整合原有管理用房、街道社区配套用房和鼓励企业自行租赁3种模式，达到"花小钱、办大事、快办事"的效果。

（3）"握指成拳"守一片。依托驿站党支部，全面开展"1+1+N"组织联建，即每个城管驿站都由1个机关党支部下沉指导，由1个辖区执法中队、市政所党支部认领管理，并联动N个社区、社会组织、属地单位党组织开展共建共享。

（4）服务暖在"心"上，让基层党建工作更有温度。①提供"歇一歇脚"的地方，让一线职工有"安身"之所。城管驿站提供用餐、休息、阅读、学习等基础服务功能，让城管一线工作者在城管驿站"安身、安业、安心", 有效解决了一线职工就餐难、喝水难、休息难的问题。②"上一门课", 让党员骨干"安业"。驿站支部开展党建知识、专业技能"大比武", 为行业系统培育更多"跟党走、懂城市、会管理"的专业人才。驿站支部的工作, 使更多党员成为业务骨干, 也使更多业务骨干加入党组织。③"点一盏灯", 让广大职工"安心"。在每个驿站开展"点亮微心愿"活动, 驿站党支部定期组织机关、社区、"同心圆"单位党员认领。针对寒暑假期间解决子女托管问题的"微心愿", 驿站党支部每年定期开展"小候鸟"托管活动, 方便一线职工子女寒暑假与父母在杭州团聚。

（5）力量聚在"点"上, 让城管工作更有力度。疏通社区治理的"堵点"。①驿站党支部固定在每月 15 日召开协商会, 邀请社区代表、物业代表等汇聚驿站, 听意见、找症结、想办法。②把全区与城管工作联系紧密的 69 家单位纳入城管驿站"同心圆"单位, 引导它们主动依托驿站发挥职能作用、开展精准服务。

（6）建构守护应急保障的"关键节点", 把城管驿站建设成应急保障工作一线的前哨指挥所和后勤保障库, 为打赢应急攻坚硬仗提供有力支撑。在自然灾害爆发期间, 城管驿站 24 小时向一线职工和市民群众开放; 在应急保障工作期间, 核心保障区驿站实行 24 小时开放, 城管保障工作突击队遇事在驿站协商、轮班回驿站休息。

4. "三点"彰显融合成效与发展方向

"驿站 +" 融合化发展已经成为江干区城市发展在基层饱含温度的体验点、城管行业党建凝聚力量的示范点、城市基层党建政治引领和服务群众的落脚点。

二 融合发展的基石

江干区城管局促进与实现党建工作与城市管理中心工作融合发展的基石有四, 分别是: 理论武装、组织建设、制度创新和队伍建设。其中, 最具特色的是队伍建设, 这是对城市治理现代化推进过程中最具能动性的"人"的因素的极大关注和全力培养。当然, 与城市管理相关联的"人"是多方面、多层次的, 不仅包括直接从事城市管理事业的城管人, 也包括城市中的其他社会人, 甚至包括城市过客。我们在"融合发展的基石"这一部分研究的"人", 主要是指作为城市管理执行者的城管人, 正是对城管人的关注与培养，使其成为江干区党建工作与城市管理中心工作融合发展的重要基石。

1. 选人、用人机制

①建立起"实干担当、人事相宜"的选人用人机制，健全了"系统完备、持续强化"的素质培养系统。②建立起日常、分类、近距离考核的知事识人机制，深化后备储备和梯队建设。③通过定制个性化的干部成长规划图、干部培养线路图，梳理干部的问题清单、培训清单、使用清单、考评清单，做到"一人一方案两张图四清单"，全面建立干部培养"大数据"库。④按照"配优科室、配强基层"原则，重点在中心工作、改革一线、急难险重中锤炼干部，让重点岗位、重要领域得到支撑、带动，全面形成实干实效、担当作为的良好氛围。

2. 严格管理体系

①营造"严管厚爱、干净干事"的从严管理体系，打造忠诚、干净、担当的城市管理铁军标兵。②构建形成"学习教育、风险防控、联动共管"并驾齐驱，"机关支部、属地支部、行业支部"同心共建，"行为约束、公权约束、督查约束"的"3＋3＋3"党风廉政建设体系。

3. 特色培养机构

挂牌成立江干区城市管理培训学院，旨在打造集党校、军校、职校和研校4种功能于一体的局内培训机构。学院下设4部6系，统筹全区城市管理队伍培训建设，着力提升城管干部学习能力、政治领导、改革创新、科学发展、依法执政、群众工作、狠抓落实、驾驭风险8种本领。

4. 干部培养、管理方面的特色方法

其中，最值得推介的，也是能够成为各地城管系统直接借鉴蓝本的，是全能型执法人员技能通关行活动。该活动的具体内容包括如下几个方面。

（1）参加人员。参加人员为各执法中队在岗执法人员。

（2）人员分组。根据年龄，将人员分成28周岁（含）以下、28至35周岁（含）、35至45周岁（含）、45至50周岁（含）和50周岁以上5组。

（3）项目分组。技能通关行活动由知识通关和体能达标两个模块组成，其中知识通关由综合知识（一）、综合知识（二）、城市规划、环境保护、城市绿化、市容环卫、工商管理、市政公用、公安交通和住房建设 10 项工作职责组成；体能达标由田赛类、径赛类、器械类、球类和其他 5 大项组成，下设 5×5 计 25 个小项目。

（4）形式方法。活动以考试测验为主，知识通关内容采用"1 + N"模式，即"1 个主科目 + N 个副科目"；体能达标内容采用"N + 5"模式，即根据分组情况选定 N 个大项，从 25 个小项目中选择 5 个作为测验项目。

（5）通关标准。①知识通关。知识通关一周年为一轮，每月一测共 12 关。执法人员主科目（95 分）或副科目（90 分）考试成绩达标的记 1 星，考试总成绩达到 10 星的，评为全能型五星执法人员；达到 9 星的，评为全能型四星执法人员；达到 8 星的，评为全能型三星执法人员；达到 7 星的，评为全能型二星执法人员；达到 6 星的，不评星；6 星以下的为不合格。②体能达标。体能达标一周年为一轮，每半年一测，原则上每季度进行一次，共 4 次测验机会。以最新的公安部门和大学生体育达标标准成绩为基准，若无具体参照标准的，通过集体评议确定基准，并每年予以公布。根据人员分组情况，随着年龄增长将相应标准逐级降低 1/4 水平，作为达标成绩。

（6）训练培训。各执法单位组织人员学习相关业务知识，结合工作进行体能训练，通过集中与分散、辅导与自学等多种形式进行。知识通关借助"互联网 +"技术，采用机考方式，用手机终端答题，方便队员利用业余、空闲时间进行模拟练习。体能达标不专门提供训练场地或场馆，队员结合工作情况和个人身体状况进行训练，以业余时间为主。

5. 立榜样、树典型，着力正向激励

江干区城管局"在大力总结、舍得表彰身边先进上做足文章，既重视在职在编人员的表彰，也重视合同人员、养护单位及作业人员的表彰"。城管局党委先后推出"英雄团队""双强双优"① 等评选活动，通过正向激励、榜样效应，强化城管队伍建设。

---

① 江干区城管局党委的"双强双优"活动，是指在局内开展评选最强党支部、最强领头雁活动和评选优秀党员、优秀志愿者活动，旨在表扬先进并号召江干城管系统各级党组织和广大党员干部学习先进、学习榜样、不忘初心、不负韶华，继续以奋斗的姿态，为江干城管事业领跑杭州、续创人民满意单位做出贡献。

6. 创办宣传阵地

①于 2015 年 8 月创刊《江干城管报》，面向全江干区发放，每月发行一期，每期发行 12.56 万份；②创作江干城管之歌《我们的担当》，通过歌曲凝聚力量、统一步调、培育激情、锻造斗志，全面提升城市管理队伍战斗力。

7. 上升渠道畅通

"十三五"期间，江干区先后提拔处级干部 6 名、科级干部 94 名，其中 85 后年轻干部 12 名；向省、市、区其他部门、街道单位输送各类干部（含挂职）74 人；干部获得省级荣誉 42 人、市级荣誉 101 人。

依托"双基"（基地和基石）来推动和实施党建工作与城市管理中心工作融合发展，是江干区城市管理事业能够"干在实处"、"走在前列"、不断创新发展的重要原因。实际上，我们在这里介绍的只是江干区城管局的部分材料和少数典型做法，没有介绍的其他大量成功案例和经验做法，也与此具有一脉相承的特征，它们一起诠释着这样的具有哲学意味的真理：只有干在实处，才能走在前列；只有创新发展，才能走在前列；只有志存高远，才能干在实处、走在前列。

第三节　党建提升城市治理的质与效

正如前文所述，党建工作与城市管理中心工作具有一种相辅相成、相互促进的正相关关系，这种关系折射到城市管理具体实践工作中，就是前者之于后者的引领与提升作用，后者之于前者的支持与促进作用。当然，具体到江干区城管局这一具体的工作单位层面，其良性互动的正相关关系就体现为全局整体工作的不断进步与跨越式发展。

一　党建促进城市管理中心工作提质增效

党建对城市管理中心工作的引领和提升作用，可以从其对城市管理质量与效率的保证和提升中得到很好的诠释。在江干区城市治理现代化创新发展过程中，党建在这方面发挥作用的案例俯拾皆是，我们从中选取了两个典型案例予以部分展示。

（一）"驿"起来学民法典

"驿"起来学民法典是江干区"百场千人万家行"普法系列活动之一，是江干区城管局联合司法局为环卫工人、市政养护工人、快递小哥等基层来杭务工人员送上的一份夏日清凉"法治"大礼。它是诠释江干城管人依托党建推动城市管理具体工作提质增效的典型案例。

"驿"起来学民法典是"一起来学民法典"的谐音，它将"驿站"之"驿"活用为"一起"之"一"，将城管驿站巧用为普法宣传的载体与阵地。如前文所述，城管驿站是江干区城管局打造的党的基层战斗堡垒，是一个集职工服务、志愿服务、专业服务为一体的坚固的基层治理阵地，是城管行业系统党建融入区域党建的重要枢纽。在普及民法典工作过程中，江干城管人与时俱进地强化了城管驿站的功能，将其打造为"党建+普法"阵地，开展了"普法小站"学法"驿"起行活动。

1. 设立"普法小站"

江干区共在 8 个城管驿站设立了"普法小站"，它们是江干区城管局联合普法办创建的，为全面推动新时代法治江干建设，发挥党建同心圆作用，以"谁执法谁普法"的普法责任制为抓手，将城管驿站打造为普法教育宣传阵地。

2. 设立"普法小站"的目的

①践行"服务一线职工、凝聚社会力量、讲好杭州故事、夯实党的基础"城管驿站建设理念，推动全区"党建+普法"的"双普"法治宣传教育阵地建设；②旨在为基层来杭务工人员提供学法、知法的环境，增强广大群众的法治意识和法治观念，切实提高普法的基层到达率和知晓率及广大群众对普法的获得感和满意度。

3. "普法小站"的服务功能

①驿站内专门开辟了"法治书吧"，环卫工人、市政养护工人、快递小哥和其他来杭务工一线人员可以在驿站休息的同时通过阅读获取法律知识，提高法律素养；②"普法小站"中还有结对工友律师、服务范围、姓名、律所、联系电话等详细内容的标志牌，一线工人若有需求可以及时获得帮助，详情请参见表 3-2；③"普法小站"固定每月 26 日下午为"法治下午茶"时间，开展多种形式的学法"驿"起行法律服务，并由结对工

友律师组织开展相关活动，包括讲解宣传与外来务工人员工作生活息息相关的民法、劳动保障、交通法规、消费者权益维护等方面法律知识。同时结合党建"同心圆"，开展微心愿认领、法治讲座、法治电影会、现场咨询、法律援助等活动，为外来务工人员帮扶解困。

表3-2 "党建+普法"之"普法小站"一览表

街道	城管驿站	结对律师
闸弄口	京杭大运河站	WXX（浙江××律师事务所）
		SXX（浙江××律师事务所）
凯旋	滨和站	LX（浙江××律师事务所）
		HXX（北京×××律师事务所）
采荷	波普解放东路站	ZXX（浙江××律师事务所）
		HXX（浙江××律师事务所）
四季青	巾帼西丽运新花苑二区站	LXX（浙江××律师事务所）
		YXX（浙江××律师事务所）
笕桥	笕东嘉苑站	LXX（浙江××律师事务所）
		CX（浙江××律师事务所）
彭埠	新塘家园站	YXX（浙江××律师事务所）
		ZX（北京×××律师事务所）
九堡	德胜东路站	DX（浙江××律师事务所）
		ZX（浙江××律师事务所）
丁兰	大农港路站	YXX（浙江××律师事务所）
		MX（北京×××律师事务所）

4. 社会效果

①主流媒体的报道。江干区城管驿站"普法小站"的设立，致力为基层一线人员撑起维护合法权益的"保护伞"，让一线来杭务工人员吃上干事创业的"定心丸"。"普法小站"通过定期开展学法"驿"起行活动，实现来杭务工人员法治宣传教育工作的经常化、制度化、规范化，有效提高来杭务工人员法律素质和法律意识。②环卫工人的心声。"之前城管驿站为我们提供了免费的休息场所，工友们平时能够在工作之余过来聊聊天、躺着休息休息。现在'普法小站'的设立，让我们在休息之余还能够感受到法治的气息。能够在法治图书角看看书学习一些知识，真是再好不

过了""生活工作上要是遇到法律问题，也能够咨询结对的专业律师，实在是帮了大忙"。①

（二）江干区清道夫再生资源回收体系

党建引领破解垃圾围城困境我们在前文中已经介绍过了，这是江干区城管局采取的、以党建引领促进党建工作与城市管理中心工作融合发展的三大举措之一，这一举措的抓手就是以"桶长制"为核心的江干区清道夫再生资源回收体系。该体系将资源回收这一民生工程与党建、宣教、互联网等进行深度融合，以党建为总抓手，带动回收网点各项工作有序开展，推动实现回收体系的协同发展，实现了分类与教育的融合，使回收网点成为宣教基地、展示基地，推动居民养成分类习惯。

目前，江干区已形成了覆盖 8 个街道，由 3 家回收企业、1 个分拣站、203 个回收网点构成的再生资源回收体系。集高、低价值可回收物、大件垃圾、装修垃圾等分拣功能于一体的区级再生资源综合分拣中心也在进一步谋划之中。回收网络逐步健全，回收网点逐步规范，回收总量日益提升，源头减量日益明显，市民垃圾分类意识增强，社会文明程度明显提高。生活垃圾分类"桶长制"实践案例获评全国"垃圾分类示范案例"，城市垃圾智慧管理系统获评 2018 年度中国智慧环卫"政府管理创新案例"。

（三）小结

我们在这里选取的两个案例所面对的具体管理工作，都具有面广、量大且较为细碎的特点，这类工作不仅难以出成效，而且极易流于形式，极易因为形式主义的泛滥而引起市民及社会各界的反感，属于出力不讨好的"苦差事"。江干区城管局通过在城市管理实践中深入开展实党的建设工作，以党建引领为抓手，以基层党建阵地为载体，通过党员干部的亲力亲为和模范带头作用，不仅将工作做到了实处，而且将工作做进了基层职工和市民的心坎，从而把极大概率可能引发社会不满的"苦差事"干成了基层职工、市民及社会各方皆大欢喜的"美差事"，充分彰显了其工作方法、工作路径和努力方向的针对性、高效率和正确性，进而揭示出了一个基本

---

① 资料来源：对环卫工人的访谈笔录。

的工作规律，即党建工作对城市管理中心工作具有极大的引领、提升与推动作用，也揭示出了二者所具有的相辅相成、相互促进的正相关关系的客观事实。

另外，还需要特别提及的是江干区城管局将社会力量、社会发展资源引进并融入城市管理中心工作的意愿、能力、途径及相关措施，这是党建工作引领和提升城市管理中心工作的又一重大举措。表3-2向我们展示的是普法工作中的一些举措，从中我们可以看到，将律师这类专业人士引入各"普法小站"，借助专业人士的力量和才干进行普法宣传，不仅发挥了"专业人士干专业事情的"优势，而且，通过现场咨询、法律援助等手段，为普法对象提供法律支持，从而天然地将普法活动与帮困解难结合在了一起，这就不仅是提升普法宣传的吸引力问题了，而且是从最实在、最实惠、最接地气的层面，将普法对象自然而然地集合与组织起来，保证了普法宣传的效果，使其成为将普法宣传上升为吸引市民、吸引社会力量积极参与城市管理实际工作的一种渠道和途径，进而从根本上提升了城市管理的社会形象，推动和加快了城市治理现代化发展的步伐。

二　城市管理中心工作对党建的促进作用

党建工作对城市管理中心工作具有极大的引领、提升与推动作用，这是我们在前述研究中已经阐述过的，并且在实证研究中经常被证实的一个规律性客观事实。同时，我们也注意到，在二者相辅相成、相互促进的正相关关系格局中，城市管理中心工作的实践和推进也经常从各个角度、各个层面推动着党建工作的创新发展。概括起来，我们认为，"四化协同"起码从三个方面揭示出这一客观事实，这三个方面也就是城市管理中心工作对党建的三个"增强"，分别是：党的影响力的增强、党组织战斗堡垒作用的增强和党员先锋模范作用的增强。而这三个"增强"，又是毫无例外地通过党员的先锋模范带头作用、基层党支部的战斗堡垒作用予以呈现和实现的。详情通过图3-5予以直观地呈现。

图3-5呈现的是一幅完整的城市管理中心工作推动党建工作发展的路线图，剖析这一图示，我们会发现，这是一个梯次推进的路线图，内含着三重推进，第一重推进是党员的先锋模范带头作用推动基层党支部的创新发展，党支部创新发展的成果，即基层党支部战斗堡垒作用反过来强化和

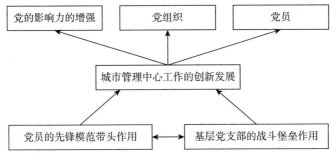

图 3 - 5 城市管理中心工作推进党建工作示意

提升党员的先锋模范带头作用。因此，第一重推进是一种交互推进、协同发展，然后在相互强化的基础上形成了第二重推进，即党员的先锋模范带头作用和基层党支部战斗堡垒作用从不同的角度，共同推动和保证着城市管理中心工作的创新发展。从这个意义上说，后者的发展实际上来源和得益于前两者的推动，因此，后者不是一个完全独立的发展模式。后者即城市管理中心工作的创新发展，一方面为城管局党的建设提供了工作平台和事业支撑，推动党建工作在与城市管理中心工作不断融合的过程中创新发展；另一方面则不断体现着党建引领的显性成就，对党建工作的进一步发展提供正向激励。从这个意义上讲，城市管理中心工作的创新发展，成为党建工作创新发展的推动力量，构成了图 3 - 5 的第三重推进。

观察、研究这三重推进的内在关系，我们可以发现，党的建设处于"顶天立地"的位置，即第一重推动力来自党的建设，第二重推动力也来自党的建设，不同的是，前者是在党建内部的循环推动，而后者则携带着第一重推动的成就，合力推动城市管理中心工作的创新发展；第三重推动力的结果与成就，是党的建设的创新发展。因此，党的建设是城市管理中心工作推进党建工作的出发点和落脚点，所以，从发展程序上讲，城市管理中心工作是内嵌于党的建设工作之中的，它通过党的建设的力量形成了自身的创新发展，然后又将自身发展的成就反哺党的建设工作。这就是城市管理中心工作推动党建工作的行动逻辑。

为了更加清晰地说明这一关系模式，我们截取江干区城管局工作进程中的一些点和面，予以配合说明。在选择这些点与面的代表性案例时，我们重点考虑了 2020 年新冠肺炎疫情带给城市管理的特殊困难与挑战，重点抓取了"为党旗增辉、使人民满意，凝聚榜样力量绽放江干城管别样精彩"①的如下四个典型案例。

在"双强双优"评选活动中，江干区城管局共授予15个基层党组织"最强党支部"荣誉称号、15名基层党支部书记"最强领头雁"荣誉称号、75名基层党员"优秀共产党员"荣誉称号、50名参与一线战"疫"党员干部"优秀志愿者"荣誉称号，表彰了15个优秀作品。我们按照简单随机抽样的方式，从中选取了一个最强党支部、一个领头雁、一名优秀党员及一个优秀作品，作为观察的样本。

1. 最强党支部。政策法规科党支部现有党员9名。该党支部按照"党建引领、创新引擎、坚持标准化"的工作思路，以创最强党支部为目标，切实加强党组织建设，夯实党建基础全力助推业务工作实实在在出成效。在支部建设上，对标"正向标准"，加强规范化建设；重视"反向指标"，长鸣警钟守牢"责任田"。同时，支部突出业务亮点，推深做实各项工作，增加加分项，争做名副其实的最强党支部。以落实"谁普法谁执法"普法责任制为抓手，鼓励支部党员积极开展法律六进、以案释法进社区、普法讲坛等活动，以助力"最多跑一次"改革为抓手，在执法业务、窗口服务中发挥党员先锋模范作用，窗口先后摘得江干区"巾帼文明岗""最多跑一次先锋""金牌窗口"等荣誉。此外，支部还深入开展结对驿站工作，扩大驿站服务外延、深化驿站组织功能，在业务工作中体现溢出效应。

2. 最强领头雁。CF，党支部书记，他身兼两职，有思想有担当，充分发挥组织能力和管理能力，统筹安排好支部党建、城管考核、科室业务及垃圾分类等工作。作为支部书记，他担当在前，放弃休息，疫情期间作为市局疫情防控党员先锋队联络员，奔赴丁兰街道积极投身志愿者服务，今又投身集中攻坚战行列。

3. 优秀党员。XYY，党支部党员，局妇联主席，她政治立场坚

---

① 《为党旗增辉、使人民满意，凝聚榜样力量绽放江干城管别样精彩》，《江干城管》2020年6月30日，总第58期（增刊）。下述四个样本，即最强党支部、最强领头雁、优秀党员和"贴心直通车"优秀案例的评选材料，也出自本期《江干城管》的不同版面。

定，工作求真务实、成绩突出。在牵头负责全局档案、妇联等工作中，她能够理论联系实际，创造性开展工作。目前，全局档案制度完善、运转规范、考核优秀；妇联工作立足诉求、大胆创新、积极作为，女职工获得感、幸福感不断增强。

4. "贴心直通车"优秀案例。新冠肺炎疫情发生后，东站中队党支部充分发挥党建"指挥棒"的作用，将"贴心直通车"开进杭州火车东站。以支部党员为先锋，全力支援火车东站到达层，对来自国内重点疫区及境外的旅客进行仔细排查，耐心细致做好解释工作，并将需要集中隔离的人员送至隔离点。总计劝返旅客356人，送至隔离点189人，放行11622人，历时80余天。除此之外，支部党员还在站内开展日常志愿服务，维持进出站秩序，提示旅客准备好健康码，提供问询服务，进行控烟劝导等。在防疫后期，支部党员运用自身专业优势，逐一走访辖区已复工的企业、商家、工地等服务对象，为其普及防疫期间需注意的事项，对垃圾分类、食品安全、消防安全、卫生消毒、口罩佩戴等日常工作进行检查，助力企业安全有序复工复产。疫情防控赋予了"贴心直通车"特殊的内容，展示了新时代城管人乐于奉献、敢于担当的正能量精神。

研究上述四个典型案例的评选材料，我们很容易就能够发现图3-5揭示的城市管理中心工作推动党建工作发展的三重推进轨迹，它们从不同的角度、不同的层面揭示出同样的事实，即城市管理中心工作以党员的先锋模范带头作用和基层党支部的战斗堡垒作用为依托，实现和推动自身的创新发展，并以此为基点，推动党建工作的创新发展。

第四节　城管党建工作与城市管理中心工作
融合化的正外部性

党建工作与城市管理中心工作的融合发展，在江干区城管局内部，推动了城市管理事业的创新发展；在江干区城管局以外，无论是在城市管理领域，还是在经济社会发展的其他领域，都产生了积极的影响。上面几节的内容，我们着力于研究二者的融合过程及在江干区城市管理领域内部产生的积极影响，实际上，二者融合的过程及其取得的成就，不仅推动着其自身的跨越式发展，而且对江干区城管局以外的各领域产生了积极的影响，具有显而易见的正外部性。我们可以从其对国内城市管理行业系统的影响和对杭州市经济社会各领域的影响这一纵一横两个层面，理解和剖析它的正外部性。

首先，江干区城管局探索实践的"党建工作与城市管理中心工作融合化"在全国城市管理系统中，甚至是在跨行业系统领域产生了积极的影响。最直观的表现有两个方面，其一是得到了全国城市管理行业系统中同行们的认可，截至 2020 年底，全国已有 36 个地区在到江干区城管局学习后，对城管驿站的做法进行了主动的学习。其二是获得了 6 个全国性的荣誉，分别是：2018 年度中国公共厕所示范案例，城市垃圾智慧管理系统获评 2018 年度中国智慧环卫"政府管理创新案例"，江干城管驿站 2019 年被评为"全国城市基层党建创新案例最佳案例"，"桶长制"实践案例获评中环协 2019 年全国垃圾分类示范案例，光大杯"最美公厕"评选"最美公厕"科技奖以及美丽河湖研学基地。这 6 个"最直观的表现"又说明了两方面问题：一方面，从技术层面来看，江干区城管局探索实践的"党建工作与城市管理中心工作融合化"发展路径，为全国的城市管理同行们，为相关部门的从业者们提供了可借鉴的先进经验和工作方法；另一方面，全国城市管理同行和相关行业从业者们对该路径的认同和积极的学习态度与学习行动，是将上述发展路径发扬光大的关键所在，是"党建工作与城市管理中心工作融合化"发展的正外部性发挥作用的重要途径。这里实际上存在着相互依存的"一体两面"，或者说是一枚硬币的两个"面"，"一面"是创新发展的原创作品，"一面"是这一原创作品外部性的扩散路径。虽然其外部性根源于原创，但是，原创的外部性，特别是其正外部性的规模、范围、广度、深度及扩散速度，还是依赖于被影响者的态度与行动。同时，原创的正外部性的影响力的大小，又从另一个侧面说明了原创的意义和价值：毫无疑问，越是有价值的原创，越能够引发大家的追捧和模仿。正是从这个意义上说，"党建工作与城市管理中心工作融合化"在全国产生的两个"最直观的表现"，非常好地说明了其具有的普适意义和操作价值。

其次，江干区城管局探索实践的"党建工作与城市管理中心工作融合化"在浙江省内、在杭州市域各领域也产生了积极的影响。有几个简单的案例足以说明这一点。其一是江干城管人首创的城管驿站。前文已经介绍过，江干城管驿站首创于 2016 年，这本来就是江干区城管局关爱一线城管职工的内部举措，是让城管工人们可以吃饭、休息甚至是上网的一个歇歇脚的地方，后来，城管驿站被不断"扩容、增面、提质"，被江干城管人精心打造成一个党建综合体，发挥着越来越强的综合功能，其外部影响力逐渐增大，顺理成章地，江干城管驿站被整个杭州市城市管理系统的领导和职工们接受，江干城管驿站也被正式更名为"杭州城管驿站"；2018 年 12 月 30 日，杭州市质量技术监督局发布浙江省杭州市《城市驿站管理规范》，前言部分开宗明义地强调："为规范城管驿站管理，展示杭州城市形象，强化城管一线员工的职业认同感和归属感，在'江干城管驿站'实践经验的基础上，经过广泛深入调研，结合杭州实际，制定本标准。"① 新华网客户端转载《经济日报》的文章，做了如下报道："自 2016 年起，位于杭州主城区的江干区率先建成 40 余个城管驿站，不仅为城市一线职工提供了一个歇脚、热饭的'家'，还依托驿站建立了党支部，提升城市基层治理效能。目前，杭州市已正式对外开放 105 个城管驿站，到 2020 年年底将建成 220 个以上，形成区域驿站网络全覆盖。"② 从这篇报道中我们就可以清楚地了解江干城管驿站被认可、被接受并升级为杭州城管驿站的原因、过程和速度，从中能够进一步窥见"党建工作与城市管理中心工作融合化"在杭州市域范围内产生的积极影响。事实上，全省规模的、范围更广的影响力也已经形成，浙江城管驿站亦将挂牌成立，彰显着"党建工作与城市管理中心工作融合化"在浙江省域范围内的正外部性。

江干区城管局探索实践的"党建工作与城市管理中心工作融合化"的载体和实现形式是多样化的，除了城管驿站、"桶长制"以外，还有着许许多多的代表性"作品"，它们立足各自方位，不仅推动了城市管理的创新发展，而且对同行、对所在区域其他领域的相关工作产生了积极影响，例如，前文中提及的"普法小站"，还有诸如在治水领域、"清廉浙江"领域、生态环境整治领域、城市社会建设领域等，同样提供了不小的正能量，形成了江干城管的影响力。

---

① 《城管驿站管理规范》，http://www.doc88.com/p-9045012037134.html，最后访问日期：2021 年 4 月 17 日。

② 黄平、徐燕飞：《城管驿站提升杭州城市品牌》，《经济日报》2019 年 4 月 18 日。

第四章

城市治理科学化

江干区城管局"四化协同"实践的一个重大特点，就是它的科学性品质，即管理实践的科学性品质，我们将其称为"城市治理科学化"。需要注意的是，这里所说的科学化，既不是古典管理理论中的科学管理理论，也不是与工业文明相对应的管理科学化，而是一种兼具工业文明和后工业文明特质的跨时代科学管理方法体系。换句话说，"四化协同"中的城市治理科学化，是江干城管人针对辖区内不同生产力水平下的不同管理对象而采取的对症下药式的管理创新集成，在这个集成的工具箱中，既有工业文明时代的科学管理，也有后工业文明时代的科学管理；在具体的管理过程中，江干城管人将这两个跨时代的管理工具巧妙地融会贯通，因地、因时、因事而权变，从而实现了真正意义上的科学治理。

第一节　城市标准化治理

在江干城管人管理创新的集成工具箱中，与工业文明时代相对应的管理举措是重头戏，个中原因是很容易被人理解的：杭州市虽然是一个处于快速发展中的城市，以数字经济为代表的新型经济形态尤为突出，但是，杭州市毕竟是一个准一线城市，后工业文明还处于"小荷初露尖尖角"的初始状态，大量的城市事实、城市现象和城市行为还与工业文明密切关联与伴随，因此，因地制宜的治理方法就首推与工业文明时代相对应的管理举措，其中，标准化治理占据着首要的位置，扮演着最为关键的角色，发挥着巨大的功能。

一 标准化治理体系建设

创新的管理理念是江干城管人贡献给全国同行们的重要财富，从推广的角度，我们在前文中总结了属于城市治理科学化领域的四类代表性理念，分别是：一流的城管做标准的理念；让权力在阳光下运行、让服务在满意中提升的理念；"治水先治岸"的理念；"全民共理、全民共管、全民共享"的理念。除了上述四类外，体现在"四化协同"中的创新理念实际上是比比皆是的，例如，贯彻于该样式始终的创新理念、发展理念等。之所以在江干区城管局日常工作中涌现出如此多的先进理念，源于该局在标准化治理体系建设中的统筹规划和稳步推进。

1. 建设目的与目标

进一步规范公权、服务民权，充分发挥标准化工作在助推全区城市治理中的引领作用和技术支撑作用，全面增强领跑杭州的实力；将标准化原理引入城市管理具体工作，通过标化、细化、量化、固化等手段，对城市管理涉及的范围、职责、指标、流程、行为等做出规定，建构适合城市管理发展需要的标准体系，形成一批操作性强的标准化管理手册。

2. 建设步骤

江干区城管局于 2018 年开始构建城市标准化治理体系，计划用 4 年的时间，初步搭建起指导、规范、服务于城市管理的标准化治理体系，详细情况可参见表 4 - 1、表 4 - 2 和表 4 - 3。

表 4 - 1　城市标准化治理体系建设计划

时间	进度	任务	备注
2018 年	试点引路	初步探索、总结经验	截至 2020 年底，已联合市级有关部门起草编制 6 项省级标准、5 项市级标准。其中 2 项省级标准已通过专家评审，5 项市级标准已经正式发布
2019 年	重点突破	经过 3 年的努力，力争全局各条线在市级（含）以上标准的制（修）订上全面实现零的突破，治水、治废等重点领域争创省级（含）以上标准不少于 2 个，创建市级（含）以上标准化试点不少于 2 个，同时把标准化管理理念贯穿于全局日常工作的各个环节之中，内外统筹兼顾、制度规范健全，推动城市管理水平的整体提升和可持续发展	
2020 年	全面推行		
2021 年	巩固提升		

表4-2　局系统内部标准化治理体系建设项目计划

序号	项目名称	主要内容	主办单位	完成时间
1	《关于推进执法质量考核评议的实施方案》	实施执法规范化建设考核评议	政策法规科	2019.12
2	《江干区城管局公文处理办法》	局系统公文收发处理标准流程	办公室	2019.12
3	《江干区城管局党委标准化管理规范》	党建工作制度、工作程序、组织建设、考核体系的规范化	组织人事科	2019.12
4	《江干区城管局内部控制工作管理规范》	建立城管局内部控制各项制度、实施措施和工作程序，对经济活动的风险进行防范和控制	计财装备科	2019.12
5	《江干区城管局合同管理规范》	合同审批、合同支付管理规范化	计财装备科	2019.12
6	《江干区社区城管服务室工作规范》	区社区城管服务室硬件配置标准、人员工作规范	规划科技科	2019.12
7	《江干区城管局行政审批"受办分离"工作规范》	各类行政审批"受办分离"工作规范	政策法规科	2019.12
8	《智能弃流系统养护规程》	制定智能弃流系统日常养护技术、养护标准及操作规范	设施运管科	2019.12
9	《江干区城市管理建管衔接工作规范》	明确建设、接收、养护等环节的工作流程和清单机制	设施运管科	2019.12
10	《城市管理综合监管标准》	各行业即查即改检查标准、江干区市场化养护企业管理作业"葵花宝典"	综合监管中心	2019.12
11	《江干市政安全文明生产操作规范》	明确道桥养护、排水养护的安全文明生产操作规范	市政所	2019.12
12	《江干道路停车服务规范》	车主的现场式服务、场库的体验式服务、收费员的业务培训	停车中心	2019.12
13	《公厕保洁标准化》	明确公厕保洁的规范化操作流程及标准	之江环境	2019.12
14	《闸泵站建管衔接标准化管理》	闸泵站建管衔接过程中的问题、做法、经验，梳理出一套标准化管理方法	三堡排灌站	2019.12

表4-3 地方及以上标准规范制（修）订项目计划

序号	项目名称	申报级别	主要内容	主办单位	完成时间
1	《城市河道净水设施养护管理规范》	市级	规范杭州城市河道净水设施的运行维护管理，明确巡查、保洁、维护、应急处置等	水利水政科	2019.3
2	《城市生态河道设施配置规范》	市级	规范杭州市城市河道的设施配置，明确基本要求及水体设施、景观生态设施、运行管理设施、防护设施配置等内容	水利水政科	2019.3
3	《城市河道标志系统设施规范》	市级	规范杭州市城市河道标志系统设置，明确基本要求、导向标志、信息标志、安全标志、标志设置要求和管养要求等内容	水利水政科	2019.3
4	《城市河道养护管理规范》	市级	规范杭州市绕城公路范围内城市河道的养护管理，明确城市河道养护过程中的术语和定义、养护、管理、机械设备等内容	水利水政科	2019.3
5	《城市驿站管理规范》	市级	规范城市驿站的配置及管理标准	驿站党委	2019.3
6	《美丽河道评价标准》	省级	规定美丽河道评价的术语和定义、基本要求及水体、设施、生态、景观、环境、管理等各类评价标准	水利水政科	2019.8
7	《城市河道生态设施养护技术规程》	省级	规范浙江省城镇河道生态治理设施的养护管理，促进河道生态治理可持续发展	水利水政科	2019.8
8	《河湖标准化管理全省试点》	省级	结合河长制工作，河道实施标准化管理工作，完成全省试点县任务	水利水政科	2019.12
9	《城市河道景观工程设计规范》	省级	指导管理部门和设计单位正确掌握市政工程景观设计的理念、原则和方法	水利水政科	2020.6
10	《市政设施雨污分流改造技术规程》	省级	研究制定适用于浙江省市政设施雨污分流改造工程的雨污混接点探查、方案设计、管渠、附属建筑物、验收等工作的技术规程	设施运管科	2020.6

续表

序号	项目名称	申报级别	主要内容	主办单位	完成时间
11	《城市公共厕所建设与管理服务规范》	省级	明确公共厕所建设、设施配置、日常保洁与管理服务等内容	市容环卫科	2020.6
12	《城镇生活垃圾分类标准》	省级	明确生活垃圾分类的投放、收集、运输、处理等标准	治废办	2020.6
13	《城镇生活垃圾分类管理工作指南》	省级	明确生活垃圾分类的投放、收集、运输、处理等标准	治废办	2020.6
14	《城管驿站建设与管理规范》	省级	规范城管驿站的配置及管理标准	市容环卫科	2020.6
15	《城管驿站党建保准》	市级	通过城管驿站党建综合体建设，抓实城市管理行业党建，主动融入城市基层党建条块结合、区域融合的路径在全市、全国推广	组织人事科	2020.12
16	《垃圾分类"桶长制"试点建设》	市级及以上	选择有代表性的生活小区试点垃圾分类"桶长制"	治废办	2020.12

3. 主要建设内容

主要建设内容包括 5 大方面 30 小项工作任务，详细内容可参见表 4 - 4。

表 4 - 4　城市标准化治理体系建设内容

序号	类别	任务细目	工作要求	责任部门
1	集成常规性标准体系	①按照"应归尽归"原则，梳理现有各类城市管理标准文件资料，确保各项工作有规可依、有制可循，同时开展外规内化工作，形成适合江干区城市管理实际需要的标准规范；②按照全线启动、查漏补缺的要求，参与制（修）订市政、环卫、秩序、亮化等的国家标准、省级标准、市级标准	①内容全面、格式规范；②在市政、环卫、秩序、亮化等领域，实现参与国家标准、省级标准、市级标准制（修）订上的零突破	相关科室、中心

续表

序号	类别	任务细目	工作要求	责任部门
2	争创示范性业务标准体系	①提炼重大创新成果,围绕"美丽河湖""城管驿站""桶长制"等特色领域,将工作经验和管理实践理论化、模式化、标准化,打造可持续、可借鉴、可推广的中国城市管理模式江干样板;②注重系统设计、体系化推进。扎实推进河湖标准化管理试点,着力打造统一、规范、科学的河道管理标准体系;③标准化建设与日常监管工作相结合,在行业监管领域,秉持"带着标准去检查"的工作理念,把标准化贯彻于各项业务工作之中;④探索"抓细、抓长、抓常"的新方法,编制系列实操手册和作业口诀	①力争完成《美丽河道评价标准》《城市驿站建设与管理规范》《城市公共厕所建设与管理服务规范》《城市生活垃圾分类管理工作指南》《市政设施雨污分流改造技术规程》等15项地方性标准规范;②完成《城市河道净水设施养护管理规范》《城市生态河道设施配置规范》等一系列标准的制定;③为城市精细化管理提供标尺与依据;④创编"城市管理宝典"	相关科室、水利水政科、综合监管中心
3	理顺程序性执行标准体系	①在现场执法、办理案件、执法办案场所建设和管理、涉案财物和电子证据管理、执法办案信息系统应用管理、重要执法制度执行、执法主体能力建设、执法监督救济和责任追究等方面明确规范,完善考核评议实施方案;②建立健全各项行政审批标准,按照"审批分类管理、审批统一流程、审批规范服务"要求,打造审批流程标准化	①深入推进综合执法规范化建设、进一步提高依法行政的水平和服务群众的能力;②以标准化服务保障服务质量、提高服务效能,提升群众满意度	政策法规科、行政审批科
4	建立规范性内部管理体系	①开展党建标准试点,将标准化理念和方法引入党建工作,推动党建工作"规范化、制度化、长效化";②按照防范风险、规范行为、权利阳光的要求,建立健全内部管理标准体系;③深化细化机关单位标准化管理工作,把标准化管理贯穿于单位内部工作考核和日常管理各个环节	①以党建促城管队伍建设、能力提升和业务发展;②对经济活动的风险进行预防与管控,为机关工作廉洁高效提供保障;③建构干部职工共同遵守的行为规范和办事流程,推动内部管理工作再上新台阶	组织人事科、办公室、计财装备科、规划科技科、局属各单位
5	打造精细化管理示范样本	①树立"用数据说话、用标准管事"的理念,全域全系统规范执行标准,将城市管理标准落实到各类招标文件上,落实到各项考核方法上,落实到各项具体管理行为上,深度融合到每一项工作、每一个环节;②全面打造区域性标准执行样板,建设钱江新城"五化匠心"精细化管理示范区,扎实推进河湖标准管理建设,积极开展垃圾分类等重难点工作的标准化试点	①强化标准实施结果的运用,是管理做到精益求精、细致入微,不留死角;②重点打造城市管理精品,展现更多城市管理高端化、特色化、品牌化形象,并辐射至整个江干区	各科室、局属各单位、综合监管中心

4. 工作保障

①统一思想、加强组织领导。建立全局标准化工作的组织领导体系和工作推进体系。成立由局主要领导任组长、分管领导任副组长的领导小组，每季度召开一次专题会议，研究相关问题，推进标准化工作。②协调配合、形成整体合力。按照"统一管理、分工负责"的原则，规划科技科牵头、协调，各科室单位各司其职，建立和落实工作目标责任制，做好具体工作；建立和固化日常工作交流与沟通机制，形成工作合力。③规范行为、提高行政效能。标准化工作与规范工作程序、严格工作作风、强化内部管理工作同部署、同研究、同推进；促使标准化工作渗透到机关管理工作的各个方面，推进行政行为的科学化、规范化、制度化、程序化，实现全局上下转变作风、规范管理、提高效能。

总体来看，江干区城管局在尊重工业文明发展阶段的基本特点与要求的同时，能够创新应用与工业文明相呼应的管理理念和管理工具，推行严谨而规范的标准化治理方式，将日常的城市管理打造成科学化的创新管理。虽然其力图建构的标准化治理体系还在路上，但是，标准化治理措施已经在实际工作中逐步推出并得以运用，其管理功效也得到了初步彰显。可以预见，当这套标准化治理体系得以完成并不断推陈出新之时，江干区城市治理现代化的创新发展在速度与质量方面将是不可限量的，城市治理的科学化必将推动"四化协同"迈上一个更高的台阶。

二 团体标准示例：《清道夫回收网点建设与管理规范》

江干区城管局在推行实施标准化治理过程中，不断创新出一系列的具体治理标准，正是这些针对具体工作领域的无数个治理标准，围绕着城市治理科学化的目标，相互支撑与配合，渐次建构起符合杭州主城区发展要求，满足江干区城市管理领跑杭州、走在全国前列发展现状及发展诉求的城市标准化治理体系。在这个渐次达成的标准化治理体系中，团体标准成为江干城管人建立标准化治理体系的排头兵，不但已经发布实施，而且在管理实践中取得了优良的成绩。我们在此介绍的是他们针对垃圾分类这个国际性难题而创推的《清道夫回收网点建设与管理规范》团体标准。该标准按照 GB/T 1.1 - 2009 给出的规则，由江干区城管局牵头，联合 7 家单位共同编撰，并由浙江省产品与工程标准化协会于 2020 年 8 月 21 日公布，于 2020 年 8 月 28 日实施。

(一) 法律背景

2017 年 11 月 4 日第十二届全国人民代表大会常务委员会第三十次会议修订、11 月 7 日发布并于 2018 年 1 月 1 日起实施的《中华人民共和国标准化法》，是江干区城管局制定《清道夫回收网点建设与管理规范》团体标准的一个法律背景。《中华人民共和国标准化法》第十八条第一款和第二款规定："国家鼓励学会、协会、商会、联合会、产业技术联盟等社会团体协调相关市场主体共同制定满足市场和创新需要的团体标准，由本团体成员约定采用或者按照本团体的规定供社会自愿采用。

制定团体标准，应当遵循开放、透明、公平的原则，保证各参与主体获取相关信息，反映各参与主体的共同需求，并应当组织对标准相关事项进行调查分析、实验、论证。"①

(二)《清道夫回收网点建设与管理规范》内容

1. 范围

本标准规定了清道夫回收网点的基本要求、建设和管理。

本标准适用于清道夫回收网点的建设和经营管理活动。

2. 规范性引用文件

下列文件对于本标准的应用是必不可少的。凡是注日期的引用文件，仅注日期的版本适用于本标准。凡是不注日期的引用文件，其最新版本（包括所有的修改单）适用于本标准。

GB 2894 安全标志及其使用导则

GB/T 38321 建筑及居住区数字化技术应用 家庭网络信息化平台

GB 50016 建筑设计防火规范

SB/T 10719 再生资源回收站点建设管理规范

DB3301/T 0287 生活性再生资源回收网点建设管理规范

3. 术语和定义

下列术语和定义适用于本标准。

---

① 《中华人民共和国标准化法》，http://gkml. samr. gov. cn/nsjg/fgs/201906/t20190625_302769. html，最后访问日期：2021 年 4 月 17 日。

（1）清道夫回收网点 scavenger recycling outlets

以清道夫命名的在居民区专门设立的进行生活性再生资源回收、分类、中转的场所。

（2）星级回收网点 star recycling outlets

回收网点应实行星级管理，分成三星、四星、五星。

4. 基本要求

（1）回收网点的选址、布局、规模和建设应与当地经济社会发展水平相适应。应按照便民、实用、环保的原则，建设统一、规范的回收网点。

（2）回收网点应统一规划布局建设。回收网点企业应落实网点的运营管理。

（3）回收网点的建设与管理应坚持政府主导、市场运作、以商促分、多网融合、共生共赢的原则。

（4）回收网点应与商业融合，用商业服务营收来保障垃圾分类系统化推进；应与宣传教育融合，使回收网点成为宣教基地、展示基地。

（5）回收网点的运营应推进智慧化建设，形成"资源回收＋商业运作＋宣教基地＋便民服务"的服务平台。

5. 建设

（1）选址

回收网点应布局合理，每个居民小区（或1000户左右）设置1个回收网点，相邻的2个回收网点间距应不小于500m。学校、商超等公共场所和不具备设置回收网点条件的小区宜设置智能回收箱等设施。

回收网点的建筑设计应符合 GB 2894、GB 50016 的规定，并应满足环境、排污、市容和消防要求，交通便利不扰民。

回收网点面积不宜小于20m^2。

（2）建设依据

回收网点的建设应符合本地区再生资源回收体系建设要求，并应符合 SB/T 10719、DB 3301/T 0287 的规定。

（3）建筑设计

回收网点应根据建筑面积、网点功能、装修配置等条件，实行星级网点建设标准。

回收网点应实行星级管理，分成三星、四星、五星。三星回收网点的

建筑面积应不小于 $20\mathrm{m}^2$ 且不大于 $25\mathrm{m}^2$；四星回收网点的建筑面积应大于 $25\mathrm{m}^2$ 且不大于 $50\mathrm{m}^2$；五星回收网点的建筑面积应大于 $50\mathrm{m}^2$。

（4）设施设备

①一般要求

室内装修风格应以简洁、大方、温馨为主，选材、配置、安装等环节应符合规定，在选购上应便于后期使用、维护、管理。

回收网点内应放置分类回收物品储存箱（架）、称重衡器、报价黑板、宣传教育（KT 板）、桌椅等物品。

②星级网点建设配置

回收网点应具备基本的资源回收交易功能，在条件允许的情况下应同时具备宣教功能和服务功能，星级网点建设配置规范见表 4 - 5。

表 4 - 5　星级网点建设配置规范

网点功能区域	物品	星级		
		三星	四星	五星
交易区	分类回收物品储存箱（架）	·	·	·
	称重衡器	·	·	·
	报价黑板	·	·	·
	统一回收价目表（LED 电子屏）			·
宣教区	宣传教育（KT 板）	·	·	·
	桌椅	·	·	·
	变废为宝物品展示		·	·
	互动区			·
服务区	洗手池			·
	投影仪、显示器			·
	空调			·
	快递代收点等服务			·

③存放点

回收网点内再生资源应按商品储运要求堆放整齐，按规定要求分类摆放。

④衡器

回收网点应配备统一的检验鉴定合格的衡器。衡器应与区域分类收集、分类运输和分类处置系统相适应，并按相关规定定期检验。

⑤运输设备

回收网点应采用相应的封闭式运输设备、统一标识和统一编号。设备运输过程中防止渗沥液滴漏、各类废弃物飞扬洒落。

⑥消防设备

回收网点应按照消防安全管理规定要求配置消防设施、器材，设置消防安全标志，并定期组织检验和维修。

6. 管理

（1）一般要求

回收网点的建设应实现"六统一"，即统一标识、统一收购价格、统一计量器具、统一营业时间、统一管理制度和统一着装。

（2）企业资质管理

从事资源回收经营活动的回收网点企业，应符合工商行政管理登记条件，领取营业执照后，方可从事经营活动。

（3）从业人员管理

①回收网点从业人员应接受职业道德教育和岗位知识、技能培训，培训合格后方可上岗，且应规范作业。

②回收网点从业人员应自觉维护品牌荣誉，保证诚信经营。

③回收网点从业人员应负责网点设备设施的维护保养工作，保证网点设备设施正常运行。

④回收网点从业人员应遵守网点回收企业的规章制度，按规定提供线上预约回收服务及网点定时定点回收服务。

（4）经营管理

回收网点经营管理应严格执行国家有关法律法规和政策，遵守《再生资源回收管理办法》的有关规定。

回收网点在经营过程中，应积极配合街道社区、小区物业、保洁单位共同做好再生资源回收工作，应做到应收尽收。

回收网点每周应开放经营3天，其中五星级回收网点每周应开放经营6天，星级网点经营时间见表4-6。

表 4 - 6 星级网点经营时间

星级网点	三星/四星	五星
开放经营时间	每周 3 天	每周 6 天

注: 具体时间可视回收网点所在区域的实际回收情况及服务人群作息时间调整, 并应满足每周开放时间不少于 14 小时的要求。上午 08: 30 ~ 11: 30 (3 小时), 下午 13: 30 ~ 17: 30 (4 小时)。

回收网点应及时清运回收的再生资源, 每周清运不少于 1 次。

回收网点应自觉接受相关部门和居民群众的监督。

回收网点负责人为网点站长, 网点站长负责垃圾分类桶长相关工作, 做好分类宣传、投放、收集、管理等工作。

回收网点应设置门店编号, 门店编号应按照 "街道名称首字母 + 数字编号" 规范设置, 如四季青街道第一个网点编号为 SJQ NO. 01。

回收网点应对外公示网点营业时间及投售电话, 并张贴收运公示牌、人员去向牌、实时价格表等信息。

回收网点的覆盖区域应由街道进行网格化划分, 并做好与网格内的企事业单位、沿街商铺等签订回收协议。

(5) 标志管理

门店标志的设置。

背景墙的设置。

宣传制度牌的设置。

车辆标志的设置。

工作服装的设置。

(6) 信息化管理

回收企业应建立信息化平台, 并按要求向相关部门上报统计数据。回收网点应配合本地区再生资源回收行业管理部门的统计工作, 根据当地要求定期上报废旧物资回收基本情况和经营状况的统计数据。

信息化平台应对所接人的终端设备建立认证机制, 并对用户身份进行认证。

(7) 安全管理

应加强回收网点内的用电管理。

(8) 其他管理

从事废弃电器电子产品及其他旧货收购、销售、储存、运输等经营活动应遵守电子废弃物、旧货流通的有关法规和规定。

回收网点应建立安全责任制，发生重大责任事故，要追究其责任。在经营活动中发现有公安机关通报寻查的赃物或有赃物嫌疑的物品时，应立即报告公安机关。

街道、社区、物业及回收企业应加强工作联系机制，协同做好再生资源回收工作。回收网点三方合作协议示范文本参照附录 C。

7. 监督与评价

（1）应建立星级回收网点评价制度，并对回收网点的配置设施、使用情况和运行管理等方面进行评价。回收网点评价工作宜结合社会调查协同开展。

（2）应设立投诉机制，有投诉渠道，并做好详细记录，定期收集，做好相应工作的改进。不符合继续开放条件、功能不健全、管理不规范的回收网点，应责令整改。

三 标准化治理成效初显

标准化治理在江干区城市管理实践中得到全面推广，其管理效果也在各领域中得到初步显现。例如，通过编制实施《江干区河道标准化管理手册》，开展河道长效管理标准化，不仅形成了"办事按规范、管理有标准"的规范化、程序化标准化科学治理，而且带动建构起与之相匹配的"六个一"的科学治理系统，即"形成了一张管理底图、建设了一个智慧平台、完善了一套闭环机制、汇集了一套行业标准、编制了一本河长工作手册、锤炼了一支长效管养队伍"；既为省级《美丽河道评价标准》的制定提供了江干经验，又全面巩固、提升了"美丽河湖"建设成果。实施《推行清道夫回收网点建设与管理规范》团体标准，江干区垃圾回收工作取得了突破性进展。目前，江干区已形成了覆盖 8 个街道，由 3 家回收企业、3 个分拣站、203 个回收网点构成的再生资源回收体系，回收网络逐步健全，回收网点逐步规范，回收总量日益提升，源头减量日益明显；通过标准化的制定与实施，吸引与带动居民积极参与垃圾分类与垃圾回收，居民的资源回收意识明显增强，从而推动了垃圾整体分类质量的提升，渐次达致二者间的良性循环，标准化治理工作的溢出效应明显。

通过城市标准化治理体系建设，充分发挥标准化的引领作用，对城市治理目标进一步量化，治理标准进一步细化，让城市治理的每一个问题都有标准要求、责任规定和考核评估办法，进而推动城市治理更加规范化、精细化发展。可以预见，随着标准化治理进程的推进和步伐的加快，城市治理将日趋规范与科学，来自管理主体的主观性、任意性管理行为和来自管理对象的对抗行为必将因标准的制定和实施而逐渐消失，城市治理领域诸如暴力执法、暴力抗法等管理乱象也必将被革除。城市治理现代化也因之而成为自然而然的发展结果，这将是江干区城管局"四化协同"实践贡献给全国同行的一份大礼包。

第二节　城市多元治理

城市管理主体的多元化是在工业文明时代出现的，但又是更贴合于后工业文明特质的一种管理理念、管理模式和实现管理目的的手段。如果用两个概念将二者简单地区别开来的话，我们更愿意使用的是"管理"与"治理"。换句话说，"管理"更多的是工业文明的用语，"治理"则更多的是后工业文明的用语。关于两个概念的内涵差异，郑杭生晚年曾做过精确的界定与比较（见表4-7）。①

表4-7　管理与治理释义

	管理	治理
权威来源	为主性：权威、合法权利主要来自政府	权威、合法权利来自三大部门
运作过程	主辅性：以自上而下为主、自下而上为辅	双向性：自上而下、自下而上双向结合，强调上下互动
民主参与	半民主性：主观上要民主参与，但由于政府主导的习惯，民主往往是为民做主	民主性：通过合作、协调及对共同目标的确定等手段，达到对公共事务的治理
权力行使	管控性：由于政府主导的习惯，习惯于对市场、社会进行管控	平等性：三大部门作用不同，地位平等，平等协商是主要方法

按照郑先生的这个解释，毫无疑问，管理主体的多元化更多的是治理层面的含义。基于这一学理意义的分析，多元化的城市管理就应该是工业文明时期科学化城市管理的进一步发展和提升，是脱胎于工业文明时期而

---

①　转引自张本效《城市管理学》，中国农业大学出版社，2017，第4页。

流行于后工业文明时期的管理现代化形态。基于实证调研的数据和资料，我们发现，在江干区城市管理实践过程中，这一与后工业文明相对应的治理形态，贯穿于现实的城市管理实践之中。这或许就是江干区城市治理事业领跑杭州、领跑全国的秘密武器之一。

一 "贴心直通车"

"贴心直通车"是江干区城市管理局创设的联系群众、服务群众的常态化工作机制。其宗旨是"直通贴民心、服务创满意"；其工作方式是"请进来"和"走出去"相结合、线上和线下相结合、服务和宣传同行等；其直接目的是联系群众、服务群众、凝聚群众、争创满意；其最终目的是推动城市管理共商、共管、共治、共享，实现"人民城市人民管、管好城市为人民"的目标。因此，从原初意义上说，"贴心直通车"是契合工业文明特征的、典型的、"管理"层面的操作模式，是城市管理局这一政府职能部门推行的旨在提高城市管理质量与效率的行政管理手段。但在这个典型性中，我们发现了众多的非典型特征，正是这些非典型性，使"贴心直通车"开始揖别"管理"而具有了"治理"的特征；也正是这些非典型性的操作模式，使江干区城管局在日常管理活动中创新出多元化城市管理样式，在提升江干区城市管理水平的同时，为全国城市管理同行提供了先进的"治理"经验。

（一）以"问政于民、问需于民、问计于民"方式，畅通"共商、共治、共管、共享"通道，实现"人民城市人民管，管好城市为人民"目标

这是"贴心直通车"中内蕴的非典型性，即城市治理模式进入当下城市管理常规性工作的典型证据，它虽然呈现的是"问"的"外表"，但在实质上践行着"共商、共治、共管、共享"的"治理"特质。我们可以从"民情观察"系列活动中体会到这一点。

"民情观察"系列活动是"贴心直通车"活动的"子活动"，江城管党委〔2020〕18号文件对"民情观察"系列活动做了这样的规定：民情观察系列活动主要采取"请进来"的方式开展，每月由各条线牵头科室负责，邀请辖区"两代表一委员"、民情观察员、街道社区代表、同心圆单

位代表、居民代表、志愿者等参与城市管理，共商、共管、共治、共享。可以通过邀请代表参观城市管理重难点、特色工作现场或采取线上答疑、论坛、座谈会等形式，问情于民、问需于民、问计于民、问绩于民，着力解决市民群众关心的实际问题，切实提升人民群众的满意度、获得感和幸福感。重点围绕"最多跑一次"、垃圾分类、五水共治、民生工程等群众关心的内容组织开展，结合城管开放日、局长接待日等活动进行，每月按计划开展一次。① 这一规定既是对此前各年度"民情观察"工作的总结与提炼，又是对此后年度"民情观察"工作的指导与要求。我们特意选择2019年度江干区城管局执行的"城管直通车"民情观察系列行动方案，观察该局的城市"治理"特质。

（1）指导思想。全面贯彻落实党的十九大精神和习近平新时代中国特色社会主义思想，坚持以人民为中心，坚持"问题导向、系统设计、重点突破、强化激励"的工作原则，按照"从群众中来到群众中去"的工作要求，采取"请进来"和"走出去"相结合的工作方式，通过开展主题为"人民城市人民管、管好城市为人民"的"贴心直通车"民情观察系列行动，"问政于民、问需于民、问计于民"，着力解决市民群众关心的实际问题，切实提升人民群众的满意度、获得感和幸福感。

（2）活动主题。人民城市人民管，管好城市为人民。

（3）参与对象。民情观察员，包括：①辖区"两代表一委员"；②各条线民情观察员、文明劝导员；③社会志愿者；④热心市民；等等。

（4）活动内容。

①"垃圾分类"民情观察行动。按照"一年见成效、三年大变样、五年全面决胜"的工作目标，结合垃圾分类"桶长制"工作推进情况，邀请"两代表一委员"，社区、企业、学校的桶长代表，垃圾分类"双随机"检查市民检查员以及志愿者等，进社区，进学校、进企业检查垃圾分类工作成效，并向广大居民宣传垃圾分类工作，形成垃圾分类全民共管、人人有责的良好氛围。

②"五水共治"民情观察行动。深化"5＋2"特色河长制，依托"河

---

① 中共杭州市江干区城市管理局委员会：《关于印发〈2020年江干城管"贴心直通车"活动方案〉的通知》（江城管党委〔2020〕18号），2020年3月26日。

长固定活动日"等活动载体，开展爱河、护河民情观察行动，邀请"两代表一委员"、民间河长、热心群众、志愿者参与到五水共治工作中来，收集意见与建议，为治水工作集聚民智，并带动形成全民爱水、护水、治水的良好氛围。

③"文明执法"民情观察行动。结合"江干综合行政执法转型年"、"三进三亮活动"以及执法条线的"贴心直通车"系列活动，邀请"两代表一委员"、社会志愿者、热心市民等参与到文明执法工作中来，听取代表们对执法工作的意见与建议，快速、高效地处理群众的信访投诉等。

④"城管驿站"民情观察行动。充分利用城管驿站载体，以每月5号的固定志愿服务日、15号的固定主题党日以及各类节日为契机，依托先锋工作室，邀请"两代表一委员"、民情观察员等参与城管驿站各类党建活动、志愿服务等特色活动，收集对驿站建设和发展的意见与建议，进一步推深做实"城管驿站"党建综合体。

⑤"清洁江干"民情观察行动。按照清洁江干的建设要求，结合"厕所革命""双清露本色"等市容环境卫生管理工作要求，邀请"两代表一委员"、民情观察员等监督检查市容环境卫生工作成效，收集市民群众对工作的意见与建议，着力推进城市精细化管理，培养市民良好生活习惯和文明卫生意识。

⑥"平安市政"民情观察行动。结合江干市政条线的重点工作推进，邀请"两代表一委员"、民情观察员等参观、检查市政工程项目，参观城管驿站石德立交站，向广大居民宣传市政工匠、江干市政精神等，收集市民群众对工作的意见与建议，赢得市民群众对市政工作的理解与支持，形成同心同向、共建共享的良好氛围。

⑦"最多跑一次"民情观察行动。结合城管审批窗口"最多跑一次"的重点工作推进，邀请"两代表一委员"、民情观察员等参观、监督行政服务中心以及各属地城市管理审批、处理窗口，听取市民群众对工作的意见与建议，形成和谐执法、满意城管的良好氛围。

⑧"江干夜态美"（"江干夜太美"）民情观察行动。结合市容亮灯条线的重点工作推进，邀请"两代表一委员"、民情观察员等参观、检查亮灯项目，参观钱江新城灯光秀，向市民群众讲好亮灯工作背后的感人故事，收集市民群众对工作的意见与建议，赢得市民群众对亮灯工作的理解

与支持，形成同心同向、共建共享的良好氛围。

⑨ "文明停车"民情观察行动。结合停车收费中心的重点工作推进，邀请"两代表一委员"、民情观察员等参观、检查庆春广场、钱江新城附近停车收费工作，向市民群众讲好停车收费工作背后的感人故事，收集市民群众对停车收费工作的意见与建议，赢得市民群众对停车收费工作的理解与支持，进一步改进工作机制，提高工作质量。

⑩ "防潮安全"民情观察行动。在钱塘江大潮汛期间，结合钱塘江防潮安全工作，邀请"两代表一委员"、民情观察员等参与钱塘江防潮安全宣传，向市民群众普及防潮知识以及安全教育，赢得市民群众对防潮工作的理解与支持。

（5）活动要求。活动要求包括四个方面的内容，实际上就是保障活动顺利开展、高效运行的四个保障，其主要内容如下：①加强领导，精心组织；②整合资源，加强协作；③大力宣传，浓厚氛围；④问题导向，重在实效。

（6）总结与评价。上述内容是我们对"贴心直通车"的"子活动"——"民情观察"系列活动行动方案的全景式呈现，江干城管局对该活动的总结性评价是：通过开展服务企业、服务群众、服务基层的"贴心直通车"活动，推动江干城管党员干部扎根基层，高效地解决基层反映的城市管理重难点问题、市民群众关心的实际问题，真正地将"直通车"开进城市管理的一线、开进市民群众心里，切实提升人民群众的满意度、获得感和幸福感。我们认为，上述评价体现了以下几个方面的城市治理内涵。第一，"开门"办城市管理的开放态度和包容精神。面向社会各界打开科层制管理体制习以为常的内循环式封闭管理"门禁"，开门办公、开门办案、开门征求意见，这本身就是城市管理由"管理"状态步入"治理"层面的一个显性进步，无论其现实结果如何，这种进步状态依然开启了城市管理本身的革命性嬗变。第二，服务意识的加强和以人为本理念与行动的贯彻执行。服务意识的强弱是测量"管理"和"治理"的一个量化尺度，越是管理的，就越是弱的；越是治理的，就越是强的。因此，江干区城管局通过民情观察系列行动，在有意无意间、在有形无形中培养起越来越多的服务理念和服务意识，习惯于服务的行动，受益于服务的成果。第三，在引入多元主体从事城市管理事业方面创新出江干城管特色，这里存在着一个良性互动的行为逻辑，即民情观察系列行动引进了各种社会力量，并借助其智慧和行动促进了城市管理的进步；在这个过程中，社会力量参与城市管理的能力得到提升、参与意识得到唤醒、参与的积极性得到激发，其辐射效应则是带动广大市民踊跃参与城市管理活动；提升了市民的参与意愿和能力，对城市管理形成了正反馈，驱动城市管理局逐步开放城市管理相关领域，加大引入社会力量从事城市管理相关活动；利用社会力量完成城市管理工作，不仅减少了政府投资，而且减少了冲突，提升了效率，优化了城市管理的内外环境，提升了城市管理的社会美誉度；最终的成果则是引导城市管理局积极、自觉地加大多元管理的比重和力度，城市管理完全转型为城市治理。用示意图来展示这个良性互动的行为逻辑的话，其就是一个开放的进步系统（见图4-1）。

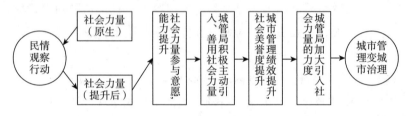

图4-1　民情观察行动逻辑

（二）"走亲连心"的责任清单

"走亲连心"的责任清单是江干城管局保障"贴心直通车"常规化运转的重要手段和措施，也是促进江干区城市管理事业沿着"治理"的轨道顺利推进的保障机制。我们仍以2019年为研究样本，观察、研究常规化"贴心直通车"的具体举措（见表4-8）。

从这份责任清单上可以发现，"贴心直通车"明确了具体的牵头单位、实施单位和责任内容，不仅覆盖了整个城市管理系统内的各个单位、科室，而且规定了具体的活动内容、时间节点及活动载体，这就从制度层面确保了"贴心直通车"的实施和落地，并从机制层面保证了"贴心直通车"的常规化运转。更具有治理意义的是，"贴心直通车"并不停留于公事公办式的"事本主义"流程和官样文章，而是要做到"走亲""连心""贴心"——把工作对象当成自己的亲人，通过"贴心直通车"行动，实现心与心的联结、心与心的交融。这种常规化的"心路历程"，才是城市治理的最终要义。这是江干城管人以自己的创新行动为我国各地城市管理者提供的一个治理样板，也为理论界提供了一份经典案例和重要理论启迪。

表 4-8　2019 年江干城管"贴心直通车"责任清单

序号	牵头单位	实施单位	责任内容
1	机关党委	机关党委各支部、工青妇	结合"百千万周三访谈夜"、"行走杭州"、"两访一接待"、城管驿站党建共建等机制，每月常态化开展活动
2	综合督查科	各执法中队	结合"三进三亮"活动、城管驿站党建共建等特色载体，每月每个中队常态化开展活动
3	规划科技科	社区城管服务室	结合社区城管服务室载体，结合城市管理重难点工作开展服务，每月常态化开展活动
4	市容环卫科	之江公司、综合监管中心市容环卫条线	结合城管驿站党建共建、支部活动、专业工作等各项载体，结合专业特长开展服务，每月常态化开展活动
5	设施运行科	市政所、基改中心、停车收费服务中心、综合监管中心绿化条线	结合城管驿站党建共建、支部活动、专业工作等各项载体，结合专业特长开展各项服务，每月常态化开展活动
6	水利水政科	治水办、综合监管中心市政河道条线、三堡排灌站	结合城管驿站党建共建、支部活动、专业工作开展服务，每月常态化开展活动
7	治废办	联动局系统各单位、街道社区	结合城管驿站党建共建、治废工作重难点开展服务，每月常态化开展活动
8	驿站党委	工青妇、驿站党组织、协会党组织	结合驿站两张清单，开展关爱一线志愿服务、先锋工作室、开放体验日等驿站特色活动，每月常态化开展活动

二　"桶长制"

"桶长制"管理模式是最能体现江干区城管局多元化城市管理方式的典型做法之一。2018 年 3 月，九堡街道兴安社区圣奥领寓小区进行"桶长制"试点，随后从区级层面进行摸索实践，并对"桶长制"的思路、制度、方法等进行补充和完善，形成了具有江干特色的垃圾分类样板，获评中环协 2019 年全国垃圾分类示范案例。我们可以从"桶长制"创建的原因、概念、工作抓手、工作体系、具体做法和管理成效六个方面来分析其内含的多元化管理特点。

（一）创建的原因

垃圾分类工作虽已开展多年，但成效不明显，普遍存在碎片化、盆景式、低效率的现象。其原因主要有三个方面。

（1）系统没有拎起来。一方面，城市人口导入量越来越大，垃圾产生量越来越大，垃圾处置费用越来越高；另一方面，垃圾分类没有建立完整的工作系统，没有形成完善的工作体系，城市管理行业系统内部自上而下没有形成推深做实的工作氛围。

（2）责任没有抓起来。垃圾分类工作应该怎么做、应该由谁来做，一直找不到责任人，找不到责任单位。政府缺引导、企业缺责任、居民缺参与，分类、投放等环节责任不清且监管缺位，这直接导致垃圾分类工作流于形式、止于口号。

（3）文化没有立起来。随着城市化的不断推进，市民依然保留原有的生活方式，校园义务教育也没有深入推进垃圾分类的学习，导致垃圾分类教育引导缺位，居民分类意识淡薄，没有形成良好的垃圾分类文化氛围。

（二）"桶长制"的相关概念

（1）"桶长制"。"桶长制"是一种思维方式，用思维方式的统一性形塑江干全区垃圾分类的思想形态；也是一种管理思路，用管理思路的统一性规范、引导全区垃圾分类工作；还是一种组织结构形态，由五级"桶长"组成，分别是江干区总桶长、区域桶长、街域桶长、单位桶长、社区桶长。"桶长制"的核心是工作责任制，区总桶长委任各级桶长，构建区域桶长、街域桶长、单位桶长、社区桶长的责任体系，明确责任范围、工作职责，将全区垃圾分类工作以"网格责任田"形式清晰划分垃圾分类责任区域，把生活垃圾责任落到每个楼道、每家居民、每户宅基、每个单位、每幢楼宇，做到垃圾分类责任到人。

（2）"桶长制"工作。通过党建主领、政府主导、社区主力、物业主内的方式，建构起"桶长制"，推动实施垃圾分类工作。

（3）"两只桶"责任方式。"两只桶"指的是居民家庭的双色桶——"小桶"和物业小区的四色桶——"大桶"，通过"两只桶"厘清居民和小区的垃圾分类责任边界。由户主担任小桶长，把源头分类教育好、培训好，提高垃圾分类准确率；由物业担任大桶长，提高垃圾投放准确率；社区党支部书记对辖区垃圾分类负总责，牵头做好居民垃圾分类教育培训工作，指导物业落实垃圾分类责任，逐步改变居民生活习惯和垃圾分类习惯，提高居民文明素质。

（三）工作抓手

"桶长制"的工作抓手有两个：党建引领和文化推动，经由这两大抓手，系统落实江干区垃圾分类工作责任。其中，党建引领指的是发挥党委牵头抓总作用，将党建植入管理的重要内容，发挥基层组织核心力量，促进社会各界形成垃圾分类合力，实现全民参与、共建共享。文化推动指的是形成垃圾分类文化氛围，养成垃圾分类习惯，用文化氛围带动垃圾分类，推动形成固化的文明习惯。

（四）工作体系

工作体系包括"六大体系、十大全覆盖"。（1）"六大体系"指的是组织体系、分类体系、减量体系、计量体系、收费体系、考核体系。组织体系是指区、街、社组建垃圾分类队伍，形成全区垃圾治理专人专管的运作模式；分类体系是指机关、企业、居民全面养成分类习惯；减量体系是指推进易腐垃圾的就地减量和可回收物资源化再利用工作；计量体系是指创新研发车载计量系统，实现生活垃圾精准计量；收费体系是指普及"谁产生谁付费、多产生多付费"的政策理念，培养环保付费意识；考核体系是指明确街道主体责任，细化目标任务，完善目标考评制度，从而压实江干区垃圾分类工作的属地责任，形成完整的垃圾治理体系。（2）"十大全覆盖"指的是居民入户宣传全覆盖、双色桶入户全覆盖、分类场地全覆盖、减量达标全覆盖、计量称重全覆盖、收费制度全覆盖、分类区域全覆盖、资源利用全覆盖、分类执法全覆盖、"桶长制"模式全覆盖。其中，居民入户宣传全覆盖是指多途径、全面落实垃圾分类入户宣传工作；双色桶入户全覆盖是指实现双色垃圾桶全覆盖，打好源头分类基础和宣传教育；分类场地全覆盖是指加快建设区级分拣中心、街道分拣站、社区分拣点，实现全区覆盖；减量达标全覆盖是指按照控量考核要求，压实生活垃圾减量责任；计量称重全覆盖是指实现车载称重系统全区收运全覆盖；收费制度全覆盖是指全区推行生活垃圾收费；分类区域全覆盖是指全区所有区域均开展垃圾分类工作，确保全员参与垃圾分类工作；资源利用全覆盖是指大力推进易腐垃圾、大件垃圾、装修垃圾、园林垃圾、建筑垃圾的统收统运和资源回收利用全覆盖；分类执法全覆盖是指垃圾分类执法严管重罚全区覆盖；"桶长制"模式全覆盖是指"桶长制"全区覆盖，从而确保江干区垃圾分类系统工作全区覆盖、全面落地、全民参与，全方位推进垃圾分类工作。

（五）具体做法

（1）坚持"党建引领"的桶长制。充分发挥党建引领的巨大效能，发挥党组织的战斗堡垒作用和党员的先锋模范作用，发挥社区党委组织动员的强大动力，激发小区网格的强大力量，自上而下形成党建引领的桶长制工作体系，推动实现垃圾分类全民参与、共建共享。①全区制订下发治废实施方案、考核办法以及桶长制实施意见等制度机制，作为垃圾分类工作的指导纲要。②组建区、街、社三级垃圾治理专人专管队伍，区级组建江干区生活垃圾分类工作领导小组办公室，专职工作人员 10 人；街道组建 3~5 人的垃圾分类专职员队伍；社区以 300 户居民配备 1 名专管员为标准，成立垃圾分类专管员队伍。

（2）坚持"文化推动"的桶长制。经由密切关联的六个工作节点，培育垃圾分类文化特质，逐渐形成覆盖全工作链条的垃圾分类文化特质丛，形塑浓郁的垃圾分类文化氛围。①入户培训，由桶长落实指导培训工作、发放双色桶、入户宣传，指导居民如何做好垃圾分类。②现场指导，每天早晚高峰在垃圾投放点，由桶长负责指导居民分类投放，开袋检查，做好整改记录。③源头追溯，开展巡检，通过垃圾袋上的二维码进行扫码追溯，评价分类质量，上门再指导。④公示评比，设置单元分类评比栏，通过实户制公开评比，促进全民参与。⑤减量回收，分类收集的生活垃圾通过破碎脱水等减量手段、回收利用体系实现垃圾减量。⑥奖惩激励，垃圾减量节省的经费，通过考核的形式反哺桶长制的经费支出，促进分类减量，形成良性循环，促进桶长制工作进一步完善和优化，让垃圾分类工作在城市居民生活中形成固化的生活习惯和文明习惯。

（3）坚持"设施先行"的桶长制。以"桶"为切入点，通过对分类设施的改造与建设，促进桶长责任的落实，保障桶长制工作高效运转。按照《关于进一步明确入户双色垃圾桶发放标准的通知》（区治废办〔2018〕

18号）要求，入户发放双色垃圾桶，为源头化的家庭垃圾分类提供设施保障。同时，认真落实"四个一"工作标准，即投放点位落实"一名桶长、一组分类桶、一块评比栏、一条宣传标语"的"四个一"标准；生活小区落实"一个集置点、一个减量点、一个特殊垃圾规范点、一个再生资源回收网点"的"四个一"标准，以确保设施点位干净、整洁、亮丽、便民，实现家庭、小区、社区基于良好基础设施的垃圾分类良性促进和扎实有序发展的目标。

（4）坚持"收费理念"的桶长制。推行"谁产生谁付费、多产生多付费"的收费理念，实施生活垃圾收费工作重心下移，压实街道责任，提高居民垃圾付费意识，探索"居民可接受、政府可承受、事业可持续"的收费方式。创新研发车载计量系统，落实"斤斤计缴"，通过随车称重、精确计量，将每个楼宇、每个社区、每个小区、每一组垃圾桶的垃圾量实时上传，实现智慧管理，助力生活垃圾实现精准收费，不断树立企业、居民的环保付费意识。

（5）坚持"市场为辅"的桶长制。以"集团化运维、公司化运作、网点式服务"的工作思路构建全区桶长制下的再生资源回收体系，按照"政府主导、市场运作、以商促分、多网融合、共生共赢"的工作原则，搭建"回收网点 + 商业运作 + 宣教基地 + N"小区网点服务平台，使回收网点点长变桶长，促进全区形成完整的垃圾分类"桶长制"闭合管理，使垃圾分类服务于社区、服务于居民、服务于企业，最大限度地实现资源的再生利用，从而打造江干区垃圾分类群众满意盈余、资金盈余、环境盈余、生态盈余的格局，形成政府指导、市场兜底的垃圾分类资金投入体系，建构江干区垃圾分类工作高质量领跑杭州、领跑全省乃至领跑全国的基本格局。

（6）坚持"服务大局""严格执法"的桶长制。认真贯彻执行"执法为民，服务大局"的法治理念，坚持推行全方位式监管、教科书式执法，统一执法行动、统一执法内容、统一处罚标准。在全区范围内开展有组织、有计划、成系统的垃圾分类主题行动，推进垃圾分类执法常态化，坚持以事实为依据，以法律为准绳，做到有违必纠、有案必查、有查必果。

（六）管理成效

截止到2020年底，"桶长制"管理模式成效显著，可以说已经取得了成功。除了得到上级主管部门的褒奖和同行们的认可外，在经济、社会和环境三个方面也表现优异。

（1）经济账。2018～2019年全区累计收取清运处置费1.2亿元，较2017年上涨了近4倍。截至2020年10月，全区已完成收费指标5178.45万元，超过累计应付清运费（4481.46万元）的15.6%，已提前完成既定3年实现收支平衡的目标。2019年江干区在垃圾治理方面投入16132.38万元，借助桶长制，通过生活垃圾就地减量和创新垃圾收费重心下移、"以奖代补、以奖代拨"以及减量节省处置费等方式，在不增加财政支出的前提下，实现垃圾分类工作经费盈余3299.53万元，扭转了2017年收支赤字385.45万元的局面。① 这既遏制了垃圾高速增长态势，促进了垃圾分类、减量、回收工作的良性循环，又实现了经费盈余，并全面调动了全区垃圾分类工作的积极性。

（2）社会账。通过推行"桶长制"工作，把精细化管理标准和责任落实到"最后一人"，垃圾分类的覆盖面、参与度从2017年的294个小区增长到2020年的427个生活小区，参与户数从2017年的23万户增加到2020年的34万户，居民参与率明显提高，居民从原来的"不参与、不分类"转变为现在的"我要分、都要分"的积极主动参与局面，显示了桶长制在促进社会文明进步和稳步提升社会文明程度方面的价值；圆满完成2019～2020年省、市两级民生实事工程目标，两年内完成市级示范小区创建57个，并推动垃圾分类收集覆盖率达100%；先后创建1个省级示范片区（四季青街道）、14个省级高标准示范小区、1个市级优胜街道（凯旋街道）和126个市级示范小区，推进"定时定点"投放小区89个。同时，"桶长制"工作优化了物业管理工作，进一步提升了物业管理水平，有效突破了垃圾分类的薄弱环节，提高了居民的社区凝聚力以及居民对城市管理的认同感和参与度，为城市治理现代化的全面进步奠定了社会基础。

（3）环境账。垃圾围城导致土地不断被侵占、大气被严重污染、各类疾病传播流行，是导致城市生态环境恶化、形成恶性循环的重要原因。推行"桶长制"明显改善了江干区垃圾围城现象：江干区在总人口由2017年的102.7万猛增到2019年的110.5万的情况下，全区生活垃圾总量却从

---

① 这些数据均由江干区管理局提供。

2017 年的 42.08 万吨降到 2019 年的 41.99 万吨，人均日产垃圾量从 1.1 千克减少到 1.04 千克；截至 2020 年 10 月，全区垃圾月均减量 1440 余吨。"桶长制"促进了生活垃圾不断有序分类，实现了减量化、资源化、无害化，减少了生活垃圾对生态环境的污染、破坏，降低了末端垃圾处置的环境影响，为填埋处置库容资源腾出了宝贵的空间，居民生活环境逐渐转变为干净、整洁、亮丽的城市优美景观。

三 特色"河长制"

自 2014 年杭州市出台《杭州市"河长制"实施方案》以来，"河长制"就成为杭州市治水工作的主抓手，从"管、治、保"三个维度推动区域水体多元主体参与的治理实践。"河长制"从一个特定的角度折射出杭州市政府在城市各管理领域的探索从管理迈向治理的努力及成就，成为江干区城市管理局创新管理模式、推动城市治理科学化发展的沃土。换句话说，创新发展的杭州催生出更为创新发展的江干区城市管理工作。我们可以从新闻媒体的报道中观察到这一点："值得一提的是，江干区吸收枫桥经验、朝阳群众经验等升级'河长制'，将'一河一长'升级为'5+2'的治水团队，积极探索社会共治模式。其中，区级河长、街道河长、社区河长、河道警长为官方力量，民间河长、河道观察员和河道保洁员为民间力量，共同为治理河道而协作战斗。"①

该报道中提及的"5+2"模式，就是江干城管人在"河长制"基础上的再创新探索——特色"河长制"，而且这个探索一直秉承与时俱进的原则，不断推陈出新，以适应不断变化发展的城市治理客观环境。到目前为止，特色河长制已有三个版本，其一就是"5+2"模式，其二是"5+X"模式，其三是"党建示范点+治水体验点"的综合体。

（1）"5+2"模式。"5+2"模式就是"五长+二员"模式，"五长"即五大河长，分别指区级河长、街道河长、社区河长、民间河长、河道警长；"二员"是指河道观察员和河道保洁员。这一模式始于 2016 年，是江干城管人在五个"河长"共同参与城市河道治理这一机制基础上引入两股民间力量，将"治水"的力量延伸到民间，不断完善多元治理城市水环境

---

① 汪玲：《"河长制"是新时代的大禹治水》，《杭州日报》2016 年 2 月 4 日，B1 版。

的操作性对策。

（2）"5＋X"模式。"5＋X"模式是对"5＋2"模式的再度深化和优化。这里的"X"不仅包括"5＋2"中的河道观察员和河道保洁员，而且向城市普通市民开放了河道管理的通道。因此，"X"的内涵就由城管局特别指定的社会群体转变为每个城市市民，河道治理的行为主体全员化，江干区市民"人人成为河道管理者"，全员参与的城市河道管理进入无盲点、无死角、全覆盖、全时段的极致模式。

（3）"党建示范点＋治水体验点"的综合体。这是党建引领作用在城市治水领域的新体现，它以城管驿站建设为载体，与中国水博馆联手打造"党建示范点＋治水体验点"综合体，在形成"1＋1＋N"党建新格局的同时，将治水模式扩展为综合体模式。

此外，江干区城管局还推出"5＋X"模式的配套举措"河长固定活动日"，它以街道河长为核心，利用每月第一周的周一开展河长团队活动。各级河长团队利用活动日巡查河道、清扫沟渠、召开河情分析会等，听取沿河群众和基层社区意见与建议；同时将"河长固定活动日"与丁兰综合治水区建设有机结合，后者也成为浙江省第一个"美丽河湖"研学基地。

四 主线与支点：多元管理

实事求是地讲，与后工业文明发展阶段相适应的城市治理，在江干区城市管理实践中既有以"点"的形式存在的突出案例，也有以"线"的形式存在的突出案例，还有形成了局域性"面"的形态的治理典范。但总体来说，还没有真正形成全局意义上的、具有后现代化特征的城市治理模式。这显示出江干区城市管理既具有超时代的创新发展，也具有符合时代特色的创新发展。正是这样的发展特色，保证了江干区城市管理既能够圆满完成当下的各种管理任务，又能够引领同时代城市管理的创新发展。这正是其能够领跑杭州、领跑浙江、领跑全国，是它能够树立江干样板、杭州经验、全国标杆的秘密之所在。

从上文可知，多元管理犹如一条红线，贯穿于江干区城市管理具体实践活动的始终。换句话说，多元管理虽然没有形成为江干区城市管理的主体管理形态和常规化方式，但其精髓和本质却渗透在城市管理的各个环节和各个方面，是支撑起"四化协同"样式的重要内容。分析"贴心直通车"、"桶长制"、特色"河长制"三个案例，我们会发现后两者具有特别浓郁的"治理"色彩，稍加完善，完全可以满足后工业文明所要求的治理模式；"贴心直通车"虽然更多的是工业文明时期的"参与式"管理模式，但"治理"的内涵已经在操作流程甚至在该举措出台过程中，特别是在相应的行政理念中得以显露。因此，我们认为，虽然上述三个案例表露和携带的治理因素有程度上的差异，但"治理"已经属于城市管理实践中的现实形态。

另外，需要特别提及的是，江干区城管局实施、推行多元管理的支点特别牢固而且有效率，姑且不论我们已经详细介绍的"贴心直通车"、"桶长制"、特色"河长制"这三个经典案例——毫无疑问，这三者不仅构成了江干区城管局多元管理的重要支点，每一个案例本身还是体系化的支点系统，既包含制度、机制等方面的因素，也包含治理载体、各方治理主体等方面的因素，还包含显性与隐性的激励因素，等等。在此，我们希望引起读者特别重视的，也是我们特别希望向读者说明的，是城市管理系统中的一些特殊人群，也就是关键少数的这类"人"的因素，说明他们之于多元管理、之于后现代的城市治理的支撑作用。因为在后面的章节，我们会就城市管理事业发展过程中的"人"的因素进行详细探讨，故在此只是稍微谈及。我们的结论性判断是：正是这些"关键少数"的关键作用，强力地支撑起江干区城市多元管理的探索实践。

第三节　城市个性化与差异化管理

城市多元管理是从管理主体的角度展示江干区城市管理创新发展过程中管理的科学化问题，本节从管理对象的角度展示这一科学化过程，深化对"四化协同"的相关研究。或者更确切地说，城市多元管理的研究是管理主体本位的，而个性化与差异化管理的研究则是管理对象本位的。前者聚焦于研究城市管理者通过什么途径、采取什么办法，建构起科学化的城市管理典范；后者则聚焦于研究不同的管理对象如何导致管理途径与管理手段的千差万别。前者是城市管理者基于对城市管理本质与规律的认知和判断所做出的主动设计；后者则是城市管理者基于对管理对象的认知与判断所做出的被动选择。前者是自上而下的，后者是自下而上的，虽然殊途同归，但有着向度的差别。所有这些差别，集中到一点，实际上就是"管理"与"治理"的差别。

一 体现在标准化中的个性化与差异化管理

这一类型的个性化与差异化管理，针对的是具有一定普遍性、代表性的管理对象与管理任务。从这个角度分析，标准化管理和个性化、差异化管理并不是绝对冲突与相互排斥的管理方法，它们既可以存在于工业文明时期，也可以流行于后工业文明时期，作为一种管理工具，关键是看它们服务的对象和要达成的目的，小众化的、局域性的甚至原子化的管理对象与管理任务也可以采取标准化管理，而且这类标准化管理的成本－收益关系也可能是契合与满足经济理性考量的。在研读江干区城市管理创新发展的"四化协同"样式过程中，我们发现了许多这样的管理亮点。

（1）体现在《城市公共厕所建设与管理标准》①中的个性化与差异化管理。该标准是由江干区城管局负责具体技术内容编制，由浙江省住房和城乡建设厅予以公布的省级标准化管理文件。我们在其中发现了诸多体现个性化与差异化管理属性的标准化规定。

①基本规定中的个性化与差异化管理规定。主要体现在该标准"3.03"之中：公共厕所应分为固定式和活动式两种类别，固定式公共厕所应包括独立式和附属式；公共厕所的设计和建设应根据公共厕所的位置和服务对象按相应类别的设计要求进行。

②规划与设计中的个性化与差异化管理规定。主要体现在该标准的"4.3.10""4.3.11""4.3.12"这三项规定之中。其中，"4.3.10"卫生间的设置应符合下列规定：使用面积不应小于6.5平方米；门净宽度不应小于1000毫米，出入口应按轮椅长宽（1200mm×800mm）设置轮椅进出坡道，其回转直径不应小于1500毫米；宜采用侧移门。"4.3.11"无性别厕间的设置应符合下列规定：应设置洗手盆和坐便器，并宜同时设置一个小便器；应注意隐私保护，厕间隔断板（墙）与房顶房底不应有间隙；男

---

① 浙江省住房和城乡建设厅：《城市公共厕所建设与管理标准》（备案号：J 15290－2020），2020年8月11日发布，2020年12月1日起实施。

女通用厕间净尺寸长×宽不应小于 1300mm×1000mm，厕间内同时设置大小便器时，净尺寸长×宽不应小于 1500mm×1300mm。母婴间的设置应符合下列规定：母婴间应独立私密，门口可正常通行、无障碍物；室内设置的多功能台和儿童安全座椅应可折叠并设有安全带，安装要求应符合"表4.3.12"的规定；母婴间应采用统一标志，楼层宜有母婴间的区域图和醒目引导标志，在显眼处及母婴间门前应张贴标志。

（2）体现在《江干区生活垃圾处置阶梯式计费管理暂行办法》[①] 中的个性化与差异化管理。这是江干区城管局和江干区财政局联合制定的临时性管理办法，在该暂行办法的第三条、第四条和第十一条中，个性化与差异化管理思路得到具体体现。第三条：本办法适用于纳入江干区生活垃圾总量控制目标管理的街道（闸弄口街道、凯旋街道、采荷街道、四季青街道、笕桥街道、彭埠街道、九堡街道、丁兰街道）。第四条：本办法仅适用于年度实际垃圾量超过年度垃圾控制总量加价收取的垃圾处置费，正常支付给垃圾处置单位的垃圾处置费按原渠道结算。第十一条：本办法实施后有新增总量控制目标管理街道的，再做调整。

（3）体现在《桶长制生活垃圾分类工作管理规范团体标准》[②] 中的个性化与差异化管理。这是由江干区城管局、区分类办及凯旋街道、四季青街道、九堡街道共同起草的省级团体标准，由浙江省产品与工程标准化协会于 2020 年 10 月 12 日正式发布。该标准对"桶长制"和"桶长"做了如下概念界定：桶长制是"以桶长为核心的生活垃圾分类管理模式"；桶长是"生活垃圾分类责任区域的责任人，根据具体区域可分为家庭桶长、楼道桶长、小区桶长、社区桶长和街域桶长等"。从该团体标准对"桶长制"和"桶长"两个术语的解释中可以看出，桶长制生活垃圾分类工作的基础和关键就是通过各级桶长，将高度分散的、原子化的垃圾分类各相关行为主体统合起来，引导、规范其垃圾分类行为。因此，这里实际上包含了两类个性化与差异化管理手段：其一就是针对各级桶长的管理手段；其二是桶长们基于所在地区管理对象的管理手段。我们可以从该团体标准规

---

① 《江干区生活垃圾处置阶梯式计费管理暂行办法》（江城管〔2018〕32 号）。
② 浙江省产品与工程标准化协会 2020 年 10 月 12 日正式发布《桶长制生活垃圾分类工作管理规范团体标准》（T/ZS 0142－2020），该团体标准自 2020 年 10 月 19 日起实施。

定的桶长任职条件中获得相应的说明和佐证。

> 家庭桶长应由住户担任，并应满足下列要求：①熟悉垃圾分类类别，按易腐垃圾、其他垃圾、可回收物和有害垃圾进行准确分类；②按生活垃圾类别分类投放；③参与双色桶入户活动，参加宣传培训活动。
>
> 楼道桶长应由楼道长担任，并应满足下列要求：①积极动员楼道住户参与垃圾分类工作；②配合社区开展垃圾分类督查和指导。
>
> 小区桶长应由物业负责人担任，并应满足下列要求：①组织人员在生活垃圾投放高峰期开袋检查分类准确率，引导居民正确投放；②承担垃圾分类监管职责，并与社区共同参与现场劝导、源头追溯和公示公开评比；③完善和维护垃圾投放容器、垃圾投放点、生活垃圾集置点、大件垃圾堆放区、装修垃圾堆放区和园林绿化垃圾临时堆放点、清道夫再生资源回收站（房）和宣传栏等硬件设施；④负责小区内的生活垃圾收集。

我们在此摘录的是三个最为基层的"桶长"的任职条件，从中不难看出，无论是对桶长来说还是对桶长履职的过程与效果来说，不加区别的标准化流程和做法是难以操作的，只有有针对性地区别对待与区别处置，才能够实践与推行该团体标准，也才能让该团体标准是有效率的而不是一张废纸。

在我们选取的上述三个标准化管理文件中，其内含的个性化与差异化管理途径、方法的体现方式各有不同和侧重。个中原因或者是基于管理绩效的考虑，或者是基于管理对象的考虑，甚至是仅仅考虑管理主体和管理的便捷性。但呈现的管理方式与途径却因管理对象的不同而采取了不同的管理举措，这就在客观上形成了个性化与差异化的管理形态。这种形态将以其有效性和便民性特征反过来固化自己的存在价值，并推动城市管理者探索类似的管理手段，从而更加精准快捷地完成管理任务。这是良性循环的正反馈机制，城市管理多元化步伐将因之而得以加快。

二 问题导向的个性化与差异化管理

为了处理问题、解决难题、完成工作任务而创新推出并实施个性化与差异化的管理方法，管理效率与效益强化了个性化与差异化的管理方法在城市管理实践中常规化运用的路径依赖，是问题导向的个性化与差异化管理形成与运转的原因与机理。我们以典型案例呈现的方式诠释内含于管理科学化进程中的个性化与差异化管理实践。

1. 江干区个性化推进"污水零直排区"建设工作

我们可以通过以下案例直观地感知江干城管人在"个性化"管理领域的所思、所做及客观成效。

2019 年初，江干区提出了"3 + 66 + 135"的"污水零直排区"建设任务，创建凯旋、四季青、丁兰三个"污水零直排区"街道，完成 66 个生活小区的雨污分流改造工作和 135 个生活小区的验收工作。经过一年的奋战，江干区年度创建任务已经全面完成。

如何做实做优工程？

怎样尽量减少扰民？

如何让老百姓获得更多实惠？

这是一年来江干区在推进"污水零直排区"建设中摆在第一位的三个问题。为了赢得群众满意，江干区立足中心城区特点，坚持建设、管理"双驱动"，按照特色化、标杆化、多元化，以省定 24 个生活小区为示范，切实推行"一小区一特色""污水零直排区"建设工作，打造了一批具有江干特色的基层建设品牌。

"最多挖一次"

大唐苑小区、丁桥家苑二期，34 幢楼。结合加装电梯改造工程、老旧小区综合整治工程，通过"最多挖一次"实现一次施工多种效果。

淘汰原有生化处理池

水湘人家东苑，8 幢楼。将管线梳理和楼宇分离器相结合，确保能分尽分；淘汰小区原有生化处理池，解决小区多年存在的污水满溢现象。

以拆代治

天仙新苑，5 幢楼。拆除、封堵小区私设水龙头 37 个，解决困扰小区多年的"雨污分流不彻底"顽疾。

新增智能分流设备

范家公寓南区、范家公寓北区、范家天成公寓，27 幢楼。针对老小区雨水和生活废水合流、不能立管改造的现状，通过新增智能分流设备，从根源上把雨水和污水分开，从而大大缓解大市政污水系统及下游污水处理厂的压力，以达到彻底实现雨污分流的效果。

新型智能化"楼宇分离器"

天运花园东一区、天运花园东二区、天运花园西一区、天运花园西二区，17幢楼。针对部分高层住宅外立面无法立管改造的难题，投入470套新型智能化"楼宇分离器"设备，以实现雨污分流。

新增立管系统

机神公寓天仙社区、京惠社区，6幢楼。针对生活小区和底层商铺共用一套立管系统的现状，通过新增雨水立管系统，将雨污水管系统分开；结合城管执法，在一楼餐饮店铺增设油水分离器，实现"六小行业"污水有序排放。

整合一个系统

机神新村东一区、机神新村东二区、机神新村西一区、机神新村西二区，33幢楼。由于建设年代久远，原有内部雨污管网分为多个系统。对此，对原有系统进行排摸，将其整合设计为一个系统，大大减少养护工作量。

"党小组建在项目上"

濮家新村东一区、濮家新村东二区、濮家新村西区、农药厂一宿舍、农药厂二宿舍及闸弄口新村西区、机场路24号，38幢楼。坚持"党建＋项目"融合，创新"党小组建在项目上"工作方法，将一个在建项目设为一网格，由区城管局基改中心党支部党员担任网格长，将责任网格的小区楼道党员及代建、监理、施工单位党员编入项目党小组，实现组织下沉，打造第一渠道听民诉求、第一时间帮解民忧的前沿阵地；试点"运河沿线以南雨污分流项目临时党小组"，充分激活党员、"两代表一委员"、项目部成员"一盘棋"；通过现场踏勘、方案审定，在雨污分流改造的同时，通过"沥青加罩处理"改造小区内部道路，实现"一次开挖、双倍成效"，共铺设沥青约3000平方米。①

---

① 《"一小区一特色" 江干区个性化推进"污水零直排区"建设工作》，http://www. jiang-gan. gov. cn/art/2020/1/10/art_1247735_41560378. html。

江干城管人把这一工作方法总结为：因地制宜、精准施策、标准先行、管理过硬、四问四权、群众满意，这是江干区实践"污水零直排区"建设服务群众的具体回答，并且文章标题中直接用"个性化"来指称"污水零直排区"工作方法。以此可见，他们应用个性化方法破解工作中难题的自觉性行动。

2. 铿锵女将，罚管结合出成效

（1）典型案例呈现。

在彭埠的街头，有这么一道亮丽的风景线，她们是彭埠中队新成立的女子分队。小分队由三位行走在执法第一线的80后女将组成，她们细腻温柔，面对群众的不理解耐心劝导；她们果敢坚韧，面对违法行为严格查处不手软。

在遇到一些比较顽固的执法对象时，女子分队的柔性执法方式往往能带来意想不到的效果。艮山东路上的几家玻璃店，常年在店外摆放玻璃，影响行人通行，是个老大难问题。多年来，队员们上门劝导、教育、处罚多次，但执法对象就是不配合。玻璃材质的特殊性，使搬离处理陷入困境。

"在法律之外，微笑是我们执法最好的武器。"女子分队成立后，啃下艮山东路这块"硬骨头"，成了她们的第一个目标。在分队长刘晶娜的带领下，小分队多次上门做店主的思想工作。分队长刘晶娜还跟女店主打起了感情牌："老板娘，别的都不说，你想想，换成自家的老人、孩子被别人家门前堆放的危险品伤到了，你心里怎么想？"就这样，小分队数次上门动员，女性特有的耐心坚韧，终于让店家动容，店主主动联系了处理废玻璃的人员，将门口堆放的玻璃都清理干净。这几根"钉子"的拔除，给了女子分队极大的鼓舞，也让她们有了更大的冲劲和干劲。

彭埠中队女子分队自成立以来，依据城管"7+X"职能，回归执法主业，办理了多起案件，初步实现了中队以罚促管的预期效果，辖区流动摊贩、出店经营等现象明显减少。而女队员们的耐心劝导、细致管理，也让执法对象、周边群众更容易接受，管理效果进一步提升，赢得了辖区居民的广泛好评。①

（2）案例分析。在城市执法管理过程中起用女同志，让她们承担一线执法的重任，在全国城市管理界并不罕见。但在更多情况下，"女子执法队伍"②更多的是"表意性"的，或者是"形象性"的；真正"功能性"的，或者说是"攻坚性"的"女子执法队伍"往往是少数，即便组建时的目的指向是承担攻坚任务，发挥攻坚功能，但也往往因其在城市管理实践中的诸多不便和效率问题而被"内勤化"。江干城管"女子执法分队"能够长期存在且始终行走在执法第一线，并且被当作啃"硬骨头"的撒手锏使用，就是比较罕见的了。在通常意义上，各地城管局组建"女子执法队伍"的目的在于以女性之柔破解城市管理执法难问题，即所谓"柔性执法"。但"有法必依、执法必严、违法必究"在根本意义上与"柔性执法"是难以长期兼容的，个中道理其实是很简单的："柔性"只是执法的一种手段，"柔性执法"的本质和目的则是"有法必依、执法必严、违法必究"，这是刚与柔的交锋、是手段与目的之间的对话，二者间的适当调剂是可能的，但二者间的界限从来都是刚性的。因此，将之置于"管理"的语境之下进行操作，其必然的结果就是"柔性执法"这一手段向目的屈服和避让；但如果将其置于"治理"的语境之下，结果将会大不相同，因为"治理"本身已经将其中存在的刚性界限化解了。上文中，我们引用的郑杭生先生有关管理与治理关系的相关理论成果，为这个问题提供了很好的答案："治理"的民主性要求"通过合作、协调及对共同目标的确定等手段，达到对公共事务的治理"；而"治理"权力行使的平等性的精髓是："三大部门作用不同，地位平等，平等协商是主要的方法"。不用再做更多的说明，只是这两条关于治理的解释，就足以勘破"柔性执法"与"有法必依、执法必严、违法必究"的刚性界限。江干区城管局的"柔性执法"之所以有效率，之所以能够长期存在，其跨越"管理时代"进入"治理时代"是根本的原因。也正是此"因"的存在，一方面，催生出个性化与差

---

① 江干城管局彭埠中队女子分队的访谈笔录。

② 各地城管局组建女子执法队伍时的建制并不相同，有些组建的是女子执法大队，有些组建的是女子执法中队，有些组建的是女子执法分队，还有些组建的是女子巡逻队。

异化的治理手段与途径；另一方面，保证了个性化与差异化的管理既能够有效率，又能够长期存在并发展壮大。

三 以人为本的个性化与差异化管理

"城市管理的人本化"是"四化协同"的重要内容之一，也是我们将在第五章详细探讨的内容。此处的以人为本的个性化与差异化管理，实际上就是"城市管理的人本化"的一个有机组成部分，它在一个特定的维度上既展示了江干区城管局多元化的管理现状，又展示了"城市管理的人本化"发展格局。我们先以一个简单的个案切入，对江干区城管局探索实践的人本化城市管理简单介绍，为第五章的详细研究预设张本。

1. 个案展示：当"城管驿站"遇上"小红车站"

今天（2020年8月10日）上午，富春路和庆春东路口的一个小红车亭子前，聚集了蛮多人。原来这是新开放使用的"杭州城管驿站江干区庆春东路富春路口 mini 小红车站"。

"mini"的意思，倒不是小红车站变小了，而是将江干有爱的城管驿站延伸到小小的仅4平方米的公共自行车站点里了。谈到城管驿站，大家一定不会陌生。自2016年江干区打造第一个城管驿站以来，全区已陆续开放使用46个，基本服务半径1公里左右。作为推进江干区基层社会治理精细化的一个缩影，城管驿站为许多一线城市管理工作者提供了一个歇歇脚、热热饭的地方，也逐渐成为一线工作者和市民的第二个"家"。

记者在现场看到，mini 驿站内配置了电冰箱、空调扇、饮水机及药箱、各类报纸书籍等，免费为广大一线作业人员和市民群众提供纳凉、热水等服务。江干城管局副局长陈新说，不仅桌椅板凳都是定做的"mini 版"，空调扇、冰箱、饮水机也是小小的。

正在站点里接水的环卫工人张运红，老家在江西抚州，来杭州做一线保洁已经十多年了，东湖路、清江路，再到现在的钱潮路，每天露天工作8小时，一到夏天最是难熬。"以前最近的城管驿站也要1公里开外，小红车站点开了以后，走两步就到了，太方便了。"

驿站外，原有的公共自行车配套管理用房外立面上换上了不同基层城市工作者幸福的笑脸画面……点点滴滴的细节，无一不体现着杭州的温度。

近年来，江干区一直在城管驿站推深做实上动脑筋、做文章，在探索过程中也发现了城管驿站服务范围辐射不到的盲区。而一座座"mini 小红车城管驿站"的开放使用，便很好地解决了服务盲区的问题。据了解，此次江干区共开放五个"mini 小红车城管驿站"，选取的点位也颇有讲究，主要选取现有城管驿站中两个点位间距离相对较远的地方，进行有效补充，也是为了更好地为城市街头巷尾的一线作业人员及市民群众提供更便捷的服务。

除了新开放的五处 mini 小红车城管驿站为一线作业人员提供暖心服务外，城管驿站还通过党建共建源源不断地吸纳"同心圆"单位、爱心企业和社会团体参与到服务中，调动各方力量，使驿站成为汇聚爱心的示范点。

下一步，江干区将进一步优化区域的驿站点位，加强与管理单位的沟通，强化后期管理养护，为广大一线作业人员提供更便利、更贴心的服务。预计年底前建成十个 mini 小红车城管驿站并投入使用，力争城管驿站服务全区覆盖，让小驿站传递大能量，从而助力杭州不断提升市民文明素养和全社会文明程度，成为新时代文明实践的新窗口。①

2. 以人为本与个性化差异化管理的融合发展

以人为本的管理模式，其落脚点肯定是活生生的个人，是城市管理中最直接、最具体、最实在的个体体验者，因此，"以人为本"自然就寓意着个性化取向的管理方式。而每个个体之间的差异性又是不言自明、众所周知的，所以个性化取向的"以人为本"管理方式自然也就寓意着差异化的管理方式。从这一维度分析，以人为本与个性化、差异化管理应该是相伴而生、相伴而行的。江干区城管局将"小红车站"纳入"城管驿站"系统，用爱心和关心强化城管驿站"家"的意蕴，扩充城管驿站"家"的内涵，将"以人文本"渗透到城市管理的细枝末节，在"让小驿站传递大能

---

① 孙钥、桑亚美：《江干最有爱的城管驿站 延伸到小红车站点里了！mini 小红车站启用》，https://hznews.hangzhou.com.cn/chengshi/content/2020-08/10/content_7789346.htm。

量,从而助力杭州在不断提升市民文明素养和全社会文明程度"的同时,在让小驿站"成为新时代文明实践的新窗口"的同时,实施着个性化、差异化的城市管理。所以,我们认为,在"城管驿站"遇上"小红车站"之时,也就是江干城管局探索实践以人为本与个性化、差异化城市管理融合发展之时。城市管理在奔向城市治理的征途中,"以人为本"使之增加了感情和"温度"。

第四节　城市智慧化治理

将城市智慧化治理纳入城市治理科学化的范畴,显示的是治理科学化与时俱进的发展逻辑。就目前的发展状况来看,城市智慧化治理还是一个新生事物,甚至还没有一个权威的概念来解释和说明什么是城市智慧化治理。在一般意义上,人们将运用现代信息技术进行城市治理的行为与方式称为城市智慧化治理。江干区城管局在这一领域以开放的胸怀与积极的心态来迎接和利用城市智慧化治理,并在实践中开发出独具特色的应用性治理工具。其中,江干智慧城管"115"框架体系、城市垃圾智慧管理系统(生活垃圾计量清运系统)和依托"美丽河道智慧管理平台"的河道智慧化治理实践,是典型的城市智慧化治理案例,值得深入研究和大力推广。

一　江干智慧城管"115"框架体系

随着浙江省政府数字化转型工作向纵深推进,杭州市委、市政府高度重视智慧经济建设,尤其是 2018 年 7 月以来,提出了"打造全国数字经济第一城"的目标,全面吹响"城市大脑"建设的号角,杭州市城管局强势推进"'城市大脑'城管系统"建设,对数字赋能相关工作提出更新、更高的要求。为实现江干城管继续"领跑杭州"的目标,突出"实际、实用、实效"导向,江干区城管局提出"江干智慧城管'115'框架体系"。"115"框架体系由"一中心、一仓库、五平台"构成,"一中心"即综合指挥中心,"一仓库"即城管大数据仓库,"五平台"包含重点治理平台、"四化"监管平台、综合执法平台、视频会商平台和内部管理平台。

(一)　构建综合指挥中心

为解决业务系统管理碎片化问题,保证业务系统使用管理绩效,提升业务条线数字赋能效果，江干区城管局成立正式建制的实体化综合指挥中心，配强专业人员，实行一体化运作机制。中心设置业务条线工位，专职操作业务系统，设置运维工位，专职从事软硬件维护，设置管理工位，专职管理内务。

（二）建设"城管大数据仓库"

1. 建设目的

为实现"让数据多跑路，让干部少跑腿"，发挥数据资源服务于日常工作的应用、指导、决策等作用，应加大数据收集与整合力度，强化数据积累意识，形成物理上分散、逻辑上集中的"城管大数据仓库"。

2. 数字驾驶舱及作用

数字驾驶舱是"城管大数据仓库"的前端呈现，主要作用是提供可视化的工作情况，为领导决策提供数据支持。其指标之所以能够直观、客观地体现业务工作的现状，原因在于支撑指标的数据资源饱满度和指标计算方法的科学性。

3. 应对的管理难题

（1）指标实时性较低。例如，由于在线水质、水位监测设备数量有限，并且相关部门未全部开放共享，部分指标如"碧水指数"和"休闲指数"等仅能够利用非在线数据反映过去的水质、水位情况，实时性较低。

（2）指标涵盖不够全面。江干区城管局具备信息化基础的业务工作主要是治水和治废两项，其他诸如市容、市政、执法、综合监管等信息化基础较为薄弱，这导致接入驾驶舱的指标无法涵盖城市管理所有条线，无法准确反映城市管理的整体情况。

（3）预警功能应用水平有待提高。预警是数字驾驶舱的核心功能，江干区城管局已对部分指标设定了阈值，但预警事件产生后的分发、处理、反馈等机制尚未完全建立，驾驶舱应用水平有待提高。

4. 基本应对思路

（1）指标上屏阶段。根据指标梳理情况，确定指标呈现方式以及二级页面详细信息的颗粒度。同时，加强部门间沟通，力争协同全部实时数据，打通数据接口，完成各项指标上屏目标，实现城管驾驶舱"从无到有"的转变。

（2）功能提升阶段。从驾驶舱实际功能要求出发，在参考学习其他部门驾驶舱开发、使用经验的基础上，为各项指标设定合理的红、黄灯预警阈值，制定预警分发、处理、反馈机制，实现驾驶舱从"可看"到"可用"的转变。

（3）试用完善阶段。在局领导层面推广试用，试用期间收集问题，找出堵点，总结成效，持续完善驾驶舱指标内容、呈现方式和实际功能。通过驾驶舱的领航，逐步带动城市管理各条线信息化发展，提升整体现代化水平。

（三）整合五个应用平台

遵循简洁实用的原则，做实整合工作，将现有分散的系统平台整合为五个应用平台，包括重点治理平台、"四化"监管平台、综合执法平台、视频会商平台和内部管理平台，并将其逐步纳入未来待建的系统。

（1）重点治理平台。服务于当前城市管理重点治理领域的系统被归入重点治理平台，如"五水共治""垃圾分类"等。

（2）"四化"监管平台。城市管理综合监管负责区域问题的自查自纠，与数字城管系统共同构建内外协同的管理平台，提升精细化水平。

（3）综合执法平台。非接触性执法、执法规范化建设等相关应用落地后，结合权力阳光、违停处理、信访投诉受理等市局垂直系统的共享数据，将其归入综合执法平台。

（4）视频会商平台。整合视联网、钉钉等视频会商系统，探索高效的线上会议相关应用，将其归入视频会商平台。

（5）内部管理平台。OA、请假管理、合同管理、固定资产管理、档案管理等与内部管理相关的系统，被归入内部管理平台。

二 城市垃圾智慧管理系统

目前，城市垃圾智慧管理系统（即生活垃圾计量清运系统）主要应用于生活垃圾计量清运领域。

（1）研发应用的目的。旨在实现对生活垃圾精细化、在线化管理，实现对清运工人混装混运现象的有效监督。

（2）系统构成。该系统由信息监管平台和车载称重系统两部分构成，其中车载称重系统又由称重单元、摄像头和定位单元/数据传输终端构成（见图 4 - 2）。

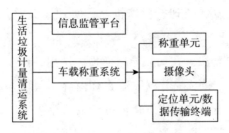

图 4 - 2　城市垃圾智慧管理系统

（3）管理程序。通过安装在清运车尾部或中部的动态称重工具、高清监控系统，垃圾在被装载的同时即被称重，并同步拍下实时作业照片，该桶垃圾的各种成分、重量、位置等信息被详细记录，并回传至数据库。通过监控室的大屏幕，可随时调取每个点、每辆车的垃圾清运时间及数据，并有清晰的图片。

（4）管理成效。这一智慧管理系统已安装在江干区约 100 辆清运车上，覆盖了 800 多个垃圾集运点，并于 2020 年底前实现全区覆盖。"有了这些数据，等于就有了图像取证，如果垃圾分类不达标可以拒收，今年就有 6 个点曾经拒收。执法部门在执法时也有证据，证明存在混装混运行为，方便了监管。"①

三　河道智慧化治理

江干区城管局紧紧围绕"水好水坏、水多水少"的核心目标，依托江干区美丽河道智慧管理系统，通过软件控制平台建设、硬件感知设备安装，充分利用"物联网＋"技术，综合河道、管网、闸泵站等市政水利设施，统筹移动端巡查、防汛防台管理、水位水质监测、视频监控等功能，实现河道的数字化、信息化、智能化管理，并在大数据基础上提出了水健康指数和水安全指数，动态掌握水质和防汛情况。

例如，丁兰综合治水区内已将河道、管网全面信息化，并建成河道和闸泵站监控 31 个、在线水位监测点 9 处、在线水质监测点 1 处，基本实现

---

① 江干区城管局的访谈笔录。

了河道水位流量及市政排水管网分布、标高、运行,以及配水闸泵站运行情况查询的目标,实现了丁兰治水区信息化管理的目标,有效提高了应急处置能力。

城市智慧化治理依托的是智慧城市的建设成果和发展成就。杭州市"城市大脑"工程的建设与推进,为江干区城管局创新实践城市智慧化管理提供了技术条件和设施条件。城市大脑"让城市会思考",而城市智慧化管理则让"会思考"的城市能够智慧地运行和更加协调地发展,"城市让生活更美好"的目标会在城市智慧化管理不断推进的过程中逐步成为美好的城市生活现实。

第五章

城市治理创新化

"两引一坚持"是江干区城管局近年来始终坚持与奉行的工作总思路，也是"四化协同"创新实践的重要支撑。作为"两引"之一的"创新引擎"，已与其整个城市治理工作融为一体：创新驱动城市治理工作全方位、全层次地创新发展，城市治理的创新发展锻造出江干区城管局的创新品性和自觉的创新行动。因此，显见于"四化协同"的创新，已不再是一时一事的偶发行为，而是涵盖了创新理念、创新体系、创新行动诸多方面，是融入工作理念、融进工作体系、化为工作习惯、成为工作追求的体系化、集成化、常规化的行动理念与行为方式的集合。具体来说，江干区城管局创新化意义下的创新实践，在制度创新、体制创新、机制创新和管理方式方法创新四个领域都得到了全面展示。

第一节　制度创新

众所周知，制度创新是创新的前提。江干区城管局在城市管理制度层面上的创新努力，既在全局的高度为城市管理的创新发展提供了较为完善的制度环境，推动并促进了城市管理体制、机制和管理方式方法的创新发展，也为各领域创新成果的顺利实施和有效运转提供了制度保证。梳理近年来江干区城管局的制度创新成果，可以发现制度创新已具常规化和规模化，因此，制度创新的成果可以在城市管理的各环节、各层面、各工作领域被发现。其主要制度创新成果包括：党支部建在驿站、建在科室、建在队所的基层党建制度创新；全面实行党政一体、融党于政、融政于党之党政工作"一肩挑"的组织人事制度安排;"一人一方案、两张图、四清单"干部培养制度;清道夫回收网点建设与管理规范;桶长制;特色"河长制";等等。为了节省篇幅,也为了避免重复,我们在此对这些重大的制度创新不再详细论述,但其创新意义和创新成是不容忽略也难以忽略的。因此在后文中,我们会在相关内容中予以及时的展示。在此,我们重点介绍前文提及不多或者没有提及的一些制度创新成果。

一 城市管理培训学院——城市管理干部培训制度

江干区城市管理培训学院是江干区城管局自设的一个非实体化的培训机构,创设目的是"打造一支忠诚、干净、担当的城市管理铁军标兵,为江干区提升治理现代化能力和全域治理走在最前列提供一流的城市管理人才保障"。[①] 为了保证该学院的高效运转,江干区城管局配套了一系列的制度安排,建构起关联密切、相互支撑的制度体系。其中,最具代表性也是关乎城市管理培训全局的制度安排是"江干区城市管理培训学院管理制度",它从六大方面设计"培训学院"的制度架构,一方面保证了这个非实体化的培训机构能够在具体制度支撑之下实现常规化高效运行;另一方面可以源源不断地为江干区城市治理现代化的创新发展提供相应的人才保障。

在城管局内部创设培训学院,并且从制度创新层面规范和保证培训学院的高效运转,不仅在浙江省范围内属于首创,在全国城市管理系统中也难得一见。

(一)主要内容

从借鉴和学习便利性的角度考虑,我们将来自江干区城管局的这一制度安排的主要内容详述如下。

1. 总则

第一条 为加强和规范江干区城市管理培训学院工作,有序推进城管行业系统各类教育培训开展,实现城管系统教育培训的规范化、

---

① 参见《江干区城市管理培训学院运行方案》(江城管党委〔2017〕22号)。

制度化、系统化，根据《江干区城市管理培训学院运行方案》，制定本制度。

第二条 江干区城市管理培训学院是江干城管的"党校""军校""职校""研校"，各个单位要严格按照"四校合一"的功能定位，坚持围绕中心、服务大局的原则，坚持分类分级、全员教育的原则，坚持问题导向、学以致用的原则，依托培训学院开展各项培训工作。

第三条 本制度是培训学院日常管理的指导性文件，是各单位依托培训学院开展培训以及学院对各下属部门开展教育培训工作的考核依据。

2. 管理机构及运行机制

第四条 学院的领导机构为院务委员会，委员会成员由区城管局党委班子成员担任。

院长由区城管局党委书记、局长担任，全面负责学院工作，常务副院长由局党委副书记、副局长担任，全面负责学院日常工作，负责定期召集学院领导小组会议，负责学院建设、发展相关事务。

分管副院长由区城管局党委班子成员兼任，在院长领导下对分管部、系的教育培训工作加强指导，提出分管条线行业发展教育培训规划，对学院建设提出意见与建议。

第五条 学院的日常管理机构为教研部、教务部、宣教部、总务部四个部门。领导小组办公室设在教务部。

教研部由组织人事科负责，规划科技科配合，组织人事科科长担任教研部主任，负责培训学院的长期规划、发展方向、中长期发展方案、合作办学及城市管理相关工作专题调研、创新课题工作。每年三月底前组织局系统各单位申报创新课题，在年底形成创新课题研究成果。

教务部由组织人事科负责，分管党建的副科长担任教务部主任，负责培训计划制定、协调督促六大系按计划实施培训，每季度至少召集一次培训学院院务委员会以及"四部六系"负责人例会；每半年度通报一次培训学院教育培训工作开展情况；每年年底负责牵头培训学院六大系进行学员的培训考核，建立电子档案，以及根据考核结果评先评优；负责教员选聘管理工作，每年动态更新教员数据库。

宣教部由办公室负责，分管信息宣传的副主任担任宣教部主任，负责牵头培训学院的总体宣传，负责培训重要讲话、重点材料的审核审定，制定年度宣传计划，利用各类载体进行宣传，输出亮点，微信公众号即时推送培训学院宣传信息（每年不少于六条）；要求每年至少形成一篇培训学院专报呈送上级领导；每年在区以上部门报纸、电视等媒体宣传培训学院工作成效不少于一次。

总务部由计财装备科负责，办公室配合，计财装备科科长担任总务部主任，负责培训学院建设的相关政策支持、经费保障，负责全局性培训的会务工作，每年年初制定学院经费预算，每半年度向院务委员会汇报经费使用情况。

第六条 学院的主体培训对象分六大系进行管理，六大系牵头科室长担任系主任，每年年初制定各自条线全年培训计划，按照"谁主训，谁负责"的方针定期联系四个部，推进教育培训按计划实施，要求各条线每年教育培训全覆盖。

党政综合系由办公室牵头，组织人事科、计财装备科、规划科技科、综合监管中心配合，主要负责党支部书记、中层干部、党员、信息宣传、安全生产、财务、信息化、档案等各类培训。

行政执法系由综合督察科牵头，政策法规科、信访受理中心、各执法中队配合，主要负责执法队员、序化队员、信访受理员培训及执法条线各类业务培训等。

市容环卫系由市容环卫科牵头，垃圾分类办、综合监管中心、之江环境配合，主要负责市容环卫、垃圾分类及行业相关培训。

设施运管系由设施运管科牵头，综合监管中心、基改中心、市政所配合，主要负责市政设施、应急防汛、停车收费等行业相关培训。

水利水政系由水利水政科牵头，治水办、综合监管中心、三堡排灌站配合，主要负责城市管理涉及水利、水政、河道、"无水共治"等相关培训工作。

群团文体系由局工会牵头，局团委、局妇联配合，主要负责组织职工各类文化体育活动，开展群团相关培训。

3. 培训过程管理

第七条 实行培训需求调研机制，由教务部牵头，实施教育培训年度需求调研工作，每年由六个系牵头部门负责向条线征求培训需求，汇总整合后上报教务部，统筹协调，制定全年教育培训计划。为保证培训计划的切实可行、满足需求，要求在调研培训需求时，结合中心工作、结合单位实际，了解职工情况，全面精准制定培训计划。

第八条 实行培训效果评估考核机制，由教务部牵头，六大系配合，开展教育培训情况登记、跟踪、评估。要求每场培训做到"四有"台账标准，有培训方案、有签到考勤、有文字及照片资料、有培训效果反馈，台账由各系牵头条线单位负责落实。年底院务委员会对"四部六系"教育培训工作进行专项考核，考核结果纳入各单位的党建责任考核以及评优评先工作。

4. 教员管理

第九条 坚持内培为主、外引相辅，通过培养和筛选，建设一支素质优良、业务精湛，年龄、职级、专业结构合理，适应城市管理工作新形式的城管教员队伍。

第十条 在行业系统内部实行导师带徒工作机制，根据"业务精、会管理、擅示范"的标准，采用个人自荐、民主推荐等方式，组建一支由党委班子成员、支部书记（科室长）、各条线专业技术人才三个层次构成，专业技术、年龄结构梯队合理的内部导师队伍，定期开展谈心谈话、专业辅导、课题调研，带领促进年轻干部成长。每年3月前由六个系牵头各条线进行统一推荐，经院务委员会讨论研究确定，由学院颁发聘书。

第十一条 对选拔出的内部教员进行统一管理，建立动态管理的内部教员库，根据教员全年授课情况评选出优秀教员，给予一定的物质奖励，并与评优评奖、干部选拔相挂钩。对年度综合评价差的教员及时进行解聘。

第十二条 外部教员由"四部六系"推荐，由教务部进行专业技术职务任职资格的审核工作，审核通过后，学院每年年初开展一次聘任工作，由学院颁发聘书。建立动态管理的外部教员库，对年度综合评价差的教员第二年不再续聘。

5. 合作办学管理

第十三条 由教研部主导合作办学工作，教务部、总务部、宣教部配合推进。合作办学要在"互惠双赢"的基础上，充分挖掘党校、警校、高校、培训机构等教育资源，在培训基地、管理服务、课题研究、人才培养等方面深化合作。

第十四条 培训基地的合作，每年由教务部初步筛选2~3个培训基地，提交院务委员会讨论确定。对综合评价较好的基地，可签订长期合作协议。

第十五条 课题研究的合作，由教研部负责。重点推进与党校、高校在城管行业党建、城市精细化管理、智慧化管理等方面进行课题合作，签订课题合作协议，按照协议规定得出课题合作的成果。

第十六条 人才培养的合作，由教务部负责。由学院依托区城管局及其下属单位、城管驿站每年为合作的高校提供一定的实习岗位、志愿服务岗位。合作方为城管学院提供课程、师资、教员培训等方面的服务。

6. 学员管理考核

第十七条 由教务部负责牵头学员考核工作，六大系分工负责各条线学员的日常考核工作。

第十八条 建立电子档案数据库，由教务部牵头，教研部开发电子教育培训管理系统，坚持"谁培训、谁负责"，及时将各系学员参训情况、"技能通关"考核、擂台比武情况以及"学习之星"评定情况录入数据库。学员档案存入城管系统干部、职工日常管理的大数据库。

第十九条 强化培训考核的结果运用，每半年开展一次"学习之星"集体和个人的评选活动，评选结果与党建"双强双优"、十佳百优等评优评先工作挂钩。

（二）总结评价

江干区城市管理培训学院是一个制度创新丛，包含一系列的具体制度创新举措，从大的方面来看，可以总结为形式创新、功能定位创新、管办制度创新、运转制度创新和考核制度创新五个方面。

1. 形式创新

江干区城市管理培训学院名为学校，究其实质，更多的是概念形态上的学校，是操作层面的虚拟化学校，而不是实体意义上的学校。从人员构成来看，无论是学校的领导层还是管理层，抑或是学员，都只是或者更准确地说，绝大多数是江干城管局现有人员的不同组合；从办学场所来看，除了城管局现有的办公场所外，外出培训时则依托外培单位的既有场所，江干城管局内并没有单独的办学场所；从经费来源来看，江干区城市管理培训学院的经费开支也属于城管局的日常办公费用。唯一具有部分独立性的，就是教员队伍——每年度聘请部分"外部教员"，但教员主体仍是城管局现有干部或职工。因此，这是一个形似而实不是的培训学院。但正是这个"形似而实不是"的学院，承担起了江干区城管局人才培养大本营的角色，强劲有力地推动了该局城市管理员工的政治素质提升、业务能力提升，甚至身体素质提升。从投入－产出角度分析，它是在没有增加政府财政投入的前提下，实现了江干区城市管理者整体素质的大提升，实现了"进一步推动城市管理精细化，打造一支高素质、专业化的城市管理干部职工队伍，提升城市管理治理能力现代化水平"的目标。因此，这种不拘泥于形式、致力于实效的管理制度创新，其精髓、要义甚至具体实现形式，都值得全国城市管理行业的从业者学习与借鉴。

2. 功能定位创新

江干区城市管理培训学院将自身承担与发挥的功能定位为"党校、军校、职校、研校"四合一的功能综合体，这是城管局领导基于城市管理行业的特殊性和工作领域涉及的条多、面广、量大，城管队伍人员构成数量多及身份、层次差异大，工作对象涉及面广等特点，旨在全面提升城市管理局干部职工的综合素质，使其适应城市治理现代化的健康快速发展需求而"量身定做"的制度设计。从功能角色来看，"四校"角色清晰、功能明确，其中，"党校"承担着对局内党员干部教育培训的功能，是贯彻党的路线方针政策，学习中央及省、市、区重大指示精神，提高党员干部政治素养、党性修养和作风建设的重要渠道；"军校"承担着城管执法队员半军事化训练的职责，旨在打造一支敢打硬仗、能打硬仗的城管铁军排头兵；"职校"承担着江干区城管局各条线干部职工的专业培训职责，旨在提高各工作领域员工的专业化水平；"研校"则涉及局内重大课题研究、队伍建设研究、城管文化研究，从而为江干区城管局重大决策提供智力支撑。"四校"职责明确、分工合作，保证了江干区城管局在创新发展过程中的效率和效益，彰显了其勇于创新和善于创新的职业素养，成为城市管理创新发展的可靠路径选择。

3. 管办制度创新

一系列具体制度和行为规范的制定，将江干区城市管理局内固有的科层制管理体系和城市管理学院弹性化的工作体系嫁接在一起，一方面发挥了江干区城管局存量资源（包括人才）的作用，另一方面挖掘出他们的作用与潜力，并开拓出发挥作用的新空间和新阵地，创新出"四不增、一保证"的管办模式，即不增加财政投入、不增加事业编制、不增加工作岗位、不增加工作人员，并保证城市管理培训学院高效运转的创新发展模式。

4. 运转制度创新

这里也蕴含着一个制度创新丛，小计"四校"的运转制度创新，起码可以发现 17 个以上的相关运转规范，包括青年干部"五四学堂"、先进榜样初心思享荟、全能通关行、年年通关行、擂台比武、导师带徒等。即便不去关注其具体内容，仅仅从其名称上看，我们也会发现这些既具可行性又具个性的制度安排的创新特征。我们在下文将结合其他方面的研究，对这些极具江干区城管局特色的创新发展做法及成果进行详细说明。

5. 考核制度创新

考核制度的创新也内含着一个创新的制度丛，它包括考核主体的多元参与、考核方式的多考协同、考核全程的信息化和考核结果的应用化四个方面。（1）在考核主体的多元参与方面，存在着两个考核层级、多个考核主体。两个考核层级分别是城管局局级考核层级和由教务部牵头、六大系分工合作的层级，多元考核主体是这两个层级中所有有考核权责的参与者与实施者；两个考核层级、多个考核主体既权责明确，又分工合作。（2）考核方式的多考协同的直观体现是"谁主训、谁负责"，诸如"技能通关"、擂台比武等训练项目的不同，决定了考核内容的差异，"谁主训、谁负责"的优点之一是权责明确，优点之二则是各司其职之下的分工合作：为了提升干部、职工的综合素质这一目标，通过分工行动，实现预设目标。（3）考核全程的信息化则体现在电子档案数据库的建立和应用上。首先经由教研部负责研发电子教育培训管理系统，然后将各考核过程和考核数据整理入库，形成城管系统干部、职工日常考核管理数据库，通过现代信息技术手段，将常规性考核管理数据化、信息化。(4) 考核结果的应用化的主体内容就是培训考核结果的强化及运用，它将各类考核结果与各类评奖评优活动与干部、职工的岗位变动及职位升迁挂钩，从而使日常的常规化考核行为具有了强大的正向激励作用。这是城市管理培训学院能够正常运转且不断产出效益、不断提升效益的重要原因，是该培训学院能够促进江干区城市治理现代化发展的重要抓手，也是局内中层干部和普通城管职工个人成长的优良载体，还是江干区城市管理事业快速健康发展的不竭动力源泉。

二 科研责任制

建设研究型城市管理局是江干区城管局创新发展的一大特色，也是"四化协同"的一个重要支撑因素。上文中的城市管理培训学院为建设研究型城市管理局提供了载体和人才成长的摇篮。除此之外，该局和其他单位，特别是同高校及其他科研单位的战略性研究合作关系的确立和牢固化发展态势，巩固和强化了其研究型发展特色。更为重要的建设手段和常规化的建设措施，则是在城管局内部创新实施的科研责任制。

（一）科研责任制的主体架构

1. 指导思想

以习近平新时代中国特色社会主义思想和党的十九届四中全会精神为指引，紧紧围绕"队伍正规化、执法规范化"的目标要求，坚持"问题导向、系统设计、重点突破、强化激励"的工作原则和党建引领、创新引擎、坚持标准化"两引一坚持"的工作思路，落实"工作设计化、设计系统化、系统体系化"的工作方式，推深做实以"不忘初心、巩固深化、深耕主业"为主题的江干综合行政执法深化年活动，以"研究"提成效，以"研判"促规范，为江干区打造长三角高质量一体化发展先行区贡献执法力量。

2. 基本目标

（1）进一步推深做实以"不忘初心、巩固深化、深耕主业"为主题的江干综合行政执法深化年活动，切实强化执法办案研究氛围、提高案件办理质量，打造全能型、专科型、阳光型、满意型"四型"队员。

（2）结合综合行政执法深化年活动计划，提高执法规范化和专业化水平，打造执法队员"人人会办案、人人办好案、人人办铁案"的金名片，在中队和科室营造浓厚的案件钻研氛围，实现队员法制水平和办案能力有效提升、案件质量显著提高、精品案例和创新型案例数量明显增多的目标。

3. 具体内容

（1）以"研究"提成效。在法规科设立"案件研究室"，法规科科长为负责人，研法律、研法规、研政策、研规范、研标准、研案件、研难点，高效推进全局重点工作，做严做实执法规范化、程序正规化。

第一，细研法律法规，筑牢理论基础。全面梳理基本法规、综合行政执法领域各职能相关法律、划转职能法律法规和各类地方性法规、规范等，并进行及时更新，完善标准化法律词典。

第二，精研程序标准，确保执法规范。精细对标杭州市综合行政执法系统《执法规范化建设系列制度》，逐项研究各类实施办法、标准细则、各项规定，结合全局实际，制定江干"规定动作"，打造江干"自选品牌"。

第三，助研重点工作，做好执法支撑。围绕综合执法改革和全区"垃圾分类""五水共治""三改一拆"三大重点工作，及时解决中队执法办案时遇到的难点，同时结合法律六进、以案释法进社区等活动开展普法宣传工作，切实服务一线执法。

第四，钻研疑点难点，制作案例汇编。摸索实践"非现场执法"模式，运用"互联网＋"思维和政府智慧"大数据"破解难题；制作规范性案卷示例，作为行政案件办理参考样本，形成案例汇编。

（2）以"研判"促规范。在各执法中队设立"案件研判组"，中队长为负责人，研判执法重点、研判案情推进、研判程序规范、研判处罚尺度，通过经典案例学习、执法主题月、案件交流会，提供案件承办智力支持，提高案件办理质量和效率，推进执法规范化建设，全面提升执法能力和水平。

第一，集中研判疑难案件。针对疑难案件，通过队员集体会诊、邀请专家律师把脉等形式，充分发挥中队业务骨干业务能力，重点对存疑、复杂的案情，承办人、负责人等对处理意见存在较大分歧的案件不定期进行研判，共同开出案件的"处方"。

第二，定期研判典型案件。定期筛选出具有代表性、典型性的案件进行分析研判，深入剖析总结案件的典型之处，形成分析报告，并通过多种形式积极对外宣传，打造城管执法品牌。

第三，专项研判出错案件。结合每月案审质量问题情况通报，紧抓案件"首办责任制"，对中队案件自查互查、分析研判，找准错误，分析原因，提出对策，落实整改。尤其是对反复出现、容易出现的错误，要重点研讨，形成切实可行的整改方案并落实到首办责任人。

第四，分析研判"他山"案件。研究学习其他中队、其他城区案件，特别是优秀、典型案件。通过跨城区、跨中队联合研判等方式，学习优秀做法和先进经验，取长补短，学以致用。

4. 基本要求

（1）提高思想认识。落实科研责任制相关工作，是巩固提升综合行政执法工作的重要举措，是打造铁军标兵的有效途径，对于夯实执法技能、提高执法效能、提升群众满意度、推动综合行政执法事业"二次飞跃"具有重要现实意义。要充分认识活动的重要性、必要性，切实增强工作的紧迫感，把活动摆上重要议事日程，周密筹划，认真组织，人人参与，务求实效。

（2）坚持问题导向。秉持"因地制宜、因事制宜"的工作思路，坚持问题导向，科室和中队要根据自身职责准确定位，各中队要根据辖区特点，结合综合行政执法深化年"6 + X"项行动，围绕重点执法行为和本单位存在的问题，有重点地开展工作。

（3）注重工作实效。有效结合"全能型"执法人员通关行动、执法专业化建设活动和"四个一"活动，按照方案开展科室"案件研究室"和执法中队"案件研判组"各项工作。业务科室每月组织一次疑难案件研讨会、每季度组织一项职能法律研究会、每半年开展一次优秀案件评审活动；执法中队每月上报错误案件分析报告、每季度形成一份典型案件分析报告、每年完成一份案件研判调研报告。

（4）及时总结提升。成效及时总结，做好宣传，发挥先进典型示范带动作用。在自有宣传平台设置专栏；利用政务信息、执法简报等途径，向上级和有关部门及时汇报、传递活动动态信息，寻求广泛支持，为活动开展营造良好氛围。

（二）城市管理人力资本全面提升的"真功夫"

在我国，暴力执法、暴力抗法等恶性冲突事件一直与城市执法管理"难舍难分"，特别是在一些发展相对滞后的城市，类似的恶性事件的发生频率更高、强度更大。反观整个杭州市，城市执法管理一直是在一个比较良好的氛围中运转，恶性事件鲜有耳闻；江干区城市管理局作为其中的翘楚，更是以其规范化、人性化管理而赢得各方的一致赞誉，在年度城管目标考核中，名次稳居杭州市主城区第一名，这对其他地区的城市管理者来说，其参考意义和借鉴价值不言而喻。在众多可资借鉴和推广的江干城管经验中，"科研责任制"这一制度设置特别具有启发意义，我们可以从人力资本提升的角度加以解释。

（1）"科研责任制"从培养研究型员工角度发力，全面提升江干区城管局干部、职工的执法能力和执法水平。从精确的实证科学意义上分析，城管员工的科研水平、科研能力与他们的执法水平、执法能力间关系的数量模型还有待我们在今后的研究中进一步厘清，它们之间是相关关系还是因果关系也有待进一步探讨。但依据其他领域的相关研究成果可以推定，它们之间是紧密相关的。实际上，单纯从对经验事实的感知中我们也可以大胆断定，前者之于后者的影响、推动甚至决定作用，是有着普遍的事实支撑的。特别是对于我国的城市管理行业来说，因为对其发展的规律性认识还处在初始阶段，如何科学执法、规范执法的探索也起步较晚，在这种情况下，经由"科研责任制"路径主动提升城管局干部与职工的研究能力和研究水平，对于他们正确认识和发现城市管理领域的规律性存在，并有能力研究这些存在，按照其要求推进城市管理事业健康快速发展，是迅速提升他们执法水平与执法能力的便捷途径。实践也证明，依靠此方法创新发展、领先发展的江干区城市管理事业，为全国各地城市管理事业的跨越式发展提供了可推广的宝贵经验。

（2）"科研责任制"提升了案件的处理质量与执法水平。从一般意义上说，科研能力、执法能力和案件处理质量之间也存在着很强的正相关关系。换句话说，排除人为的干扰因素或者说排除执法人员的有意胡乱作为因素，执法能力和案件处理质量之间应该是一一对应的关系。科研能力的提升有助于提高执法能力，执法能力的提高有助于提高案件处理质量，这是一个良性循环的关系模式，是科学技术进步推动劳动生产率提高的关系模式在城市管理实践领域的重现。

（3）"科研责任制"扎根城市管理第一线，直面城市管理疑难案例，集合团队的攻关能力，通过理论与实践的互动，锤炼干部与职工的执法能力和执法水平，练的是真功夫、拼的是硬实力。2020年3月4日，江干区城管局（综合行政执法局）挂牌成立法规科"案件研究室"，并在各执法中队成立"案件研判组"。"案件研究室"牵头抓总，负责梳理法律法规，研定规范化办案标准化细则，组织疑难案件研讨；"案件研判组"立足中队实际，研判疑难案件，结合规范化建设探索综合行政执法新模式。截止到2020年底，在中队层面已经探索出许多卓有成效的典型做法，如采荷中队"案件研判组"推行中队研判论坛，东站中队"案件研判组"建立"铁三角"研判参与模型，四季青中队"案件研判组"制定"每周一研＋每月一课＋每季一结"运行机制，创新"周考"测试计划，等等。

以"科研责任制"为抓手，切实强化执法办案研究氛围，提高案件办理质量，打造全能型、专科型、阳光型、满意型"四型"队员，是江干区城管局又一创新发展路径。它一方面为自身的健康快速发展提供了源源不断的动力，另一方面为全国城市管理事业源源不断地输出可操作、可借鉴的经验做法。

三 城市管理进社区制度

城市管理进社区制度是一系列制度创新的集合体，它是围绕着进一步完善"二级政府、三级管理、四级服务"城市管理体制，夯实城市管理基础，推进社区基层治理能力建设，再沉管理重心，实行执法进社区，通过做深做实社区城管服务室、推行执法进社区、全面开展城管直通车等形式，"打通宣传群众、教育群众、关心群众，服务群众'最后一公里'"。[①]该制度一方面为社区治理提供了有效的执法保障，另一方面激发了居民参与社区治理的主动性和积极性。

---

① 金炜竑：《杭州市江干区"四篇文章"做实城管进社区》，《城乡建设》2020年第19期。

（一）"三篇文章"的制度创新集

1. "阵地篇"：规范社区城管服务"阵地"，夯基垒台强基础

2005 年 1 月，江干区在采荷街道洁莲社区创建成立全市首个社区城管联系站，后将其更名为社区城市管理服务室，并于 2010 年在全市全面推广。一是通过阵地建设、人员配备、经费保障、责任体系"四个到位"，构建"一社一室"服务网络体系。全区已移交社区城管服务室配置率达100%，按照规范化建设要求，做到标牌、制度、职责、流程、公约"五上墙"。每个社区配备 1 名社区城市管理专职工作人员和 1～2 名一般工作人员，专门负责社区城市管理服务室相关工作。全区 129 个城管服务室共设专职工作人员 129 名、一般工作人员 265 名。制定社区城市管理服务工作守则和岗位目标责任制，根据社区主要任务和城市管理工作实际，引导工作人员履行职责。二是通过分级培训、常态服务、定期交流、网格服务、考核监督"五项机制"保障社区城市管理运行规范。区、街道一年两次对社区城市管理服务室工作人员进行相关政策、工作等方面的培训，日常则通过电话、信息群交流，每月进行走访面谈，每年召开会议总结经验、梳理问题，将信息传达经常化、规范化。社区城市管理服务室立足于城管法律法规宣传、垃圾分类指导、规范养犬、数字城管（投诉）四项基本职能，对社区自管范围"洁化、序化、绿化、亮化"四化问题开展自查自纠，实现社区自治常态管理。同时，建立城管执法人员、协管员、保洁员、城管志愿者、物业公司负责人等参与的工作服务体系，在社区城管服务室的组织协调下各司其职、齐抓共管。街道社区城管服务工作纳入区对街道的城管目标考核，实行月度通报制度。

2. "管理篇"：推行全域网格"包干"治理，精耕细作守主业

提升"路长制"管理模式，实行以网格长制为重点的城管执法网格化管理责任制，进一步压实"重心下移"后的责任落实。首先，"四定责任"强化网格落实到位。将全区划分为 195 个网格，横向到边、纵向到底、全面覆盖，定区域、定人员、定时间、定责任，分"试验田"打"阵地战"。实行一名执法队员担任网格长，序化队员、社区城管专员、物业公司负责人、行业监管人员组建网格管理工作组"1＋N"模式。每个网格区域有执法团队，每个队员都包干负责。落实江干行政执法网格管理"721"工作法，即 70% 的工作在网格内完成，20% 较难的工作由副中队长跟进，10% 的热难点工作由中队长推进。"小事不出网格，大事不出中队。"其次，"三项"载体健全长效管控机制。建立一本家底台账，准确掌握网格内社区、商铺、综合体、工地、河道、广告等基本情况，分段造册"一户一档"。建立一个交流平台，依托微信群、QQ 群等网络平台，相关职能部门工作人员、路面管理人员、商户代表、社区代表、工地负责人等入群，探索自管共管模式，确保问题第一时间发现、流转、处置。建立一份动态挂图，明细人员安排、近期工作重点、热难点问题点位等有关信息，挂图作战。

3. "服务篇"：推行城管"直通车"进社区，共治共管享服务

江干区城市管理跨前一步、主动担当，积极打通城管执法、管理、服务"三位一体""最后一公里"，构建和谐文明社区。一是全面开展城管服务进社区。所谓城管"直通车"，其实是江干区城管局 9 个科室和基层 20 多个部门组团而成的"大型专业服务队"。重点围绕"最多跑一次"、垃圾分类、五水共治、民生工程等群众关切的内容，提供的服务有道路停车收费、市政、环卫、垃圾分类等职能部门的政策咨询，以及下水道疏通、大件垃圾清运等便民措施。先后涌现了郭财根便民服务中心、郑威应急突击分队等英雄团队。此外，每月定期组织党员干部走进社区，"跨一步带一把"帮助解决诸如背街小巷改造、庭院改善、二次供水、雨污分流等老百姓家门口的民生改善工程难题，有效提升了人民群众的满意度、获得感和幸福感。二是试行执法队员进社区班子。2020 年 6 月试行城管执法中队干部兼任社区两委班子成员的工作方式，促使执法进一步融入社区。兼任社区两委班子成员的执法队员年度形成一份社区相关工作建议书、季度与社区书记面对面交流一次、月度无例外参加一次班子社情通报会，每月参加一次社区（片区）志愿服务活动，每周走访社区（片区）一户居民或辖区单位。强化社区间的联勤联动，延伸执法触角，快速发现、快速处置各类违法违章行为。

江干区城市管理基层治理工作在探索中起步，在改革中前行，在创新中发展。社区城市管理服务室发挥了宣传站、服务站、协调站的作用，实现了政府治理、社会调节和居民自治的良性互动，最大限度地把城市管理问题解决在基层、解决在萌芽状态，有效实现"小事站内解决"。①

（二）顺势而为、主动求变的创新实践

管理重心下移既是管理现代化的必然趋势，也是管理现代化的重要成果，还是管理现代化的重要抓手。作为这一发展趋势的政策回应，早在2015 年 11 月，中央全面深化改革领导小组第十八次会议就设计出了推动我国城市管理重心下移的政策，要求"加快推进执法重心和执法力量向市县下移"②。在这样的宏观发展背景和顶层政策设计的导引下，江干区城管局顺势而为，不仅将城市管理重心直接下移到城市最基础的管理单元——城市社区，而且通过"三篇文章"的制度创新，将这一最小单元的城市管理功能具体化、实体化和常规化，从而让城市管理扎根于社区，进而为其联系社区居民、融洽居民与城市管理执法部门的关系，协调并融合居民利益与城市管理事业的关系，提供了"良田沃土"。这为城市管理事业的现代化发展提供了基础条件。

城市管理进社区的制度创新，不仅为前者更好地履行管理职责培育出肥沃的土壤，而且提供了大有作为的平台，在这个平台之上，城市管理与其说在履行自己的管理功能，毋宁说是通过服务社区的方式促进城市管理向城市治理的快速转变。正如上文所言，"管理"的运作过程是主辅性的，以自上而下为主、自下而上为辅；参与方式是半民主性的。因此，一方面，管理者不习惯、不善于用居民的力量去解决城市管理中的常规性问题和疑难问题；另一方面，居民也难以真正参与到城市管理的实践中来，特别是难以参与到城市管理的决策过程中来，这影响和抑制了居民参与城市管理的热情和积极性。其必然结果，一方面是城市管理者劳心费力、殚精竭虑，但是管理绩效不高；另一方面是居民冷眼旁观、冷嘲热讽，且怨声载道。进入社区后的城市管理，在社区中建立起自己的"阵地"，建构起"城管执法人员、协管员、保洁员、城管志愿者、物业公司负责人等参与的工作服务体系"，"分'试验田'打'阵地战'"，构建和谐文明社区。

---

① 这里介绍的"三篇文章"，即"阵地篇"、"管理篇"和"服务篇"的内容，均来源于金炜竑《杭州市江干区"四篇文章"做实城管进社区》，《城乡建设》2020 年第 19 期。

② 《中央通过城市执法改革意见　执法力量向市县下移》，https://4g. dahe. cn/news/20151110 105960928。

在有意无意之中，将居民吸引到城市管理事业中来；在自觉不自觉间，建构起居民投身其中、城市管理工作人员融入其中的良性互构管理体系；在不知不觉中，双向结合、上下互动的城市治理行动格局得以顺利构建，通过各方的合作、协调，甚至基于对共同目标的确定等手段，实现对社区城市管理常规性工作甚至应急工作的有序、高效治理。

城市管理进社区的制度创新，打通了"城管执法、管理、服务'三位一体''最后一公里'"，使城市管理的目标任务系统与城市运转的自有体系相匹配，在实现重心下移的同时，将城市机体的神经末梢纳入常规治理系统，不但让城市管理进入了社区，调动了社区"三驾马车"参与城市管理的积极性，调动了社区居民积极投身社区内城市管理相关事业的积极性，而且将原先城市管理职能部门"难进入""难发现""管不好""不好管"的众多居民小区内城市管理事务也纳入管理体系，并因"三驾马车"及社区居民管理积极性、主动性的提高而使这些难题迎刃而解，从而最大限度地把城市管理问题解决在基层、解决在萌芽状态，有效实现了"小事站内解决"的目标诉求。

总之，江干区城管局城市管理进社区"三篇文章"的制度创新集，既是城市管理走向治理过程中的创新成果，也是城市治理的具体实践过程。在这一过程中，各管理主体接受了城市治理的训练和锻炼，不断探索城市治理的方式与方法，一方面为更加良好的城市治理奠定了基础、准备了条件、积累了经验、吸引了民众；另一方面从特定角度优化并完善了"四化协同"样式，保证和促进了江干区城市管理创新发展的进程与质量。

第二节　体制创新

江干区城市管理局在管理体制领域也做出了创新努力，并收获到了显见的成效。总体来看，其在这一领域中的创新努力主要集中在两个方面：其一是管理重心再次下移中的探索性努力，其二是力量整合中的创新工作。

一　城市管理重心的再度下移

城市管理重心下移既是城市治理现代化的必然趋势，也是中央对城市管理的工作要求。早在 2015 年 11 月，中央全面深化改革领导小组第十八次会议就设计出了推动我国城市管理重心下移的具体路径："要加快推进执法重心和执法力量向市县下移，推进城市管理领域大部门制改革，实现机构综合设置，统筹解决好机构性质、执法人员身份编制等问题。"① 浙江省则从操作层面探索了城市管理重心下移的具体步骤，并于 2015 年颁布实施《浙江省人民政府关于深化行政执法体制改革 全面推进综合行政执法的意见》，指出："强化行政执法属地管理，加强市县两级政府行政执法管理职能，实现执法重心下移"，并要求"市、县（市、区）应进一步理顺职责关系，下放执法权限，统筹县（市、区）和乡镇（街道）的执法管理工作，解决基层'看得见、管不着'和执法力量分散薄弱等问题，加快建立统一高效的基层行政执法体系"。②

中央制定的管理重心下移的改革政策和浙江省推动的管理重心下移的改革实践，从体制层面提升了城市管理的质量与效率，加快了城市治理现代化的前进步伐。在此基础上，全国许多市、区级层面的城市管理者也尝试推动城市管理重心的再次下移。作为其中的佼佼者，杭州市江干区城市管理局在这方面也做出了自己的贡献。其主要操作路径可以概括如下。

（1）重心再下移的原则。按照"条块结合、块抓条保，重心下移、属地负责""权责对等"的原则，全面推行城管执法重心下移。

（2）明晰权责，条块结合。将城管执法中队的执法队员、城管员和协管员日常指挥权、调度权、管理权、考核权下移至各属地街道，明确属地街道是辖区城市管理第一责任人，履行区域城市管理主体责任。实行中队长区域负责制，建立"双百分"考核制度，街道和区城管局按照职责各占100 分，年度统筹运用考核结果给予奖励。"条"上抓管理力量的综合使用，"块"上抓区域个性问题的解决。

（3）部门协同，合力共治。建立健全城管执法联席会议制度、日常工作对接制度、基层城管执法工作保障机制和信息资源共享机制，部门间相互协作，形成"管理矩阵"。通过与交警部门的四联协作机制，破解"停

① 《中央通过城市执法改革意见 执法力量向市县下移》，https://4g.dahe.cn/news/20151110105960928。

② 《浙江省人民政府关于深化行政执法体制改革 全面推进综合行政执法的意见》，http://www.zj.gov.cn/art/2015/2/26/art_1229017138_64066.html。

车难"、工程车等问题；通过与环保部门形成执法合力，遏制各类环保类违法行为；等等。①

实际上，在"城市管理进社区制度"这一小节中，我们研究了城市管理进社区这一创新举措。如果排除正规的体制改革的内涵，单纯从管理形态上分析的话，它具有类似于管理重心下移的特点，甚至可以被称为城市管理重心的第三次下移，即从街道层面下移到社区层面。当然，如果从严格的科学意义上去解释的话，我们不能称之为城市管理重心的第三次下移，但可以称之为城市管理重心的社会化转移。这种转移客观上形成了对上述再转移管理行为的体制性支撑和对管理效果的有力保障。

二 "三所一场"管理体制改革

"三所一场"管理体制改革始于 2017 年，是一种着眼于力量整合的管理体制创新。所谓"三所一场"，是指江干区城管局下属的采荷环卫所、凯旋环卫所、闸弄口环卫所和市容环卫汽车场，或称环卫"三所一场"。为了充分发挥环卫保洁的整体优势，进一步节约管理成本，提高运营效率和服务水平，江干区城管局对处于"小、散、弱、僵"状态的"三所一场"进行了大刀阔斧的改革。其改革内容既涉及管理体制方面的问题，也涉及运转机制方面的问题。从管理体制改革的角度看，江干区城管局改革的创新之处包括以下方面。

（一）管理机构设置

"三所一场"实行"一合多强"，即整合为一个中心，强化多项管理。整合采荷环卫所、凯旋环卫所、闸弄口环卫所和市容环卫汽车场，设立江干区城市环境服务中心（筹）。"三所一场"承担的职能和职责由江干区城市环境服务中心（筹）承接。

将"三所一场"下属的四家公司整合成一家公司。以凯旋环卫所下属杭州市百净清洁服务有限公司为母版，将杭州市百净清洁服务有限公司更名为杭州之江环境服务有限公司，适当调整企业经营范围。逐步注销闸弄口环卫所下属杭州嘉昊清洁服务有限公司、采荷环卫所下属杭州江环清洁

---

① 参见金炜竑《杭州市江干区"四篇文章"做实城管进社区》，《城乡建设》2020 年第 19 期。

服务有限公司、市容环卫汽车场下属杭州明豪清洁服务有限公司，按规定做好债权债务的清理和资产的划转。原合同制员工全部由凯旋环卫所下属杭州之江环境服务有限公司接收，确保人心、工作稳定。将四家保洁公司重组为一家保洁公司，可以集中办公、统一管理、统筹运作。

江干区城市环境服务中心（筹）与杭州之江环境服务有限公司是两块牌子、一套班子。

（二）管理机构间职权的分配及部门职责

合并后的江干区城市环境服务中心（筹）（公司）设主任1名，副主任4名，下设"一办五部一中心"，即办公室、人力资源部、财务收费部、综合业务部、设备管理部、机械作业部、郭财根便民服务中心。

1. 中心领导及工作职责

主任（总经理）：兼任党组织书记，主持全面工作，联系郭财根便民服务中心工作；

副主任（副总经理）：分管办公室和设备管理部；

副主任（副总经理）：分管人力资源部和财务收费部；

副主任（副总经理）：分管综合业务部；

副主任（副总经理）：分管机械作业部。

2. 办公室人员构成及职责

办公室工作人员有6人，其中总协调1人、文字宣传2人、党群1人、内勤1人、行政后勤1人。具体工作包括：牵头协调单位全面工作；负责党建及群团工作，牵头各类阵地建设，并做好相关台账；负责制订发展规划和年度工作计划；负责各类文件、资料、档案的收发、登记、传阅和立卷归档工作；负责会务、保密、档案、提案议案、综合治理、计划生育、行政后勤、办公设备管理等日常工作；负责宣传信息、舆情应对、媒体沟通、新闻发布等工作；负责做好单位内部效能管理，制定并考核落实各类规章制度；完成领导交办的其他工作。

3. 人力资源部

人力资源部有5人，其中人事3人、培训1人、离退休及机构管理1人。具体工作包括：负责在职在编人员劳动工资、职称评定、职务晋升、社保统计等工作，负责编外人员招聘、薪酬考核、社保、劳动用工工作；

负责离退休人员的福利发放及管理服务工作；负责机构年检变更等管理工作；负责全员教育培训工作；完成领导交办的其他工作。

4. 财务收费部

财务收费部有 7 人，其中会计 2 人、出纳 1 人、收费 4 人。具体工作包括：负责建立健全单位内部各项财务制度；负责编制年度财务预算、决算和各类财务报表报送；负责编制上报各类财务报表和统计报表；负责单位行政账、企业账、工会账、食堂账等，做好财务核算等工作；牵头负责固定资产台账管理；负责单位各项税收的纳税申报、年度汇算清缴等工作；负责辖区单位、商铺和社区的环卫有偿收费；完成领导交办的其他工作。

5. 综合业务部

综合业务部有 11 人，其中总协调 1 人、数字城管 1 人、内勤 1 人、片区管理 8 人。具体工作包括：负责环卫保洁现场作业、公厕管理、"牛皮癣"清理等；负责现场作业管理用房、附属资产的管理以及人工作业机械设备的小型维修保养；负责协调落实环卫相关各项工作，指导各工种对重难点问题的协调和处置，建立台账；负责对市容环境卫生的巡查和监管，落实数字城管工作；协调落实防汛抗台、抗雪防冻等各类应急保障、节假日保障工作；负责项目投标等业务发展工作；完成领导交办的其他工作。

6. 设备管理部

设备管理部有 4 人，其中总协调 1 人、维修管理 1 人、采购 1 人、仓库车间 1 人。具体工作包括：负责各类车辆、设备、机具的管理、维修、保养及年检等工作并做好记录；负责果壳箱、取水栓等环卫设施的维护修缮；负责常用维修耗材的采购以及维修车间、仓库等管理工作；负责开展行业科技进步和技术改造工作；完成领导交办的其他工作。

7. 机械作业部

机械作业部有 4 人，其中总协调 1 人、安全生产 1 人、调度 1 人、内勤 1 人。具体工作包括：牵头负责安全生产工作并做好台账；负责驾驶员、特种机械操作手的安全教育和培训工作；负责协调落实辖区道路机械化作业车辆的调度和安全作业检查；负责辖区机扫作业、洒水冲洗等机械化保洁作业；负责渣土、垃圾清运等应急作业；完成领导交办的其他工作。

8. 郭财根便民服务中心

郭财根便民服务中心有 3 人（不含条线管理人员），其中主任 1 人、宣传 1 人、内勤 1 人。具体工作包括：负责便民服务中心工作，主要是化粪池清掏疏浚、粪便无害化处理等社会化服务；深化服务举措，创立服务社区特色品牌；负责亮灯监管、垃圾分类、驿站管理、环卫收费等人员的行政管理工作；完成领导交办的其他工作。

（三）改革管理的手段和方法

1. 夯实一个核心

以江干区城市环境服务中心（筹）（公司）为核心，组建一支"能干事、会干事、敢干事、善干事"的领导队伍。将"三所一场"的所有管理人员在局系统打通使用，根据部门设置和岗位职责，因事定人，经由选用和选拔的方式重新选调优秀管理人员，配足配强一线巡查管理和作业力量。除安排部分事业编制人员参与经营管理外，江干区城市环境服务中心（筹）（公司）还尽可能从"三所一场"下属公司合同人员中聘用工作人员，不足的向社会招聘。

2. 强化多条主线

将"三所一场"事业编制富余人员充实到综合监管、固废治理、环卫收费、市政养护、停车收费、便民服务、安全生产等城市管理较薄弱的条线，全面提升江干区的管理水平和服务水平。

3. 注重特色传承

根据环卫工作实际情况，江干区城市环境服务中心（筹）（公司）注重发挥服务便民的功能，重点做好以下工作：一是建立郭财根便民服务中心，创立服务社区特色品牌；二是加强对环卫收费的统一领导，确保工作有序规范；三是加大垃圾分类、亮灯监管和驿站管理力度，实行定人定点统一管理。

4. 相对集中办公地点

根据保洁作业、现场管理需要，将采荷环卫所、凯旋环卫所、闸弄口环卫所原有的专项用房作为城管驿站、片区管理及其他功能性用房。郭财根便民服务中心的办公地点在池塘庙路 1 号。江干区城市环境服务中心（筹）（公司）其他人员统一到市容环卫汽车场原来的办公楼集中办公。

5. 统筹调配业务、资产

对原有各环卫所、场保洁范围进行进一步优化整合，从利于区域保洁一体化、机械化作业以及道路等级等方面进行统筹考虑、重新划片。既要考虑规模作业，又要考虑业务养人，对保洁作业范围进行重新划分，业务流程实现从块到条的转变。闸弄口环卫所、采荷环卫所、凯旋环卫所现有环卫作业机具、车辆等固定资产全部划拨至市容环卫汽车场，便于统筹管理。

6. 员工薪酬及考核体系

江干区城市环境服务中心（筹）（公司）按照现代企业制度管理模式，建立与市场接轨的用人机制及薪酬体系，按照实际工作需要和高效原则进行定岗定编，总体设计，平稳过渡。

（四）管理的任务和目的设定

坚持精简高效的原则，立足环卫实际情况，深化环卫机制改革，通过资源整合优化资源配置，实现环卫保洁业务和管理队伍的大融合，发挥环卫保洁的整体优势，实施规模化经营，从而有效降低政府运营成本，提高内部管理绩效，增强工作执行力，提升工作效率和服务水平，最终达到"精简、统一、效能"的目的。

践行科学发展理念，解决现有企业"小、散、弱、僵"的问题，将原来四家单位分散作业逐步转变为集中作业，从而推动企业的可持续发展，提高企业的市场竞争力、整体发展质量和经营效益。

上述系列改革举措的推进与实施，在环卫管理领域构建起具有江干特色的新型管理体制，全方位推动"三所一场"合署办公、企业合并，实现统筹管理一体化、保洁业务一体化、环卫队伍一体化。实施统一原则、统一队伍、统一设计、统一作业、统一服务的"五统一"措施，形成了"打造最清洁江干"的合力，降低了运营成本，全面提升了管理绩效，促进了精细化管理再上一个新台阶，成为"四化协同"管理样态的一个有机组成部分。

第三节　管理机制创新

在管理机制领域的创新发展是江干区城市管理局创新发展的主要领域之一，也是成效比较突出的领域之一。从量的角度分析，在管理机制领域的创新发展可以说贯穿该局从上到下各项管理活动的全过程，具有全局性特点。下面我们从城市管理的运行机制创新、动力机制创新和约束机制创新三个维度，分门别类地将之予以呈现，以便于文章的展开，更便于从事城市管理的人员进行观察、认知与学习。

一 城市管理运行机制创新

江干区城市管理局在管理现代化创新发展过程中探索实践的运行机制，可以从具有全局意义的宏观领域和与科室部门对应的中观领域予以介绍与分析。当然，在实际运行过程中，二者存在交叉关系，甚至存在包含与被包含、领导与从属等关系特征。实事求是地讲，在江干区城市管理局，独具特色的运行机制为数不少。这些量大面广的管理机制创新内容难以在有限的篇幅中全部展示出来。因此，为了聚焦更有代表性和典型性的创新成果，我们依据创新性和典型性这两个指标，选取了两个典型案例，并对其予以粗线条的展示。

（一）基于党建引领的运行机制创新

在江干区城市管理局，党建引领不是一句口号，而是融入城市管理日常工作、推动城市治理现代化创新发展的一种机制。在上文所述"四化协同"管理样态中，它是中枢神经，作为主导性、规范性要素在"四化协同"管理样态中存在并发挥作用。在"党建工作与城市管理中心工作的融合化"中，作为两个结构性要素之一，它建构、规范与引领着城市管理中心工作的创新发展。

1. 行动方式、功能与运行理路

我们可以从城管驿站、桶长制和"三所一场"管理体制改革中观察和研究党建引领运行机制在江干区城市管理事业创新发展中的行动方式、功能与运行理路。

（1）以三"度"为支撑的党建引领运行机制

这里的三"度"，特指以城管驿站为载体，经由"支部建在驿站上"所建构与形成的效度、温度和力度，即支部建在"站"上，让城管行业党建工作更有效度；服务暖在"心"上，让基层党建工作更有温度；力量聚在"点"上，让城管工作更有力度。以三"度"为支撑，江干区城市管理

局在行动方式、功能和运行理路三个方面建构起独具特色的党建引领运行机制，即通过"支部建在驿站上"，一方面，将"阵地前移"到一线，有效保证驿站党支部建设的规范化与制度化；另一方面，实现了"各方联动"建一站、"握指成拳"守一片的共建共享格局。同时，城管驿站基础服务功能的完善与强化，一方面，让城管一线工作者在城管驿站"安身、安业、安心"；另一方面，为行业系统培育了更多"跟党走、懂城市、会管理"的专业人才。另外，江干区城市管理局还通过坚持把城管驿站建设为行业系统党建融入区域党建的重要枢纽，一方面，疏通了社区治理的"堵点"；另一方面，成为共建单位的"支点"和守护应急保障的"关键节点"。①

（2）坚持党建引领的桶长制

"全区制定下发治废实施方案、考核办法以及桶长制实施意见等制度机制，作为垃圾分类工作纲要，率先组建区、街、社三级垃圾治理专人专管队伍，区级组建10人的江干区生活垃圾分类工作领导小组办公室，街道组建3~5人的垃圾分类专职员队伍，社区以300户居民配备1名专管员为标准成立垃圾分类专管员队伍。充分发挥党建引领效能，旗帜鲜明地加强党委组织的强大作用，发挥社区党委组织动员的强大动力，激发小区网格的强大力量，自上而下形成党建引领的桶长制体系，不断推动桶长制在江干落地生根、开花结果，从而实现垃圾分类全民参与、共建共享。"②

（3）坚持党建引领，做好融合文章，抓好组织建设

"一是以落实责任为首要，强化组织保障。根据公司党员分布结构的特殊性，注重党员下移一线，以包干区片的方式在普通职工中充分发挥党员的传帮带作用。我们成立了一总支、四支部，即之江环境党总支下设综合行政支部、综合业务支部、机械作业支部、郭财根便民服务中心支部，充分发挥党总支的导向作用，抓好四个支部的思想教育、制度建设等，促进新形势下各支部充分发挥战斗堡垒作用。二是以凝心聚力为重点，强化队伍保障。我们注重做好编内编外员工的权益保障，成立了事业工会（市

---

① 笔者根据江干区城管局领导的讲话稿和内部资料整理而成。
② 金炜竑：《党建引领 文化推动——江干区创新"桶长制"立破垃圾分类难题》，杭州市江干区城管局内部讲话。

容环卫汽车场工会）和企业工会（之江环境工会）。两个工会拓展帮扶机制，建立困难职工档案库，有省级建档困难职工5名、市级2名、区级2名、公司本级40名；开展技能大比武、岗位大练兵4次；举办退休工人欢送会、每月职工生日派对，让职工有归属感。为发挥党建带群团作用，我们组建了一支志愿服务队伍，13名团员积极开展学生社会实践活动、小候鸟夏令营等活动。同时强化妇女组织阵地建设，开展'巾帼文明岗'创建，持续开展妇女体检、健康培训、两癌筛查等工作。三是以风险防范为抓手，强化纪律保障。紧紧围绕加强党的作风建设的目标和要求，紧扣采购、维修、领料等重点岗位，制定廉政风险点排查清单，共计梳理排查35个廉政风险岗位。同时党总支纪检委员落实廉政月约谈，设立每月最后一周的周五为廉政约谈日，做到廉政常谈、紧箍常念、警钟常敲，时刻强调廉政风险，切实做好风险防范。"①

2. 简单总结

通过分析上述三个典型案例，我们可以发现，江干区城市管理局的党建引领运行机制具有以下特征。

第一，从行动方式上看，具有实体化、融合化和载体化的特点。

所谓实体化，是指该局将党建引领体现在具体的工作领域和工作环节中，是在实际工作中从事党建工作，是将党的建设工作作为城市管理具体工作中的一个有机组成部分和一个起引领作用、榜样作用的实干家行动载体，是有着实际管理内容、扮演着实际工作角色、承担着实际工作职能的"实体"。

所谓融合化，就是我们在上文中重点介绍的"党建工作与城市管理中心工作的融合化"。它与城市管理中心工作既不是互不相干的"两张皮"，也不是以党代政、以党干政的"越俎代庖"，而是基于工作性质、工作要求、工作特点和工作任务的融合发展，是"1+1＞2"的模式。

所谓载体化，是指党建引领与创新性载体的捆绑式发展。这是江干区城市管理运行模式的一个重要特点，即凡创新必有载体——是基于载体之上的创新、是承担着创新功能的载体。

---

① 之江环境：《融合 规范 精细 品牌——把握四篇文章全力打造"最清洁江干"》，2018年7月16日，内部讲话。

第二，从承担的功能上看，党建引领既承担着政治引领功能，也承担着规范功能，还承担着组织、建设、服务等一系列功能，是一个"功能综合体"。功能的多样性和综合性使其能够在城市管理实践中发挥巨大的推动作用，推动城市管理事业迈向创新发展的康庄大道。

第三，从运行理路上看，党建引领既有显性的运行理路，也有隐性的运行理路，更有带动影响其他工作领域的辐射式运行理路。

所谓显性的运行理路，是指在运行方式上的可见性、在工作过程中的可感性、在成效上的可计算性等具有显性指标的运行理路。

所谓隐性的运行理路，是指党建引领发挥的隐性功能。它潜移默化地提升了江干区城市管理者的正能量，发扬了江干区城管人"敢为人先、勇立潮头"的行动者精神，塑造了江干区城市管理局创新发展的基因与品质。

所谓辐射式运行理路，是指党建引领运行机制对江干区其他工作领域、杭州市城市管理及其他工作领域，乃至全国从事城市管理工作的人员所发挥的影响作用。

（二）基于工作载体的运行机制创新

这类运行机制创新更多是在某一工作领域的创新改革，可以归为城管局内部中观领域的机制创新，最为典型的案例有三个：一是城管驿站，二是生活垃圾分类"桶长制"，三是清道夫再生资源回收体系。它们在实际工作中不仅产生了极佳的成效，而且都作为样板性典范在全国范围内获奖并被推广。

1. 城管驿站

在上文中，我们已经就城管驿站问题进行了详细的研究，其间也涉及其运行机制。概言之，这一运行机制包括以下创新内容。

（1）运行机制载体：以城管驿站为载体。

（2）主要活动方式是"驿站＋"。

（3）承担的功能。城管驿站承担着基层党建功能和城市综合管理功能，是集基层党建、职工服务、志愿服务、专业服务于一体的坚固的基层治理阵地。江干区把城市管理延伸到每条马路、每个小区，打通城市管理的"最后一纳米"；把城管驿站作为应急保障工作一线的前哨指挥所和后勤保障库，为打赢应急攻坚硬仗提供了有力支撑；把全区与城管工作联系紧密的82家单位纳入城管驿站"同心圆"单位，引导上述各单位主动依托驿站发挥职能作用、开展精准服务。

（4）运行理路：以驿站为圆心，建立志愿服务网点、党员服务网格和社会服务网络，设置驿站心愿墙，依托"志愿汇"和"同心圆"等党建平台，打通线上线下联动路径。

2. 生活垃圾分类"桶长制"

（1）运行机制载体。"桶长制"的主要载体有两类：一是"两只桶"，指居民家中由户主负责的双色垃圾"小桶"和小区内由物业负责的四色垃圾"大桶"；二是"五级桶长"，指区域桶长、街域桶长、单位桶长、社区桶长和居民家庭桶长。

（2）主要活动方式是桶长责任制。

（3）承担的功能：一是探索出具有江干特色的垃圾治理路子，二是以垃圾治理"小事情"促进文明习惯"大改观"。

（4）运行理路。

①坚持党建引领、上下联动，让责任到边到底。"桶长制"以网格化社会治理为基础，充分发挥党建引领的重要作用，自上而下压实责任。第一，实行党委牵头组建，专班运作。各街道（部门）将垃圾分类作为"一把手"工程，凝聚各级党组织核心力量。区级组建垃圾分类办，进行专班运作，重点部门增挂分类办牌子；街道组建3~5人的专职员队伍；社区重点落实党组织书记"总桶长"责任，对辖区垃圾分类负总责，牵头做好垃圾分类各项工作，并以每300户配1名垃圾分类专管员为标准成立专管员队伍。第二，委任各级桶长，明确网格责任。通过委任区域桶长、街域桶长、单位桶长、社区桶长等，将全区以网格田形式清晰划分垃圾分类责任区域，落到每个楼道、每家居民、每户宅基、每个单位、每幢楼宇。第三，重点推行"两只桶"责任方式。

②坚持系统设计、精准施策，让体系完善完备。"桶长制"按照"工作设计化、设计系统化、系统体系化"思路，形成完整的闭合回路。

③坚持文化推动、润物无声，让宣传入脑入心。实行"桶长制"的重点在于改变居民根深蒂固的生活习惯和思想，用习惯形成氛围，让氛围变成文化，用文化促进文明习惯的养成。第一，通过桶长入户培训、桶长现

场指导、源头追溯、公示评比、减量回收和奖惩激励"六大环节"进行文化宣传。第二，积极创新宣传载体。江干区城管局向全区发出"垃圾分类我先行"倡议书，积极推动各街道（部门）开展垃圾分类"打卡"行动；依托社区各级桶长开展入户宣传，发放《垃圾分类告知书》，普及垃圾分类知识；组建区、街道、社区各级垃圾分类宣讲团，依托文明劝导队和妇联"阿桶姐"开展"八进"活动，营造浓厚的社会氛围。

④坚持设施先行、智慧赋能，让管理精细精准。江干区"软硬兼施"，既关注设施建设的规范标准，也注重制度完善和智慧管理。第一，落实"四个一"工作标准，从源头改善居民分类环境，实行送桶上门。投放点位落实"一名桶长、一组分类桶、一块评比栏、一条横幅"，生活小区落实"一个集置点、一个减量点、一个特殊垃圾规范点、一个再生资源回收网点"。第二，落实"斤斤计量、斤斤计缴"。创新研发城市垃圾智慧管理系统，通过随车称重、精确计量，将每幢楼宇、每个社区、每个小区、每组垃圾桶的垃圾量实时上传。该做法荣获 2018 年度中国智慧环卫"政府管理创新案例"，成为杭州市城市大脑重要场景。同时，按照"谁产生谁付费、多产生多付费"的收费理念，率先实施生活垃圾收费工作重心下移，压实街道责任，提升居民减量意识。

⑤坚持服务为民、宽严相济，让全民共建共享。"桶长制"的落脚点是让群众满意，既抓服务又严执法，软服务与硬管理相辅相成，打造居民家门口的回收网点。

3. 清道夫再生资源回收体系

清道夫再生资源回收体系的建成其实是对"桶长制"内涵的延伸和扩充，并在"桶长制"的基础上形成了自己相对独立的运行机制，打通了资源回收的"最后一公里"，让老百姓在家门口就能享受到便捷的增值服务。

（1）运行机制载体：再生资源回收网点。

（2）主要活动方式是"固定回收 + 流动回收 + 智能回收"。

（3）承担的功能：打造居民家门口的回收站，将可回收物应收尽收，实现垃圾减量化和资源化。

（4）运行理路。

①坚持党建引领、上下联动，实现集团化运维。在驿站党委下成立江干清道夫集团党总支，由区分类办负责人担任党总支书记，以街道为区

域，以企业为主体，下设 8 个清道夫再生资源网点党支部，将党建的力量延伸到回收网点，让每个党支部都成为垃圾分类的教育点、联结点、综合点，凝结各方力量，调动各方积极性，让政府、社区、居民、企业等成为垃圾分类共同体。以政府为主导，搭建"1 + 9 + N"体系（"1"是指区级成立清道夫集团牵头运维，指导全区开展再生资源回收工作；"9"是指 9 个街道/管委会引入实体公司具体运作，在区分类办指导下，实行集团化运维，负责具体运作再生资源回收工作；"N"是指在辖区各社区、小区建立 N 个回收网点服务平台），形成上下协同、齐抓共管的工作格局。

②坚持市场运作，以商促分，转变经营理念。社区、物业服务企业、第三方企业采用全面合作、分环节合作、企业直通等方式，秉持"经营垃圾"的理念，广泛吸纳专业化企业，允许企业采用商业经营方式创收反哺回收成本，实现"以商促分"溢出效应的最大化。

③科学布局，标准管理，打造网点式服务。根据方便居民、充分利用、合理布局的原则，按照以 1 个生活小区（或 1000 户左右）为基准单位设置 1 个回收网点的要求，通过排摸辖区资源，有效利用社区用房、小区集置点、垃圾房改造用房及老旧小区公共区域集装箱等空间，因地制宜、科学布点。制定《江干区清道夫集团再生资源回收网点建设管理规范》，对网点名称、功能布局、管理要求、星级建设等方面做出具体规定，并实行星级评定，有效规范运营管理。

④以民为本，多网融合，提升现代化治理水平。坚持以人民为中心，在网点布局上，重点考虑便民、实用；在回收方式上，线上开通微信小程序、电话预约等功能，线下采用定时定点上门服务、居民自助交投等方式，对玻璃、织物、包装等 7 大类可回收物实行应收尽收，并提供现金结算、环保金累积、积分兑换商品等多种结算形式。同时，开发回收网点的宣传教育、便民服务、党建阵地等功能，合理开设居民休息室、儿童游乐区、便民小卖部、便民医疗站、快递代收点。通过 LED 屏显示、资料发放、实地讲解等"滴灌式"宣传，将回收网点建设成为普及分类知识的重要平台。

二 "三维"驱动的创新引擎

动力机制创新在江干区城市管理事业发展过程中发挥了重要作用，在指导全局跨越式发展的"两引一坚持"工作思路中，"创新引擎"是三大支撑要素之一。纵览整个发展过程，特别是 2016～2020 年的发展历程，我们可以发现，属于动力机制创新而又具有显性成效的经典案例不胜枚举，下面我们主要从政令驱动、利益驱动和社会心理驱动三个维度予以呈现。

1. 政令驱动属性的创新机制

江干区城管局在政令驱动属性创新方面的贡献比较突出，很大程度上得益于"干在实处、走在前列、勇立潮头"的浙江精神的鼓励与包容。"十三五"期间，首要的、一以贯之的政令驱动创新机制源于局领导层面设定的奋斗目标：我们将江干城市管理工作全面进入杭州市第一方阵、勇当杭州城市管理铁军标兵、打造中国城市管理江干样本、谱写新时代世界名城首善之区城市管理新篇章作为当前及今后一个时期江干城管始终坚持的奋斗目标。① 虽然在描述这一奋斗目标时的文字用语有些差异，但在整个"十三五"期间，这一政令驱动始终发挥着引领性作用。事实上，在"十三五"的中前期，江干区城市管理局就已经完成了这一奋斗目标所规定的绝大部分具体指标和任务要求，但是作为一种驱动机制，无论是其惯性作用，还是更新后更高的目标追求，始终是推动江干区城市管理事业创新发展的不竭动力源泉。这一机制之所以能够始终发挥作用，可能有两个原因：一是目标的可达性，二是目标蕴含的自豪感和荣誉感。

另一个具有江干特色的政令驱动机制体现在城管队伍建设领域。其在选人用人机制上的创新，值得称赞。上文我们介绍的城市管理培训学院就承载了这一功能："建立'实干担当、人事相宜'的选人用人机制，健全'系统完备、持续强化'的素质培养系统，营造'严管厚爱、干净干事'的从严管理体系。挂牌成立地江干区城市管理培训学院，筹全区城市管理队伍培训建设，着力提升城管干部的学习能力、政治领导能力、改革创新能力、科学发展能力、依法执政能力、群众工作能力、狠抓落实能力、驾驭风险能力，在干部选、育、管、用方面形成特色路径，旨在打造忠诚、干净、担当的城市管理铁军标兵。该机制的运行效果可通过以下几组数据反映出来：'十三五'期间，城管局内先后提拔处级干部 6 人，提拔科级干部 60 人，向省、市、区其他部门、街道单位输送各类干部 50 人；干部

_____

① 江干区城市管理局内部资料。

获得省级荣誉42人，市级及以上荣誉总计176人。"①

2. 利益驱动属性的创新机制

这一创新机制既在城管局内部运转，也在城管局外部运转。它以利益机制为抓手，全方位推动城市管理相关事业的现代化发展。当然，其中所涉及的具体利益既有可能是一种荣誉，也有可能是一种物质刺激，还有可能是二者的叠加。下面介绍的案例更多属于荣誉范畴。"我们在总结、表彰身边先进上做足文章，既重视在职在编人员的表彰，也重视合同人员、养护单位及作业人员的表彰，充分用好'五个一'，即一秒钟、一分钟、一元钱、一家人、一辈子，涌现出很多先进典型。2018年还推出'英雄团队'，通过一个人带动一批人、一批人影响一群人，实现团队乃至条线、系统的专业提升和乘数效应，目前共已命名4批次13个，全面弘扬榜样主旋律。"② 而坚持"收费理念"的桶长制则更多属于物质刺激范畴。它秉持"'谁产生谁付费、多产生多付费'的收费理念，率先实施生活垃圾收费工作重心下移，落实'斤斤计缴'，压实街道责任，提高居民的付费意识，探索'居民可接受、政府可承受、事业可持续'的收费方式。创新研发车载计量系统，通过随车称重、精确计量，将每个楼宇、每个社区、每个小区、每一组垃圾桶的垃圾量实时上传。"③

3. 社会心理驱动属性的创新机制

这一创新机制更多的是在城管局内部付诸实施，并在实践中渐次构建起多层次、多形态的实践模态。我们将其大致总结为四类。

（1）理念模态的创新驱动

"激情奉献、快乐工作、和谐执法、满意城管"就是旨在进一步弘扬城管人的核心价值观，提振队伍精气神的江干城管工作理念。

（2）活动模态的创新驱动

为确保纵向到底、横向到边，一竿子到底掌握一线人员的思想，江干区城管局从2015年开始在系统内推出员工大谈心、工作大述职、思想大教育活动，局党委班子每年带队下沉到基层单位、街道、市场化企业，把脉

---

① 江干区城市管理局内部资料。

② 江干区城市管理局内部资料。

③ 江干区城市管理局内部资料。

问诊开良方，明确思路聚合力，推动城市管理工作真正"上接天线、下接地气"地健康发展。

（3）宣传模态的创新驱动

2015 年 8 月起，江干区城管局创立《江干城管》报纸，每月发行一期，每期发行量 12.56 万份，范围覆盖全区，全面宣传江干城管系统工作；制作江干城管之歌《我们的担当》，通过歌曲凝聚力量、统一步调、昂扬激情、锻造斗志，全面提升城管队伍的战斗力。

（4）活力模态的创新驱动

江干区城管局积极开展全系统人员的各类竞赛、比武、健身等团体活动，尤其是开展环卫节、体育节、艺术节"三节合一"活动，搭建起集体育精神、文化风采、职业技能展示于一体的行业系统舞台，打造"活力城管"，为江干区城市管理创新发展凝神聚力，并提供保障和支撑。

上述三大动力机制，从不同维度发力，共同谱写出江干区城市管理事业在现代化和不断现代化征程上的壮丽诗篇。

三 "三层次"约束机制创新

我们在此研究的约束机制，不是来自上级领导部门的制度性正式约束，也不是来自市场及社会的外部约束，而是发端于城管局内部的，包括各向度的主动的、积极的自我约束。在城市管理的常规化运转过程中，江干区城管局内部逐渐创新出涵盖权、责、利三个层次的约束机制。

1. 权力约束层次的创新机制

比较典型的是"清廉城管"建设。江干区城管局通过着力推进"清廉城管"建设，建构起推动江干区城市管理事业良性运行和协调发展的约束机制。"清廉城管"建设主要包括以下内容。①"三清两报告两轻松"，即清脑、清卡、清物；个人向党支部作零报告，党支部向局党委纪检组作零报告；轻松做人、轻松干事。②研究实施资金使用管理办法、编外人员薪酬管理实施办法等一系列人员、财务制度，实现干部下管一级、财务上收一级。③坚持"一切工作到支部"的鲜明导向，推行"支部建在科室上""支部建在队所上"，党支部书记和科室队所长"一肩挑"，打造"最强支部"建设，做到工作硬任务和思想软任务同部署，党风廉政与业务工作双负责。④出台党建街、局双重管理办法，形成属地党工委和城管局党委齐抓共管的党建格局，有力解决城管执法"重心下移"后思想松懈、责任淡化、队伍弱化等问题。⑤打造江干城管人"身边的监委"，在重点条线、执法片区、局机关设立 6 个监察工作联络站，对公职人员落实八小时内和八小时外的身边全过程监督、全周期管理。

2. 利益约束层次的创新机制

具有代表性的是"严管重罚"的桶长制。江干区城管局认真贯彻执行"执法为民，服务大局"的法治理念，坚持推行全方位式监管、教科书式执法，以事实为依据，以法律为准绳，统一执法行动、统一执法内容、统一处罚标准，在全区范围内有组织、有计划、成系统地开展垃圾分类主题行动，使垃圾分类执法常态化，做到有违必纠、有案必查、有查必果。"严管重罚"的桶长制在面大量广、细碎烦琐、各种陋习陈规甚至习以为常的不文明行为泛滥的垃圾治理领域取得了良好成效。

3. 责任约束层次的创新机制

责任约束层次的创新成就相对更为突出，我们可以用三张"网"来简单地呈现。

第一张网：管理标准体系网。江干区城管局以宏观标准指导工作，从"谁来干、怎么干、干成什么样"的问题出发，在市城管局的精心指导下，制定《江干区城管局标准化体系建设 2019 年—2021 年三年推进计划》，开发"江干城市管理标准词典"（共设 5 个板块，汇集 228 个文件），建构起不同层级、不同行业、纵横交织、无缝衔接的标准体系网，让精细发展有据可依、有的放矢；注重制定条线各项工作体系的规范，在五水共治、垃圾治理、公厕革命、雨污分流、城管驿站等江干城管特色领域，不断总结、提炼、升级，联合市级有关部门起草编制 7 项省级标准、6 项市级标准，其中 2 项省级标准、6 项市级标准已发布。此外，江干区城管局还在各行业领域细化作业规范，对大型环卫车辆车身全面美化、轮毂统一黑胶白毂，对全区道路按照"席地而坐"标准实施消除积泥、消除积尘、显露道路本色的"双消除露本色"行动，对户外广告要求"乱象全清除、打造清朗空间"等，让工作体系更精细、更规范。

第二张网：立体综合监管网。江干区城市管理综合保障中心是覆盖城市管理全行业的专业"督导员"。在监管"重心下移"基础上，江干区城管局打破区域界线，对内设专业科室和下辖监管分中心进行调整优化，通过"美丽江干即查即改"微信群和"行走杭州"一线工作法等载体，实行"出去一把抓，路上就分家"的综合化监管模式，实现垂直监管、综合监管和专业监管的有机融合。针对钱塘江江干段 12.6 公里的江堤多头管理、标准不一、垂钓乱象负面影响严重等难题，江干区城管局打破职责边界，率先启动江堤治理工作，按照美丽江堤洁化、序化、绿化、亮化、文化、设施完好、配套好"五化两好"标准，参照街面序化"十无规范"内容，通过跨前一步、统一考评，落实属地责任，解决了多级别、多部门、多队伍的管理乱象，有效构筑全域性的钱塘江堤综合管理体系。

第三张网：全域执法责任网。江干区城管局从 2016 年起推出并深化行政执法网格管理责任制，建立全队员、全覆盖、全天候和网格化、责任化、考核化的"三全三化"工作体系；2017 年围绕"六动"促"六化"，连续深化开启网格化管理 2.0 版本；2018 年全面深入持久开展以"不忘初心、强化执法、深耕主业"为主题的江干城市管理执法年系列活动；2019 年推深做实以"不忘初心、转型驱动、深耕主业"为主题的江干综合行政执法转型年活动，推行"星级中队""标杆中队"建设。江干区城管局将 2020 年确定为执法深化年，以思想深化、行动深化、成果深化来推动提高理念、思路、队伍、业务、效率、口碑等与杭州城市管理铁军标兵相匹配的城市管理综合执法工作水平，营造"一年一变样、两年不一样、三年大变样、五年成气候"的城管执法环境，并将三个责任制贯穿始终，压实每个领域、每个人的责任。三个责任制包含以下内容：一是守土责任制，实行以路长制为重点的行政执法网格化管理责任制，将全区划分为 139 个网格，明确 1 名执法队员、N 名协管人员的"1+N"网格管理模式，确保每个网格都有执法小组及时支撑；二是首办责任制，按照"谁主办，谁负责"原则，明确每起案件、每次投诉的首办人，实行谁接办、谁负责，实施"首办负责、进度跟踪、终身追责"的一站到底流程化运作；三是科研责任制，推行"教科书式执法"，局层面挂牌成立案件研究室，牵头负责细研法律法规、精研程序标准、助研重点工作、钻研疑点难点，各中队挂牌成立案件研判组，集中研判疑难案件、定期研判典型案件、专项研判出错案件、分析研判"他山"案件。

作为决定城市管理功效的核心环节，管理机制创新为江干区城市管理的创新发展提供了重要的机制保障，也是其管理科学化推进的重要依据。

正如江干城管人在管理实践中总结出的，也是他们在城市管理实践中努力践行的工作信念所言：改革创新是城市管理发展的关键，改革每深化一步，管理就更上一个台阶，以攻难点为突破口，以改革、改变、改善为切入点，是江干城管提升管理水平的重要内容。①

第四节 方法创新

与制度创新、体制机制创新相比，城市管理方式方法创新体量较小、应用范围较窄，但其针对性强，操作实施更为简单，管理功效立竿见影。在江干区"四化协同"发展的过程中，管理方式方法创新的成果也颇为丰富。我们从众多的创新成果中选择了较具代表性的几个案例予以介绍与研究，力争达到"窥一斑而见全豹"的效果。

一 "区域治水"管理方法

"区域治水"管理方法是江干区城管局在丁兰综合治水区内采取的一种现代化的创新管理方法。该管理方法的出台和实施，既是针对"治水"这一特殊管理任务和"丁兰综合治水区"这一特殊的管理对象采取的管理举措，也是针对前期管理中存在的问题采取的管理举措。

（一）基本情况与存在的问题

丁兰流域河网密布，计有区管河道 10 条，长约 18.9 千米，水域面积 28.8 万平方米，另有上塘河、备塘河两条市管河道作为"主动脉"沟通串联，属于典型的平原水网，流动性差，且处于城市水系末端，治水任务艰巨。截至 2016 年初，丁兰区域内虽消灭了黑臭河道，但整体水质不佳，达到 V 类水质。江干区城管局在梳理研究以往的治水工作时发现存在四个方面的问题：一是侧重单河治理，缺乏流域统筹；二是侧重分项实施，缺乏项目联动；三是侧重污水治理，缺乏综合调理；四是侧重技术治理，缺乏高效管养。

（二）"区域治水"创新举措

丁兰综合治水区秉持"流域治理、综合治理、建管并重、水岸同治"

---

① 江干区城市管理局内部资料。

四大治水原则，推出"区域治水"创新举措。

1. 采取针对性工程措施，解决存在的问题

第一，实施雨污分流。2016~2019年，丁兰片区河道周边已交付使用的54个住宅小区全部实现雨污分流。50家公建单位全面办理排水许可证，528家"六小行业"全部安装油水分离器、毛发收集装置和沉淀池等排水设施，并于2019年成功创建"污水零直排"街道。

第二，河道清淤、底质改良。针对大农港等8条河道开展清淤疏浚工作，实际完成清淤量7.7万立方米，达到勘测清淤量的92.4%，有效地清除了底泥污染。同时选用底泥改良剂，改良河道基底15万平方米。底泥改良剂可以有效地降低底质氨氮、硫化氢、亚硝酸盐含量，稳定pH值；絮凝沉淀重金属离子，降解化工原料及农药中的有毒有害成分；提高底泥疏松度，增强底泥透气性能，促使藻类生长繁衍；调整底泥环境，激活有益菌群，提高益生菌优势，迅速瓦解与转化异味、臭味。

第三，建设闸泵站。新建同协河配水泵站、五会港配水泵站，优化丁兰西片区4条河道配水条件；新建泥桥港配水泵站、大农港配水泵站，优化环丁水系6条河道配水条件。通过泵站运行，全面改善了丁兰流域河道的水流条件，水体流动性进一步优化。

第四，实施生态治理。综合应用多种生态治理技术手段，改善和提升河道水质。在备塘河和丁桥新城二号港交汇处、泥桥港与丁桥一号港交汇处分别设置每天1.6万吨以及每天2.4万吨的多相微滤设备2套，在促进水体流动的同时，提升河道外源来水水质，为综合治水区内部的生态系统构建提供必要条件。在丁兰综合治水区内，统筹布局设置沉水鼓风曝气系统28套、喷泉曝气系统86套，安装生态浮岛435个（7830平方米），种植沉水植物7万余平方米，投放河蚌和螺类各300千克，安装生态基14400片，设置13台生物放大器，有效增加水体溶氧，去除氨氮，提升水质，进而促进河道生态系统恢复，最终实现水体内源污染生态自净功能。

2. 严格实施长效化管理，巩固治理成果

第一，河道标准化管理。在丁兰综合治水区创建过程中，江干区精心谋划、精准发力，拉高标杆，将定性要求和定量指标有机结合，提出了"五化两好"河道治理新标准，为省、市级《美丽河道评价标准》的制定提供了江干经验；同时编制了《江干区河道标准化管理手册》，开展河道长效管理标准化，做到"办事按规范，管理有标准"，高标准、高质量地实施"六个一"建设：形成了一张管理底图、建设了一个智慧平台、完善了一套闭环机制、汇集了一套行业标准、编制了一本河长工作手册、锤炼了一支长效管养队伍。通过强有力的河道标准化管理，江干区城管局全面巩固了"美丽河湖"建设成果。

第二，河道智慧化管理。江干区紧紧围绕"水好水坏，水多水少"的核心目标，依托江干区美丽河道智慧管理系统，通过软件控制平台建设、硬件感知设备安装，充分利用"物联网＋"技术，综合河道、管网、闸泵站等市政水利设施，统筹移动端巡查、防汛防台管理、水位水质监测、视频监控等功能，实现河道的数字化、信息化和智能化管理，并在大数据支持基础上提出了水健康指数和水安全指数，动态掌握水质和防汛情况。丁兰综合治水区已将河道、管网全面信息化，并建成河道和闸泵站监控 31 个、在线水位监测点 9 处、在线水质监测点 1 处。江干区基本实现了河道水位流量及市政排水管网分布、标高、运行，以及配水闸泵站运行情况查询，实现了对丁兰综合治水区的信息化管理，有效提高了应急处置能力。

第三，河道社会化管理。2016 年以来，江干区不断深化"5＋2"（"5"：区级河长、街道河长、社区河长、民间河长、河道警长；"2"：河道观察员和河道保洁员）特色"河长制"，将其纳入丁兰综合治水区的创建过程中，积极探索"5＋2"向"5＋X"（"X"：群众参与）转型。首推"河长固定活动日"，以街道河长为核心，利用每月第一周的周一开展河长团队活动，并将"河长固定活动日"与丁兰综合治水区的建设有机结合起来，各级河长团队利用活动日巡查河道、清扫沟渠、召开河情分析会，听取沿河群众和基层社区的意见和建议。同时充分发挥党建引领示范作用，以城管驿站建设为载体，与中国水利博物馆联手打造"党建示范点＋治水体验点"综合体，形成"1＋1＋N"党建新格局。

3. 采取创新举措，不断推进治水革新

第一，治水模式创新。丁兰综合治水区采用"设计—治理—养护"一体化的模式，整合生态治理、配水泵站建设、河道清淤、入河污染控制、智慧指挥系统建设、河岸水环境综合利用六大治理工程，全面提升河道的整体环境面貌，建设"三有三无"的美丽河道，实现了从单一河道治理向流域性综合治理转变、从分段式治理向一体化治理转变、从水质改善治理向兼顾河岸"五化"治理转变。

第二，考核机制创新。丁兰综合治水区项目明确了工程完成阶段、水质调试阶段、养护阶段各节点的水质考核指标，创新性地提出以水质提升要求作为贯穿治理全过程的考核标准，实现了治理经费与考核目标的全过程挂钩。

第三，治水技术创新。丁兰综合治水区采用"多相微滤＋曝气装置＋水下森林＋生物操控＋生态浮岛"的生态深度治理技术，河道水质长期稳定在Ⅳ类及以上，其中丁桥新城二号港水质稳定在Ⅲ类及以上。较为突出的技术是多项微滤设备在城市河道治理中的应用。

第四，治水理念创新。在丁兰区块试点建设健身公园、丁兰公园等城市滨水公园基础上，结合破解城市管理难题和居民亲水需求，建设垂钓平台，开放了119个垂钓点位，将综合治水和还水于民紧密结合。丁兰综合治水区被打造成知名的精品示范区，全面创造岸绿景美、人水相依的和谐环境。

第五，治水文化融入。"山水相依，景城合璧"是区域治水后丁兰片区河道景观的真实写照。丁兰区域内水网密集、景色旖旎，江干区充分发挥地域优势，按照山脉、水脉、文脉、绿脉、人脉"五脉"合一要求，以"运河文化"、"家规文化"、"孝道文化"、"法治文化"和"治水文化"为主题，建设美丽驿道和治水体验点，打造大型休闲生态花园，为城市居民提供了全新的游憩空间。

（三）管理绩效

1. 成绩突出

丁兰综合治水区的河道水质提升到Ⅳ类及以上，并保持河岸环境持续改善。2016年，丁兰街道一体化综合治水区建设获杭州市城市管理创新实践活动项目一等奖；2017年，丁兰综合治水区通过了杭州市市场监督管理局关于美丽河湖标准化试点验收；2018年，丁兰片区河道（含丁桥新城二号港、五会港、同协河、大农港）被创建为浙江省省级"美丽河湖"；2019年，环丁水系的泥桥港、丁桥一号港、丁桥二号港、勤丰港、东风港、三义港也被成功创建为浙江省省级"美丽河湖"，丁兰街道成为第一个全域建成"美丽河湖"的街道。其间,以丁兰综合治水区为样板,浙江编制、发布了9项省、市行业标准。

2. 上级领导称赞,全国同行学习

丁兰综合治水区的创建工作赢得了省、市党委和政府领导的认可,省、市党委和政府领导多次赴丁兰街道调研丁兰治水区建设,并称赞江干区治水"投入大、力度大、改观大"。各地城管同行到丁兰集中调研交流100余次,丁兰综合治水区的经验作为江干区的治水亮点在省、市进行推广,先后登上了浙江省和杭州市人民政府网。2017年3月21日,作为全国黑臭河治理大会的现场观摩点,丁兰综合治水区得到业界好评,中华人民共和国住房城乡建设部、环境保护部、水利部、农业部及全国各地约40位副市长实地参观考察,国际水资源管理联盟主席迈克尔·斯宾塞(Michael Spencer)也对其给予高度赞誉。

3. 主流媒体竞相关注、宣传

丁兰综合治水区建设以来,各级媒体进行了200多次报道,几乎涵盖了中央电视台、新华网、人民网、《浙江日报》、《杭州日报》、《钱江晚报》、《都市快报》、《每日商报》、《青年时报》、杭州电视台、浙江经视、新动传媒、杭州网、浙江新闻App、今日头条等国内所有主流媒体。中华人民共和国中央人民政府网、新华网、《浙江日报》专版以重要版面介绍了丁兰综合治水区。《浙江日报》头版刊登了丁兰综合治水区生态治理项目介绍,杭州电视台、今日关注正面报道了丁兰一体化治水模式创新。

4. 群众满意

在丁兰综合治水区创建的过程中,民间力量一直踊跃参与,其中包括"无声河长"张海清、杭州治水先锋队队长詹国荣、民情观察员宋忠赤等一批丁兰爱河人,以他们为代表的一批护河志愿者,对丁兰综合治水区的建设表示支持。无论是在年度"五水"共治满意度测评中,还是在"美丽河湖"满意度调查中,丁兰综合治水区的群众满意度均大幅提升,满意率在95%以上。

5. 溢出效应突出

丁兰街道主动融入"产景城融合"经济转型过程,通过河道治理使昔日的"黑臭河"变成如今的"清亲美"。风光旖旎的整体环境带动了丁兰街道的经济转型升级。2015年,丁兰街道入围浙江省首批"特色小镇创建名单"。近年来，丁兰街道先后引进清华启迪协信、中科院资本、中外运敦豪、新彤机器人等企业 731 家，完成税收 7.67 亿元。丁兰街道从一个拥有 6.8 万人的农业小镇转变成拥有 18.2 万人的城北新城核心区。

二 江干区生活垃圾计量清运系统

江干区城市管理局创新研发生活垃圾计量清运系统，是为了解决生活垃圾"桶长制"六大体系中的关键环节，即"减量体系、计量称重全覆盖"问题，希望通过生活垃圾"斤斤计缴"，精确计量全区 800 余个生活垃圾集运点的垃圾产生情况，再通过后台数据分析比对，为全区垃圾分类减量控量提供技术和管理支撑，助力全区生活垃圾实现分类减量的目的。[①]

1. 主要构成

生活垃圾计量清运系统由称重传感器、取证摄像头、智能终端、后台管理系统和移动查询 App 五个部分构成（见图 5 - 1）。

图 5 - 1 生活垃圾计量清运系统构成

2. 相关功能

（1）称重传感器

车载系统的称重传感器体积仅为半个鞋盒大小，安装在车辆尾部的挂

---

① 每减量 1 吨生活垃圾，可节约清运处置费 335 元，减少碳排放量 1.2069 千克，节约填埋空间 1 立方米。

钩内侧，对清运作业不产生影响。自垃圾桶被挂上挂钩起，到倾倒过程结束空桶落地为止，称重传感器自动进行称重50余次，通过计算和对比，得到满桶和空桶的重量，核减后的差值为单次清运的垃圾重量，精度可控制在1%以内。

（2）取证摄像头

取证摄像头安装在车身侧面偏高位置，居高临下正对清运作业场景。摄像头自动在垃圾桶提升前和落地后各拍摄一张照片，记录垃圾桶的颜色、垃圾桶表层垃圾的成分和作业人员操作场景等情况，为分类执法和行业监管固定证据链。

（3）智能终端

智能终端安装在驾驶舱内，显示正在清运的集运点名称、地理位置、清运时间、已清运桶数、重量和照片等信息，存储后实时发送至后台管理系统。当清运车辆抵达两个或多个地理位置上较为接近的集运点时，可在智能终端上手动选择要清运的点位，消除系统错判的可能。

（4）后台管理系统

与车载硬件同步开发的后台管理系统，由区级监管人员使用，实现全区及各街道数据的统计、异常情况监管、各级人员账号分配和各类报表生成等功能。

（5）移动查询App

该系统使用人数较多，覆盖区、街、社三级垃圾分类管理人员和相关工作人员，他们通过移动查询App可以实时掌握所辖范围内生活垃圾集运点的垃圾产生情况。

3. 总体成效

系统正式启用后，从精确计量、行业监管、费用收缴、分类执法和管理成本五方面产生直接成效，被评为2018年度中国智慧环卫"政府管理创新案例"。

（1）实现生活垃圾的精确计量

系统实时提供每个集运点的垃圾产生情况，掌握点上垃圾总量、垃圾成分、垃圾来源等多维度数据，同时为全区各街道、社区及基层单位落实分类减量责任和精准管控提供基础支撑，助推全区实现垃圾分类规范化、精细化。

（2）提升行业监管的时效性

由于数据、照片是实时上传，并设置了预警提醒功能，监管人员可以及时发现异常情况，并对集运点垃圾大幅增量、垃圾分类混运、清运轨迹变动、车辆故障等异常情况采取相关措施进行整改。

（3）为垃圾收费提供精确依据

利用系统采集的垃圾重量数据，取代以往的"以桶计费"方式，推动垃圾分类从"斤斤计较"到"斤斤计缴"，进而压实街道责任，提升居民和企业的垃圾付费意识。

（4）固化垃圾分类执法证据链

系统记录的时间、照片及集运点位等不可更改的客观证据，可以有效避免执法过程中当事人的纠纷事件，为精准执法提供线索。

（5）有效降低管理成本

全区 800 余个集运点垃圾桶的巡检工作和 100 辆清运车辆的运行工况检查要耗费大量人力物力。使用该系统，只需 2 ~ 3 人在监控平台对数据和照片进行核查就能完成上述工作，可以有效降低内部监管成本。

4. 城市大脑应用场景

江干区生活垃圾计量清运系统应用场景已接入杭州城市大脑，其中累计减量数、累计节约清运处置费、累计减少碳排放量和累计节约人类生存空间四项核心指标，体现了利民惠企和资源节约等成效，从降低成本、改善环境、释放空间等角度阐释了垃圾分类减量的重大意义。同时，这些指标是体现江干区"桶长制"分类模式推进是否取得实效的重要参考。除此之外，当日实时垃圾量数据、历年及年度总量数据、来源分布和成分比例等统计数据也在一定意义上指导了日常业务工作。

三 "中央厨房"宣传体系

为适应现代信息技术时代宣传工作快速变化发展的态势，持续做优做强宣传平台，持续保持宣传"领跑"，持续扩大公众影响力，江干区城管局结合实际，构建起江干城管"中央厨房"宣传体系。

1. 管理理念

以优化配置宣传资源、合理发挥载体优势、最大限度提升传播能力为运作理念，通过一次采集、数次加工、多元生成、全线发布的运作模式，形成微博、微信、媒体、抖音、学习强国等立体多样传播矩阵，让更多人知晓、参与江干城管成为一种互动常态。积极设计体验式的宣传活动（城管开放日）和走入式的互动载体（城管驿站），通过可读、可视、可听、可看、可触等多感体验优化宣传效果。

2. 管理架构

全面打造"1（宣传总牵头）＋3（专职宣传员）＋9（条线工作站、两大专班）＋100（基层信息员）＋5000（江干城管人）＋N（发动更多人）"金字塔式的大宣传格局。全系统形成"业务宣传两手抓，两手糅在一起抓"和"人人都是宣传员"的思想共识。江干区城管局办公室人员分别对接不同的条线工作站和区环境整治专班、区无障碍专办，形成自上而下辐射指导、自下而上聚拢发声的机构体系，顶层设计突出条块结合，中层体系确保集中统一，基层触角实现灵敏迅速，积极向上级业务主管部门、"双微双报"和媒体、抖音等平台报送各类宣传信息，在关键节点、重点工作、民生问题等方面持续有效扩大发声。

3. 具体工作举措

（1）提素质，队伍建设更完善

江干区城管局注重全局信息员素质能力的提升，依托"中央厨房"宣传体系，将"大锅式"信息宣传培训交流会，向定期办公室宣传研讨、系统小型圆桌会等"小灶式"培训延伸，通过各单位上报交流选题、办公室宣传人员主题实例分享，面对面传授经验方法；同时在已有信息员团队、小编团队等基础上持续打造各具优势的宣传团队（微信抖音、媒体直击、问题建议、强国推文），根据不同载体有针对性地学习指导、互动提升，培育一批宣传专才、宣传人才。

（2）抓融合，信息宣传更造势

既注重面的广泛覆盖，也注重线的分类指导和点的示范带动，通过"中央厨房"宣传体系，实现一次采集、数次加工、多元生成、全线发布，形成多层次、广覆盖、分众化、立体式的融合宣传声势。江干区城管局在分别对接条线信息工作的基础上，进一步"走出去"、沉下去，更紧密、更直接、更深入地与条线牵头科室及下属基层单位对接互动，持续做优做强江干城管"双微双报"建设，积极对接市、区两级宣传部门，以高质量报送达到高质量录用，关注各媒体最新动态和稿件需求，加大对外宣传力度，推出"垃圾分类""集中攻坚""mini 小红车城管驿站""各级民生实事"等主题式宣传报道。在新冠肺炎疫情期间，利用"中央厨房"宣传体系架构，第一时间部署信息工作，第一时间了解前线动态，第一时间发布宣传报道，在江干区城管局微信公众号开辟"奉献在疫线、榜样在身边""防疫情靠你我"专栏，江干城管报专版宣传防疫工作，一线故事、战"疫"英雄不断得到宣传传播，其中"绿袖章"行动在《人民日报》、中新社等 20 余家媒体发声，多维度提升江干城管战疫影响力。

（3）聚文化，城管故事更温暖

依托"中央厨房"宣传体系，一方面，江干区城管局从小处切口，开辟"普法讲坛"微信专栏，通过身边发生的真实案例，强化遵法守法意识；通过对环卫人弹奏尤克里里进行报道，让更多的人看到一线城管人多才多艺的一面；通过好人好事、驰援救灾等相关报道，讲述更温暖、更有人情味的城管故事。另一方面，江干区城管局不断拓展公众参与城市管理的平台建设，依托城管驿站等阵地，结合江干城管"贴心直通车"活动，以及"城管开放日""民情观察活动"等，设计体验式的宣传活动和走入式的互动载体，邀请人大代表、政协委员和学生、群众代表等，近距离直观感受城管工作。这使江干区城管局与市民的互动更加频繁、联系更加紧密，提高了城管工作的透明度和市民满意度。

4. 管理成效

截至 2020 年底，江干区城管局宣传工作在市、区两级宣传工作中均名列前茅，实现宣传成绩"领跑"工作目标，获领导批示肯定工作 11 件，在各类媒体发表报道近 800 篇。"mini 小红车城管驿站"的做法在《人民日报》、浙江卫视刊登，垃圾分类智慧清运系统得到《人民日报》海外版报道。防汛抗台期间，郑威应急突击分队支援建德抗洪救灾在 CCTV 4、CCTV 13 频道播出，进一步扩大了江干城管的影响力，进一步擦亮了江干城管金名片，并涌现出如"末末信息宣传队"等"英雄团队"。

城市治理创新是江干区城市管理"四化协同"样式中的重要组成部分，同时在江干区城管局总结实施的"两引一坚持"工作思路中居于重要地位。实际上，创新的理念、创新的思路、创新的行动和创新的成就贯穿于江干区城市管理事业的方方面面。由于文章体例和篇幅问题，我们在此有选择地介绍和研究了少数案例。这些少数案例能够从不同角度描述江干区城管局创新城市管理的历程，展示江干城管人创新发展的成果，反映江干城管人勇于创新和善于创新的品质，为全国从事城市管理工作的人提供案例参考和启迪：城市治理现代化的发展离不开创新发展的驱动和贡献，城市管理与城市管理创新是协同推进、同向而行的。

第六章

城市治理人本化*

在"四化协同"城市治理现代化样式中，城市治理的人本化具有特殊的地位和价值。从一般意义上说，这种特殊性主要体现在它与其他"三化"的互动关系中，体现在整个城市管理的初心与使命中。而从实践层面上看，这种特殊性则主要体现在江干城管人对初心和使命的执着坚守和自觉践行，体现在融大爱于具体管理活动中的"温度"，体现在"以人为本"的高度，更体现在春风化雨般的城市治理文化建设维度。

第一节　城市治理的初心和使命

城市治理的初心和使命可以有很多种描述方式。本书认为，"城市让生活更美好"形象生动地揭示了城市的本质，诠释了城市发展的目的，体现了城市发展的规律。城市治理作为城市良性运行和协调发展的重要抓手，初心和使命必须发端于城市的本质、服务于城市发展的目的、遵守城市发展的规律。因此，我们认为，"城市让生活更美好"就是城市治理的初心和使命。作为"四化协同"样式的重要组成部分，城市治理的人本化实际上是在实践中回应和践行城市治理的这个初心和使命：坚守践行以人为本的城市治理，以一流的城市治理推动江干全域治理现代化走在最前

---

* 第六章和第七章内容初稿由王汪诚、吴昌鹏、王琛、张碧缘、张凯月提供。他们根据笔者制定的文章架构和基本思路，结合调研中的发现，撰写出初稿。在他们撰写的初稿基础上，笔者进行了全面的修改、补充和完善。

列。"守初心",就是江干城管人在服务民众的基础上管理城市;"担使命",就是江干城管人切实地把握好以人为本这一基础,坚持为民服务不避难,锲而不舍地提升人民群众的获得感和满意度。

一 寓初心于深耕主业之中

(一) 深耕主业坚守初心

按照江干城管人的理解,"初心"就是谨遵使命的那份坚守:作为一名共产党员,"红色基因"赋予的使命是为人民谋幸福;作为一名公职人员,根本宗旨是全心全意为人民服务;作为一名机关干部,贯彻群众路线的根本方式不能改变。基于上述理解,他们认为,"坚守初心"就是要把"为民"融合到城市治理的中心工作中,落实到城市治理执法的点滴细节上,不断强化党性修养,提升能力水平,创新工作方式,为城管事业的发展创造更大的价值,为人民、为社会争取更大的效益;"坚守初心"就要对标新时代、新使命,对标江干发展目标,要用更新的思维创新工作,用更高的标准深化工作,破解执法困境;对照综合执法形势,城管人要有更强的力量培养队伍,破解知识恐慌、能力恐慌和专业恐慌。因此,江干城管人立志,将锚定目标不放松,真抓实干、全力以赴,深耕主业守初心、规范执法有担当、精准发力争一流,为实现江干全域治理现代化贡献城市管理执法的力量。

江干区城管局通过每月开展的执法主题月活动,将"坚守初心"具体化为"整治保障双管齐下,节前管控有力有序"等管理执法实践。

1. 渣土专项整治,让城区环境"净起来"

为有效打击偷倒乱倒渣土的违法行为,营造良好的渣土运营环境,维护洁净的城区环境,江干区城管局重拳出击。整治期间,江干区城管局明确重点路段、重点区域、重点时段,采用设卡检查和不定时巡查相结合的方式,对建筑垃圾处理场地及周边区域、偷倒乱倒易发区域、拆迁区块失管区域及全区各主要道路重点巡查,集中严查渣土运输车辆无证运输、抛洒滴漏、偷倒乱倒等违法行为,纠正了不良风气,进一步规范了江干区的渣土运营环境,为居民提供了良好的生活环境。

2. 高空"飞线"整治,让住宅小区充电隐患"全消除"

为保障居民用电安全,规范住宅小区充电用电管理秩序,消除高空

"飞线"带来的安全隐患，江干区城管局牵头，各街道（部门）齐心协力，高效推进住宅小区高空"飞线"充电安全隐患专项整治工作，全面排查隐患、落实整改，提升了群众的满意度、获得感和安全感。以老旧小区和居民群众投诉多、媒体曝光多的小区为整治重点，从问题出发，各相关部门、属地各街道组建专项整治领导小组，建立属地为主、部门联动、全民共管的联动式工作机制，让城市管理执法工作充分融入社区网格化治理，全面排查高空"飞线"、违规充电等危险行为，发现一起、劝导一起、整改一起，为居民提供安全的用电环境。

3. 全力护航高考，让辖区莘莘学子"安心考"

在学生考试期间，江干城管人应时启动护考管理模式，提前部署、落实责任，全力护航学考选考。一是提前摸排考点周边环境。属地各执法中队在考前对考点周边施工工地、铝合金加工切割点、各类娱乐场所及流动摊贩情况进行摸底，主动对接周边商户以及施工工地打"预防针"，规范其经营行为，提醒他们合理调整施工时间，减少噪声产生，自觉配合营造安静、有序的考试环境。二是全天候驻点保障，随时为考生服务。三是加大巡查力度，维护现场秩序。为减少对考生的干扰，执法队员们提醒过往车辆和周边商店不使用高音喇叭，加大对考点周边非机动车的管控力度，及时发现和查处违法停车、流动摊贩、占道经营、乱发广告传单等行为。

4. 春运服务保障，让市容秩序"美起来"

为给广大市民营造整洁优美、秩序良好的节日环境，江干城管人精心部署、加强值守、严格管控，全力做好辖区面上执法保障工作，有力维持春节期间市民的生活秩序和市容环境秩序。一是严格落实值班制度，人员力量不减。春节期间，各中队按照保序工作要求，严格查处人行道违法停车、占道经营、流动摊贩等行为，搬离或规整网络单车。二是加强面上执法管控，工作力度不减。三是立足主职强化管控，疫情防控不减。各执法中队以农贸市场周边、城郊接合部以及开放式居民小区为排查重点，严查严防流动活禽兜售和居民饲养活禽行为，切断病毒传播渠道。

（二）抓党建强初心

1. 把握关键、服务中心、提升素质，彰显江干综合行政执法特色

十九大报告提出，中国特色社会主义进入新时代，我们党一定要有新气象新作为，打铁必须自身硬。面对新时代、新征程、新使命，江干区城管局党委认为，要切实保持和增强城市管理执法队伍的政治性、先进性和群众性，防止机关化、娱乐化和边缘化，推动党建工作责任制在综合行政执法业务工作中落实，重点围绕三个方面抓好党建工作、强化初心和使命。

（1）围绕"关键少数"抓党建，强化担当作为

抓好党建工作，关键是要牢牢抓住党组织书记这个"关键少数"，区城管局将支部建在科室上，各科室、中队主要负责同志成为"关键少数"。坚持主要负责人是第一责任人，负责全面抓好中队的党建工作：党组织书记的首要责任是落实"一岗双责"，当好党建工作和业务工作的领导者、组织者和执行者，做党建工作和业务工作的明白人、执行人和带头人；坚持集体决策，定期研究讨论党风廉政建设和工作作风建设，旗帜鲜明地聚焦主业、较真碰硬。

（2）围绕中心工作抓党建，彰显工作特色

随着杭州市的不断进步与发展，其城市管理工作任务越来越重、责任越来越大、要求越来越高。江干区城管局通过开展以"不忘初心、强化执法、深耕主业"为主题的江干城市管理执法年系列活动，通过主动适应新常态，强化党建引领、创新引擎、坚持标准化"两引一坚持"的工作思路，推动局党委有关制度落实，使全局的党建与执法工作相得益彰；通过"三二一"工作平台抓党建强初心，做到全局业务工作与党建工作同步谋划、同步部署、同步考核"三个同步"；做好全局中心工作在哪里，支部工作就服务到哪里，支部党员的先锋模范作用就发挥到哪里的"两个服务"；各党支部要开好一个会议，把落实"一岗双责"情况列入支部民主生活会和组织生活会的内容。

（3）围绕队伍素质抓党建，壮大基层基础

坚持从严治党、从严治队，高度重视队员的精神状态。坚决执行"全能队员技能通关达标活动"以及每日一练、每旬一学、每月一案、每季一研的"四项提升工程"，有效提升执法队伍的整体素质，实现队伍正规化和执法规范化。制订支部学习计划，每月除了固定活动日集中学习外，也加强平时的个人学习，支委会成员带头学，形成学习常态化。认真落实"三会一课"制度、谈心制度等，做到支部活动有阵地，党员活动有保障，党务工作不断规范化。

2. 强执法、优服务，以一流标准保障枢纽需求

"十三五"期间，江干区城管局通过党群联动、同心共建、产业集聚、智慧管理、快速响应等举措，打造出具有先进理念的窗口管理模式，不断与更精更优的现代化城市管理相匹配。

一是质量强党，用好党建领航"指挥棒"。基层党建工作在走向规范化、标准化的同时，逐渐成为凝聚人心的"强磁场"。各中队在抓实支部建设时，坚持政治功能是党支部的第一功能，高效、精准对接执法业务和阶段性重点工作，保持党建和业务双轮驱动、同频共振。各中队始终坚持"头雁意识"，在抗击新冠肺炎疫情期间，在"美丽杭州"集中攻坚、防汛救灾工作中，支部党员冲锋在前、勇于担当，发挥了积极的先锋模范作用。

二是精细标准，打好管理执法"组合拳"。基层中队经常在实践中剖析阶段性重难点，有针对性地探索"接地气""特色化"的管理模式；对于一些频发共性问题，发现一批、整治一批，及时解决处理。同时，基层中队运用智慧化管理手段，接入各类快速响应平台，第一时间预测预判、灵活反应、综合协调。

三是真情奉献，搭建温馨服务"贴心桥"。江干区城管局打造女子执法分队，实施柔性化执法、人性化管理和暖心式服务，为江干区城市管理执法打造了一道亮丽的风景线。基层中队结合"周三访谈夜""贴心直通车""三进三亮""绿袖章行动"等多种服务载体，为辖区企业、商家提供普法宣传、业务指导、办事咨询等一条龙服务；为辖区站体旅客提供道路指引、旅游咨询、购票指导、困难帮扶等便捷式服务，架起党群之间的"连心桥"，塑造城市窗口新风。

近年来，特别是"十三五"期间，江干区城管局坚守初心、承担使命的工作成就得到了方方面面的认可和赞扬。在2019年工作部署大会上，杭州市城管委副主任从讲大局、争创一流、亮点频出、激情奉献、深耕主业五个方面对江干区综合行政执法过去的成绩给予了充分的肯定。他指出，江干城管有一支富有激情开拓创新的班子，带领着一支追求奉献拼搏的团队，在各街道、社区和各部门的协同助力下，创造出一流的业绩。

二 使命担当承载于肩

(一) 城管执法队员主动承担使命

随着城市化进程的加快，城市道路建设也在不断加速，特别是作为城市新窗口的江干区，辖区面积大，新建项目多，道路建设存在"断头"的问题；建设单位未能对施工的道路及道路周边进行有效的保洁管养，导致道路不洁、卫生死角多、市容面貌差，极大地影响了周边居民的出行和生活。

　　江干区城管局主动将"使命承载于肩"。彭埠街道兴隆社区门前的道路是一个典型的未移交无人管理点。2020年初兴隆安置房工作启动以来，小区门前的新塘路也随之开始通车。但该路段尚未进行环卫管理移交，保洁单位不明确，且因周边在建工地较多，工程车进出频繁，渣土扬尘等环境卫生问题较为突出。同时，该路段机动车道两侧停满各种车辆，给城市卫生保洁带来极大挑战。为此，江干区城管局与江干区城市建设综合开发有限公司、彭埠街道办事处进行充分的沟通协商，以"谁家的孩子谁家抱、谁的区域谁来管"为原则，落实彭埠街道进行接管。经过一段时间的养护和管理，兴隆安置房周边一改往日乱象，清爽的街巷给市民带来一分家的温馨。家住江干区花卉路附近的居民张阿姨说："我们以后的回迁房就在这边，虽然现在还没分到，但平时也会经常来看看。之前总能看到渣土乱堆、路面积泥的情况，工地的施工尘土也很多。现在有了管理，道路干净了许多。"（实地调研访谈笔录）

(二) 因地制宜，创新担当使命方式

1. 推动开展专项整治行动

2020年4月，复工复产按下"加速键"，区综合行政执法工作也加快了步伐，围绕年初制定的执法深化年活动方案，开展渣土整治和市容环卫相结合的执法活动，各执法中队按照区局统一部署，推动开展渣土专项整治、门前新三包、大封闭街巷整治、环境保护、无证摊贩等系列执法主题

行动，执法更成系统、更有声势、更富成效。

为严厉打击工程渣土违法行为，确保疫情期间管理不留空当，区综合行政执法局于4月在全区范围内开展工程渣土专项整治行动。各执法中队根据整治要求，在各自辖区内不定时、不定点开展专项整治。以辖区主要道路、建设工地以及周边道路为重点整治区域，采取巡查和设卡相结合的方式，依法从严查处无准运证运输工程渣土、工程渣土车辆未密闭、带泥行驶污染道路、抛洒滴漏、偷倒工程渣土、工地出入口及周边不洁等违法行为。走访提醒所有在建工地必须落实渣土源头管理工作，做好施工围挡、出入口路面硬化、车辆冲洗设施配置、出入冲洗等措施，提高工地方自我管理和文明施工意识。行动以来，共立案查处无准运证运输、抛洒滴漏等各类违法行为90起。（实地调研访谈笔录）

2. 助力文明城市建设

针对辖区在建工地多、综合体多、餐饮店多的地方，江干区城管局高标准要求复工复产企业减少扬尘、噪声、油烟等环境污染。针对陆续开工的60余家在建工地，执法队员通过实地走访摸排，实时掌握最新底数，并落实查看工地扬尘管理、出入口车辆清洁冲洗设置，从源头遏制带泥行驶等行为，针对正处在土方阶段或需要连续混凝土浇筑施工的工地，通过电话、微信等方式提前通知先办证后施工，尤其针对学校周边和居民区周边工地进行"一对一"网格对接，最大限度降低噪声扰民。对屡劝不听和无证夜施的违法行为，江干区城管局采取严厉的执法措施，全力保障居民生活和城市环境。

为有效遏制夜间施工噪声扰民问题，给居民营造和谐安宁的居住环境，丁桥中队有效组织开展夜间施工专项整治行动，通过强化宣传、强加巡查、强化执法"三个强化"，确保整治行动取得实效。执法队员结合江干城管"贴心直通车"活动，为工地人员讲解建筑工地常见的违法行为，并现场解答疑问，宣传文明施工，从源头杜绝违法行为。为加大巡查力度，丁桥中队按照实际情况科学调整班次，增加夜间值班值守人员力量，特安排 4 人组成夜间施工专项整治小组，于晚上 22 点至次日早上 6 点对辖区内所有在建工地进行巡查，坚决做到发现一起、查处一起，严防夜间违法施工噪声扰民。针对居民投诉以及巡查发现的夜间施工行为，执法队员严格按照规范流程开展处置，并对违法行为进行严肃查处。开展整治行动以来，丁桥中队共出动人员 60 余人次，累计检查工地 100 余个，立案查处未取得夜间作业证明进行夜间施工行为 5 起。（实地调研访谈笔录）

（三）将使命担当活用为"贴心城管"

较为典型的案例是江干区城管局和四季青街道联合开展的"云上·贴心直通车"第一站之文明养犬进社区活动。江干城管"贴心直通车"活动发挥了党建引领基层治理的作用，有力推动了城市治理共商共管、共治共享。"贴心直通车"是江干城管密切联系群众、争创人民满意的重要载体，也是巩固"不忘初心、牢记使命"主题教育的长效机制。

> 江干区城管局组织局机关、执法中队、街道社区工作人员及小区的养犬人士、爱心人士，以"2 + 2 + 2 + X"的人员架构建立四季青街道文明养犬志愿者"云联盟"，充分畅通日常沟通渠道，实现市民犬类诉求第一时间在线回应；编发"云倡注射疫苗、承担责任、牵好犬链、相伴一生、制止乱吠、清理狗粪、避让行人"等方面的内容，由执法队员自己设计文字、漫画，自己排版，并依托微信朋友圈广泛传播，加大文明养犬宣传力度；通过录制发布手机办理犬证的操作流程视频，贴心指导市民在家中依法办理犬证。（实地调研访谈笔录）

江干城市管理执法战线的队员牢记使命，责任担当承载于肩。他们始终坚持"全心全意为人民服务"的根本宗旨，自觉把事业扛在身上，把人民放在心中，把工作摆在首位，恪守职责，奋勇拼搏，走在前列，勇立潮头；全力打造高品质的城市环境，提升居民群众的安全感和幸福感。江干区城管局开展"城市环境大整治、城市面貌大提升"集中攻坚行动以来，针对全区范围内未移交道路管理难的问题，坚持短期整治和长效管理相结合，进一步健全了建管衔接机制，有效提升了城市未移交道路两侧环境的卫生品质。此外，江干区城管局还拟对代建道路移交前的管理维护及移交时间节点等工作，不断探索研究，通过明确更细化的规定，在全区范围内推进未移交道路的长效管理，有效提升城市环境卫生质量，建设"无街不美景、无处不精细"的宜居城区。

第二节 城管之大爱

"群众需求在哪里，执法队伍就在哪里"是江干城管人的工作格言和工作守则。在日常工作中，他们坚持把实现好、维护好、发展好群众的根本利益作为工作目标，把协调好、解决好城市发展与市民利益之间的关系作为执法为民、服务发展的切入点和着力点，把让城市多一分和谐、多一分文明、多一分温馨作为常规工作的具体展现。"城市的核心是人，为人民群众提供美好的环境和精细的服务是城市管理的基本功。"[①]

一 "便民""暖心"城管

江干城管人将城市治理的初心与使命具体化为聚焦人民群众的需求，以便民服务和暖心服务为切入点，创新城市治理手段，提高城市治理水平，让城市生活更美好，让市民有更多的获得感。

（一）推进便民服务

江干区城管局从各个侧面推动城市治理的便民服务活动，其中，覆盖面较大的有最多跑一次、便民服务中心和停车服务卡三项管理举措。

第一，最多跑一次。浙江省政府提出"最多跑一次"改革以来，江干区城管局不断深化改革目标，改进服务机制，努力实现让办事群众不跑"冤枉路""无效路"，始终以"让企业和百姓少跑路"为审批工作的切入点，多次开展实地调研，积极探索新模式，不断完善审批服务事项"最多跑一次"清单，为办事群众提供更暖心的服务，真正"跑"出办事群众的满足感和获得感。此外，江干区城管局还配合区审管办，与其他涉及投资

---

① 江干区城管局党委书记、局长金炜竑在"江干区城管系统 2018 年工作部署会暨'抗雪防冻'先进事迹报告会"上的报告，2018 年 2 月 9 日。

项目审批的单位共同参与投资项目综合窗口的设立，深入推进联合审批，让办事群众能够"只跑一个部门，只跑一个窗口"就办成事。

江干区城管局积极响应上级精神，以"让数据多跑腿，让群众少跑路"为宗旨，突出举措创新、突出难题破解、突出服务精细；按照"一口受理、内部流转、流程再造、后台办理"的工作模式，增设综合受理窗口负责"综合收件"，使申报手续"变繁为简"、审批质效"跨越提升"；通过变审批"外循环"为"内流转"，变"群众跑腿"为"信息跑路"，体现江干城管审批"加速度"。

江干区城管局秉承为办事群众提供优质、高效、阳光服务的原则，深入、扎实推进"最多跑一次"改革工作，打通便民服务的"最后一公里"。局相关科室的审批经办人作为现场办理的"引导员"、业务知识的"指导员"和改革工作的"调研员"，多次在区行政服务中心城管窗口开展领跑工作。同时，江干区城管局强化窗口人员管理，严格执行窗口运转制度，配合行政服务中心落实现场管理标准化制度（OSM），促进管理标准化；要求工作人员提前5分钟上岗服务，并提供延时服务和不定时加班服务，实现"违停处理"窗口"中午不打烊"，在双休日开设城管综合窗口。

第二，便民服务中心。清楼道、清垃圾，疏通化粪池……便民服务中心就是为社区提供各项便民服务的贴心之家。2017年11月27日，郭财根便民服务中心正式运行。郭财根便民服务中心通过向各街道、社区发放便民服务宣传资料，做好辖区内覆盖工作；通过服务街道、服务社区、服务退休工人，聆听他们的声音，了解他们的需求，无缝对接服务对象，优化清掏疏浚粪便无害化服务，加强亮灯监管、垃圾分类、驿站管理、环卫收费管理，深化各项服务举措，创立服务特色品牌，实现互助共赢。郭财根便民服务中心对辖区内2568座化粪池进行全面覆盖，提供无偿吸粪服务，并对204个生活垃圾分类小区采取定期与不定期、明察暗访、专项检查和联合检查相结合的形式开展检查。

第三，停车服务卡。为了进一步提升服务品质，提高车主的满意度，江干区停车中心结合停车收费工作实际情况，集思广益，制作了一批停车服务宣传卡，推进停车服务水平再上新台阶。卡片详细介绍了江干区道路公共停车泊位收费标准，停车收费点位工作时间，收费员每个季节的服装、工号牌等信息。卡片内容简单明了，使人一目了然，让车主进一步了解停车概况。

（二）实现暖心守护

第一，春节保障。为了更好地应对极端天气，保障春节期间市政设施安全运行，江干区城管局抓紧做好市政道路管理和养护工作，为市民出行提供方便。市政管养部门在全区范围内开展检查工作，对主、次干路及随路桥涵、排水设施等市政设施开展全面检查，发现问题及时通知养护单位进行整改，并对整改情况进行督查；加强在建工地开放道路周边市政设施的巡查及督促整改工作。春节期间，市政管养部门落实值班人员加强巡查，对问题多发路段、重要区域以及开放式施工路段等加强巡查频次，针对发现的问题及时抄告、整改、核查。节后，监管部门对春节前后的问题整改情况开展"回头看"工作，巩固保障成果。针对因气温因素而进行应急性修补的问题，江干区城管局要求养护单位在节后彻底修复；对问题反复的路段，要求管养部门分析原因、找出对策。

第二，春运志愿服务。为了更好地服务春运，江干区城管局东站中队、江干区团委和杭州东站管委会在杭州东站携手打造出一条暖冬归途。"春运志愿"活动通过宣传招募志愿者，并经过前期的站体知识和礼仪培训，将执法队员和志愿者分成四组进入站体，在"微笑亭"服务台、进站口、出站口和售票厅为旅客提供交通导引、旅游咨询、应急处理、不文明行为劝导等服务，将杭州的城市文明传至全国乃至世界各地。春运期间，"微笑亭"服务台设立爱心姜茶点，为旅客提供免费姜茶，并邀请书法名家现场挥毫泼墨，用喜庆的春联和"福"字温暖旅客的回家之路。

第三，城管和事佬。人民调解工作自古就有。过去的调解人是乡里的长老、里胥，现在杭州老百姓耳熟能详的是"钱塘老娘舅"。江干区城管局也活跃着一批"城管和事佬"。他们深入群众，秉持"人民城管为人民，管好城市为人民"的工作理念，把服务工作摆在突出位置，深入一线，为纠纷的双方定分止争，把城市管理工作做到了群众的心坎上，力争当好百姓贴心人、群众和事佬。

二　城管驿站存大爱

江干区从事城市管理的工作人员不仅数量众多，而且处于一线作业，工作存在特殊性，这导致他们休息不好、吃不好，影响工作的积极性和工作绩效。为了让城市发展的成果更多地惠及基层一线，解决一线城市管理工作者饮水难、吃饭难、文化需求难等问题，江干区城管局党委在全市首创属于城管人自己的驿站。城管驿站是一个集用餐、休息、学习、应急于一体的综合性服务平台，面向江干区周边环卫、市政、序化、绿化、河道、停车收费等所有城市管理一线作业人员开放。

江干区城管驿站是城管职工合作共事的加油站，是社会各界关心关爱的聚焦处，是无形党建有形服务的主阵地。江干区城管局党委坚持问题导向、需求导向，首创城市管理驿站党建综合体，通过"站体共建、组织共管、服务同心、发展同向"的运行机制，聚焦延伸城市管理党建系统的工作手臂，建立起"条上一抓到底、块上融合推进"的条块结合新路径，构建党委关爱基层群众、管理基层组织、服务社会发展的党建示范阵地网络，让更多的党员作用发挥在一线，让更多的服务力量积聚在一线，使一线城市管理从业人员感受到职业荣誉感，使驿站的服务切切实实地暖在了城市管理从业人员的心上。

通过上文的论述，我们已经非常了解党建引领城市管理工作的相关内容，而驿站在运行过程中也秉持着以人为本的发展理念，组织落实各项举措，致力于将驿站打造成一处接地气、贴民生、有高度的温馨港湾。这方面的案例数不胜数，我们从中选取几个典型案例进行部分展示。

（一）基础设施让人舒心

由于得到行业条线、街道社区和辖区单位的大力支持，城管驿站的数量、分布区域的大小都得到了极大提升，实现了"花小钱、办大事、快办事"的效果。例如，中国移动为江干区所有的城管驿站免费提供 Wi-Fi，杭州图书馆为城管驿站捐赠图书，浙江兰德创业投资有限公司为城管驿站捐赠大量物资，滨和集团每月 20 日为城管驿站提供爱心早餐包，四季青服装市场为城管驿站捐赠衣物……这实现了资源在城管驿站的融合，也为城管驿站给一线职工提供更加周到的服务奠定了基础。

城管驿站增设了橙色卫士，使他们的应急救援更迅速。橙色卫士进驿站，是浙江省红十字会和爱心企业——杭州应急金刚科技有限公司——共同发起的。除此之外，它们还参与了杭州"小红生活"共享服务亭项目，为公共自行车服务亭配置 AED 设备，它可以在紧急情况下为病人争取抢救时间。作为一个面向城市管理一线工作者及广大市民群众的休憩港湾，城管驿站在提供餐饮和简单的医疗服务后，进一步拓展服务功能，体现了对一线工作者的关心。江干区城管局率先在杭州城管驿站江干区新塘路站、杭州城管驿站江干区石德立交桥站试点，引进 AED 设备，同时组织部分一线驿站管理员参加 AED 操作培训，更好地为社会公众提供安全保障。

除了提供应急服务外，城管驿站还将健康的生活方式带到了一线职工身边。一线环卫工人"当鸡刚刚啼鸣的时候，已悄然上路；当天空泛起点点星光，仍然奔走在城市的大街小巷"，工作十分辛苦，而且他们的文化水平普遍不高，健康意识不强。为了更好地提升环卫工人的健康意识，有效预防重大疾病，江干区城管驿站党委联合杭州市健普健康咨询管理服务部走进驿站，围绕健康主题，为城管一线职工开展关于"珍爱生命，科学防病"的健康知识讲座。授课老师从慢性病预防到肝癌、肺癌、胃癌、女性两癌等疾病早期信号辨别深入浅出地进行讲解，并从饮食卫生、生活习惯、日常保养等方面做了细致的健康指导，同时也为环卫工作人员提供了切实可行的预防措施。

（二）"微心愿"让人暖心

从 2016 年成立至今，江干区城管驿站已经成为城管全行业的堡垒和枢纽，诸如"微心愿"等活动发挥了重要作用。2017 年驿站党委成立之初，解决群众的小困难、小需求、小梦想，帮助群众实现微心愿，进而密切党群干群关系的"同心圆·微心愿"活动就已经启动，这是区委组织部上线的服务品牌。从最初的心愿卡、心愿墙，到微信公众号平台，"微心愿"实现了从上墙到上网的发展。从成为行业内部关爱一线职工的举措，到成为同心圆单位同心共建的一项机制，城管驿站的"微心愿"活动开展得有声有色。在"不忘初心、牢记使命"主题教育期间，"微心愿"的成长又跨出了一大步。

江干区城管局部署开展"支部—驿站—社区"三方党建联席会议，结对支部认真倾听驿站、社区对城市管理工作的意见和建议，记录认领驿站、社区收集分享的"微心愿"。把圆梦"微心愿"的温暖从驿站进一步延伸到社区。"微心愿"圆梦不难，蕴含的情谊却浓。小小"微心愿"，传递出来的是真情，延续的是温暖，办好的是实事，关系的是民生。"微心愿"让基层群众切切实实感受到城市管理的新变化、新温度。

三 "百千万"活动传递江干城管温度

江干区城管局以"真走访带着感情，全走访带着责任，实走访带着业务，推动街区垃圾分类全达标、走访小区环境全提升、所在社区问题全处置"① 的"三带三全"走访理念，扎实推进"百千万"活动"十个一"任务清单，在蹲点调研中访出实情、谈出感情、办好事情，以实际行动传递爱与温暖。

江干区城管局调研组以一场"大宣讲、大组团、大服务"吹响"百千万"活动集结号。然后，江干区城管局 135 名机关干部采用上门走访、主题座谈、主题宣讲等形式开展走访活动，在周三必访基础上，深入开展日访、随访、重点访；在解决民生问题上，推进民生"4 + 4"工程：路灯补亮、户表改造、雨污分流、社区家具提增 4 大功能修补，交通优化、道路平整、绿化提升、线缆优化 4 大改善提升，一次施工、一步到位、多倍服务。每月，江干区城管局都会参与组团牵头部门组织的组团联席会，与走访单位协同研判，梳理问题、需求、破难、四风、样本"五张清单"，分类流转，形成闭环回路，让我们在实际行动中感受到研判的强度。江干区城管局调研组在区领导的带领下，帮助静怡花苑等多个小区开展高层住宅二次供水改造项目，解决了困扰多年的水质和漏水问题。江干区城管局各调研小组倾听民情，为民解决"关键小事"。这一系列的暖心服务得到了居民的称赞。

四 点亮市民出行归家路

江干区城管局高度重视、全力推进暗区增亮这一民生实事工程，让更多市民享受到暗区增亮项目带来的便利与福利。为做好暗区增亮工程，江干区城管局重点从以下三个方面工作入手，点亮市民出行归家路。

第一，深入调查，排摸暗区暗点。暗区增亮项目是对江干区市民吁求的直接呼应。群众的需要就是城市管理的导向和标准：从群众的生活实际

---

① 访谈资料。

出发，将资金花在刀刃上，工作用在关键区域上，把成绩挂在群众笑脸上。项目初期，市容环卫科牵头，市容监管科具体落实，对全区道路暗区进行全面摸底排查，尤其着眼于市民反映集中和日常巡检中发现的灯具光衰严重的路段，分段排摸，集中讨论，最后确定实施16处道路暗区增亮项目，制定"一暗区一方案"。

第二，细化方案，稳步有序推进。为确保增亮项目做实做细，江干区城管局按月制订详细推进计划，合理划分4个片区，建立项目监管人制度，每个片区明确1名监管员，对照项目月度计划，开展每周一巡查，每月一例会，及时查改进度落后等问题，确保工程高速度、高质量推进。施工期间，江干区城管局严格遵守相关规定，不影响市民夜间出行。

第三，精准施工，解决民生忧虑。项目实施工程中，江干区城管局充分考虑民众建议，在综合研判的基础上，综合考虑灯杆现状、周边环境等因素，科学采取加长挑臂、增加附杆、双光源等方式进行有效改造，增强实际效用，让视觉感光更舒适，照度更精准。此外，江干区城管局还开展增亮项目照度测试，组织居民代表参与现场体验和监督，确保改造后的道路照度全面达标。

通过改造提升，江干区城管局将老式钠灯换成新型LED灯，LED灯能耗更低更环保，市民饭后散步、夜晚归家再也不用担心"路黑黑"了。城市道路暗区增亮项目的推进，照亮了杭城，也温暖了许多远在他乡却热爱杭城的夜归人。江干区城管局用心点亮"暗区"，得到了群众好评，提升了群众的获得感和幸福感。

五　贴心公厕

江干区城管局在改造提升公厕过程中，格外注重人性关怀措施的植入，使市民享受到更加温馨的服务。比如，为了方便市民夜间如厕，公厕在醒目位置设置夜间灯光指示牌；盥洗室设置带灯光的面镜、洗手液、烘手器、免费纸巾等；公厕24小时免费开放。

在改造提升的公厕中，大部分涉及无障碍设施的提升改造，以解决特殊人群如厕难问题。针对联合格里公厕与人行道高差达80厘米，入口处设有两口窨井，人行道也无缓冲空间布设无障碍坡道，遇到有"急事"要办的残障人士，无法顺利如厕的问题，江干区城管局经过多次现场踏勘，降低现有管井标高，不断复核现场和图纸，最终利用公厕门口长过道进行降坡处理，缓解室内外高差，并加设无障碍扶手，让特殊人群如厕不再难。

江干区城管局积极探索未来公厕模式：华景南公厕试点红外线一次性坐便圈，只要一键启动，就能自动转来干净卷膜；金山路农居点公厕设置新风系统，应用大数据实时显示空气质量；沿江大道（五堡）绿化带公厕通过试点"以商养厕"，免费使用自动售货机，水、纸巾、创可贴甚至女性卫生用品都能扫码买到；等等。江干区城管局还积极探索未来公厕的发展方向：改革公厕"解决内急"的单一功能，覆盖 Wi-Fi，设缴费设备、ATM 机等，新增"厕所+图书漂流角""厕所+便民服务点"等业态；引入全新的"预制公厕"理念，设计出太阳能移动公厕、泡沫封堵式移动公厕等绿色城市公厕，让公厕与绿色发展相得益彰；设计专门的厕所地图或开发 App，提供公厕的可及性；等等。江干区城管局围绕公厕开展的创新努力，归结到一点，就是实现公厕使用便利化、要素特色化、服务人性化、应用智慧化和管理规范化。

此外，江干区城管局还组织各公厕保洁单位开展"互检互查、互学互促"活动，通过各保洁单位交叉检查、学习观摩、座谈交流等形式，及时发现问题，积极落实整改，取长补短、共同进步，全面提升辖区公厕的服务水平，确保公厕管理"硬件、软件"双提升，给广大群众带来更好的如厕体验。

第三节　人民城市人民管

在杭州市江干区城市管理具体工作中，"以人为本"的一个重要体现是重视发挥市民在管理过程中的作用，重视在不同管理领域中调动市民主动参与城市管理的积极性，使之成为城市治理现代化的重要抓手，将市民由城市管理看客转变为城市管理同盟军。江干区城管局党委书记、局长金炜竑对此做出了很好的诠释与安排："人民满意"是城市管理的初衷，也是江干城管人的初心与使命，我们要想方设法调动各方积极性、主动性、创造性，引导人民群众以主人翁的姿态参与全域治理现代化的城管实践，彻底解决人民群众疑的、难的、痛的根子问题，真正做到"人民城市人民管，管好城市为人民"。①

一 把握"人"的要素

这里的"人"主要指的是市民。他们是城市治理现代化中不可忽视的一支庞大力量，既可以是城市管理的主力军，也可以是城市管理的同盟军，还可以是城市管理的旁观者，甚至可以是城市管理的阻力和障碍。江干城管人秉持城市管理的初心与使命，将蕴含其中的市民力量激活并善加应用，使之由之前的旁观者转变为同盟军，并在局部工作领域，使之转变为城市管理的主力军，推动城市治理现代化的跨越式发展。

（一）"站体共建"

在城管驿站的建设中，市民力量得到了展示和体现。城管驿站坚持"党建引领、政府引导、区域协同、社会参与"的站体建设思路，促进各界资源集聚，以"人员往来方便，开放使用率高，条件相对较好，实用但不浪费"为建设要求，积极发挥属地街道和市场化企业的作用，并借力江干"市场大区"优势，联合区总工会、区工商联、区总商会，鼓励支持社会爱心人士，搭起关心关爱平台，拓展关心关爱渠道。通过"站体共建"，城管驿站被打造成城管职工合作共事的加油站、社会各界关心关爱的聚焦处、无形党建有形服务的主阵地。

驿站党支部固定在每月 15 日举办"主题党日"活动，召开协商会议，邀请社区代表、物业代表等会聚驿站，针对热点问题，听意见、找症结、想办法。一年内收集问题 400 余个，解决率达 97.7%。此外，驿站党支部每半年组织一次党建共建"同心圆"大型活动。协商会将政府、市场、社会三方主体有机地联结起来，建立了长效化议事机制，使其成为一个具有沟通性、时效性的机体。同时，在建设城管驿站的过程中，江干区城管局还积极了解环卫工人、快递员和普通市民的需求和建议，并将其纳入城管驿站的建设标准中。

通过社区城市管理服务室，市民力量得到了聚集和发挥。该服务室是服务于社区居民的机构，在社区党组织和社区公共服务站的领导下开展工

---

① 金炜竑在"江干区城管系统 2019 年总结暨 2020 年工作部署"大会上的报告，2020 年 1 月 16 日。

作，接受政府职能部门的指导和社区居委会的监督，并根据社区居委会的主要任务和城市管理工作实际情况，从满足广大市民群众对城市管理的需求出发，发挥其城市管理信息收集、协调管理、跟踪反馈功能，发现和解决市民群众关心的城市管理问题，提高居民对城市管理工作的知晓率和参与率，尽量使投诉问题解决在萌芽状态。

（二）调动市民力量开展"五水共治"

1. 民间河长制

在"5＋X"特色河长制的设置中，"民间河长"的配置充分发挥了人民的主体性。民间河长制是江干区"五水共治"中的一个创举，广泛动员社会力量参与城市污水治理，在监督河道整治中发挥了重要作用。通过制定实施《江干区综合治水工作问责暂行办法》和《江干区河长制工作规程》，江干区明确河长"一督三清三掌握"（加强对各职能部门、社区工作的监督；加快河道排污口清理、河岸违法建筑清理、河道垃圾清理；掌握河道治理情况及存在的问题、掌握河道存在问题的应对措施、掌握河道治理工作的执行落实情况）职责，并依托治水"五人组"（街道河长、社区河长、民间河长、河道警长、河道观察员）对每条河道实现全方位立体式监管，通过杭州河道水质 App，公示河道治理措施、河长信息，广泛接受群众监督，切实发挥好河长牵头治水的作用。

2. "河小二"志愿者

为全面提高广大人民群众对"五水共治"工作的认知度、参与度、支持度、满意度和信心度，江干区依托"贴心城管进社区"等专项行动，组织执法队员、协管员及城管志愿者积极投身"五水共治"进社区宣传工作中，引导市民增强涉水的法律意识，营造浓厚的全民共建、共管的良好治水氛围。同时，江干区开展"江干河小二在行动"系列活动，探索形成"高校团委＋街道团委＋街道治水办"三方结对护水模式，向全市招募青年"河小二"志愿者，组建固定的"河小二"青春护水团，开展"随手拍、随手捡、随手护"等活动，将吸纳青年志愿者和提升队伍素质同步进行，将常态化巡河与定期性宣传活动有机结合，提高市民对"五水共治"工作的参与度、知晓率和满意度。

（三）全民参与垃圾分类

近年来，江干区积极普及垃圾分类知识，采取垃圾分类各项举措，全面推进垃圾分类工作，使"垃圾分类、全民参与"真正得到落实。

第一，人人是桶长、桶桶有人管。在江干区实施垃圾分类"桶长制"中，"家庭桶长"的设置提高了家家户户在垃圾分类中的主体意识，将垃圾分类工作从全区范畴深入家庭。每个人都是垃圾的制造者。垃圾分类看似是小事，实则是民生大事，不仅仅是大众行为和生活习惯的改变，也是生活方式和理念的转变，关乎经济发展、环境保护、文明素质等方面，是一场复杂而长期的社会变革。在江干区，垃圾分类"桶长制"正在全面铺开，人人是桶长、桶桶有人管正蔚然成风，每位桶长都在为江干区的垃圾分类工作贡献着自己的光和热。

第二，"垃圾分类我先行"。江干区发出《"垃圾分类我先行"倡议书》，通过区城管局、各街道等机关事业单位的示范先行，从职工自身做起、从家庭做起，由点及面，实现人人带头分类、人人会分类、人人分好类的良好氛围，结合垃圾分类检查和执法行动，共同推进垃圾分类工作。校园内扎实开展"小手拉大手""垃圾分类家校协同"等活动，通过教育宣传，让学生成为垃圾分类小达人，以带动家庭成员参与并践行生活垃圾分类活动，进而使垃圾分类成为家庭的生活习惯，带动社会成员共同参与生活垃圾分类和减量活动，推进城市治理现代化。

第三，以市民为中心，通过"清道夫"网点提升社会治理能力。江干区城管局在网点布局上重点考虑便民、实用；在回收方式上，通过智慧化手段，做好线上和线下的融合，使回收网点成为宣教基地、展示基地，提升居民分类意识，养成分类习惯，让回收网点成为垃圾分类的展示基地和社会治理的重要窗口，为推进城市治理现代化做出贡献。

（四）"红马甲"和"路长制"

社区"红马甲"是普通民众参与城市治理的重要方式。江干区很多社区都活跃着由社区居民自发组织起来的、身穿"红马甲"的志愿者团队——家园维护队。志愿者经过社区的正规培训，穿行在社区的各个角落，进行环境巡查工作。

江干区借鉴"河长制"模式，建立健全"路长制"工作机制，及时发现、调处、解决在道路环境综合整治提升工作中发现的各类问题，助推道路整治各项工作顺利完成。"五位一体"的路长体系，分为区级领导领路、属地街道巡路、民间路长督路、主管部门联路、民间观察员议路,建立联络制度与会商机制,对城市市容、环境卫生、灯光亮化、市政、绿化、立面出现的问题,进行会商协调。同时,江干区建立健全督办制度,确保江干道路环境整改和提升成效。

在一系列举措下,市民的积极性得到了充分的提升,市民能够以"城市主人翁"的姿态和身份参与城市管理的民主决策,这样可以汇聚市民的聪明才智,打造更加人本化的城市管理"共同体",助推江干区城市治理现代化实践步入良性运行轨道。

二 紧抓"心齐"要素

"人心齐,泰山移。"多元主体齐心协力参与城市管理工作不可或缺的因素便是员工满意、人民认可,这是发挥人民主体性和"以人为本"的重要基础。打造"心尖儿上"的江干城管,需要把握"人心"的关键,为此,江干区城管局通过体系再融合、能力再培育来凝聚人心,助推城市治理现代化。

1. 培养"小小城管员"

闸弄口中队申办为杭州市中学生社会实践基地,每个假期都会接待学生实习。了解城管执法、上路体验城管执法是"小小城管员"的必修课。观看视频,查处违停、出店,在运河边教育劝导违规遛犬,在机场路里街整改外走廊堆物等活动,运用理论与实践相结合的方式,展示了城管的真实工作状态。"小小城管员"活动既丰富了学生的课余生活,又对外展示了城管执法的良好风貌,为公众留下良好的"城管"印象,同时也倒逼城市管理执法工作的人性化、合法化、透明化。

2. "三大"走访凝聚人心

为全面了解和掌握基层动态,江干区城管局党委班子成员利用一个月时间,分组别分条线走访基层单位,与数百名一线执法、环卫、市政工作者进行面对面谈话,着重围绕干部职工"个人有何想法、对单位有何看法、对全局有何建议"三个方面的内容和"单位学习教育、人员思想动态、业务工作状况、廉洁自律"四类情况建立"三大"走访长效工作机制,跟踪问效力促问题整改落实。同时,江干区城管局召开专题研讨会,对在基层单位走访中发现的问题进行梳理和剖析,形成走访工作报告递交党委会深入研究。"三大"走访切实让基层一线的心声反馈上来，难题得到解决。此外，按照"思想上重视、政治上关心、工作上支持、生活上关爱"的要求，江干区城管局开展"党内送温情"活动，集中走访慰问一批老党员、困难党员，确保把党的温暖和关怀送到党员身边。

3. 城管驿站固定志愿服务日

城管驿站固定志愿服务日主题活动是由江干团区委牵头，区城管局团委，凯旋街道、四季青街道、彭埠街道团工委以及相关社会公益组织联合打造的一个志愿服务项目，固定于每月5日开展志愿服务。这在全社会形成了尊重、关爱"城市美容师"的良好氛围，可以动员和凝聚更多力量加入"关爱城市美容师"的志愿服务活动中，为奋战在城市管理一线的工作人员送上关怀和温暖。

第四节　城市治理文化建设

城市文化是人们在社会实践中创造的物质财富和精神财富的总和。城市文化包含城市活动中的一切事物和城市人的行为方式、心智状态等。从横向上看，城市文化可以按照物化或外化的程度，区分为技术性文化、行为性文化、制度性文化、心智文化等多个层面。文化是一个城市的灵魂，城市文化的内涵彰显城市底蕴。

组织文化，或称企业文化，是一个由组织的价值观、信念、仪式、符号、处事方式等组成的特有的文化现象，简单而言，就是企业在日常运行中所表现出的方方面面。本节讲述了江干区城管局打造的城市文化建设和自身的组织文化建设，并对上述各章节提到的举措从文化视角进行归纳和解读。

一　江干区城市治理文化建设

本书第三章"党建城管工作融合化"阐明了党建引领的融合性工作架构、工作举措以及一系列工作成效。党建与城市管理工作的深度融合，为党建在文化建设中充分发挥引领作用创造了条件。在党建引领下，江干区城管局围绕"以人为本"这个核心打造了一系列体现温度、利民的文化。

（一）驿站"家"文化

城管驿站是驿站"家"文化的载体，所有的驿站点连成网络，构成了驿站"家"文化的外壳，而与驿站有关的组织和个体的相互关系、进行的各项活动以及建立起来的各种规范构成了驿站"家"文化的内核。集用餐、休息、学习、交流、应急于一体的江干城管驿站，不仅是一线城市管理者的家，更是江干城市发展在基层有温度的体验点、城管行业系统党建凝聚力量的示范点、城市基层党建政治引领和服务社会的落脚点。在党建引领下，6000余名江干城管人凝心聚力，像绣花一样细致地治理城市，各级党组织和社会各界同心同向共画党建"同心圆"，为建设具有独特韵味、别样精彩的世界名城不懈努力。

驿站是志愿者之家。2016年12月5日，江干城管驿站固定志愿服务全面启动，系列举措包括打造每月五日固定志愿服务平台，建立志愿服务网点、党员服务网格和社会服务网络"多位一体"的志愿网络，吸引各类社会公益组织、志愿团队进驻驿站开展健康咨询、应急培训、便民服务。驿站建立长效志愿服务机制，通过党建引领，带动志愿服务扩大内涵、拓展外延，向社会各界开放。每月五日固定志愿服务的时间是当日的12：00至15：00，服务对象是江干区"城市美容师"即一线职工，服务内容是健康义诊、理发、修伞和提供驱寒（清凉）饮品等，并配备针线包、打气筒、充电器等便民用品。

驿站是党员之家。"1＋1＋N"联建模式促使机关党员下沉一线。江干区城管局以1公里范围为"组织半径"建立驿站支部，来自环卫、执法、市政、河道、绿化、停车等业务条线的一线流动党员在这里发挥先锋作用，实现自我价值。机关党建指导员定点指导驿站主题党日活动，党委班子成员结对驿站，"同心圆"党组织在驿站开展组织生活。在该模式下，一线党员能够被驿站党支部凝聚起来，融入组织生活。

驿站是职工之家。江干区城管局以1公里范围为"服务半径"打造温馨港湾，为一线职工提供技能培训、法律援助、困难帮扶等，解决职工实际困难。一线职工在驿站不仅获得了各种生活上的便利，更大程度上获得的是心灵的归属感。通过驿站这个平台，一线职工感受到来自社会各界的关怀，得到了更多交流学习的机会，极大地满足了他们精神文化层面的需要。驿站对于一线职工具有家的意义，让在基层一线为城市做贡献的工作者感受到这个城市的美好，获得属于他们的一份人文关怀，这也是城市管理大爱无疆的体现。

（二）清道夫文化

清道夫回收网点作为连接点、综合点，凝结各方力量，调动各方积极性，让社区、物业、网点回收企业等成为垃圾分类共同体。通过对居民的面对面服务，清道夫回收网点成为居民进行日常垃圾分类的一个活动中心；通过清道夫回收网点的标准化建设，形成了以清道夫回收网点为载体、党建引领、政企联合、全民共同参与的具有特色的清道夫文化。

清道夫回收网点不局限于门店提供的线下垃圾回收服务，还利用互联网技术开发了"波普清道夫"小程序，搭建了线上垃圾回收服务的平台。居民可以在该平台创建预约订单，通过填写上门地址、预约时间以及拍照上传需要回收的物品便可享受上门回收服务。该服务需要支付少额的费用，而对于行动不便的人群，回收网点会免去其服务费用，充分体现了人文关怀。该小程序还设有垃圾回收指南模块，可以为居民提供分类参考，解决了居民"分类难"的问题。

为提升居民垃圾分类意识，鼓励垃圾分类行动，回收网点建立了积分兑换机制。居民在网点用小程序售卖可回收物，订单完成后小程序内会发放相应的环保金（居民通过小程序售卖可回收物，订单结算后的价格会以环保金的形式打入居民账户），同时该笔订单会赠送相应的积分，积分可用来在商城板块兑换指定商品。

以民为本、方便居民是清道夫回收网点的基本宗旨，也是清道夫文化建设的贴心抓手。它一方面给江干居民提供更便捷、更暖心的增值服务，根据各小区居民的实际需求，在回收网点内因地制宜设置不同的便民服务；一方面在网点内设置宣教互动、宣传展示、变废为宝物品的展示区，布设显示屏和宣传设施，同时还设有基础医疗、儿童游乐、快递代收等便民服务项目，将清道夫文化建设奠基于生动活泼而又有服务娱乐功能的文化特质丛之上。

清道夫文化建设还通过设立具有公益性质的回收网点、通过爱心捐赠等活动，体现出对社会责任的主动承担，打造"大爱无疆"的文化特色。

例如，在庆祝清道夫"周年生日"之时，在区分类办的统筹指导下，闸弄口街道春晖社区、凯旋街道景昙社区等地的八个清道夫再生资源回收网点联合举办了"江干·清道夫"正式运营一周年回馈活动。居民热情参与，可谓是一"夫"百应，全区半日回收量就突破了 21 吨。除了回收送礼，在清道夫一周年还举行了多种形式的主题活动。为更好地回馈社会，形成良好的公益氛围，江干清道夫相关管理部门会把年度回收总金额的百分之十定向捐赠给江干区福利院，用于购买养老院或孤儿院的过冬用品；将居民捐赠的二手书籍进行再挑选，联系公益组织寄往山区学校。在许多清道夫回收网点都设置有医疗急救箱、血压仪等医用器材。居民家门口的回收站不仅关注回收，更在生活的点点滴滴中关爱居民健康，例如在闸弄口街道清道夫一周年活动的现场，工作者为前来参与回收的居民提供免费测量血压的服务。

清道夫文化建设注重对年轻一代的垃圾分类意识与行动培养，开创并完善了自身文化系统，陆续推出清道夫纪念杯、文创产品、日用品等，并于一周年之际在微信表情商店上线了第一版清道夫表情包。

清道夫文化极大地提高了居民参与垃圾分类的积极性，呈现了资源回收这一传统行业的新功能、新特征，形成了良好的以人为本、可持续发展的社会氛围。江干清道夫为资源回收行业在城市现代化发展进程中构建自己的生存模式提供了一条出路，改变了这一行业"脏、破、乱"的固有印象，以更亲和的方式融入居民的生活，并服务社会。

（三）河道文化

"十三五"期间，江干区城管局在坚持流域化治水的同时，注重打造现代化的河道文化。特别是注重在挖掘和提炼传统水文化资源的基础上，打造扎实的水文化物质载体，以形构河道文化。

途经江干区的上塘河全长 51.37 公里，它又名上塘运河。据《史记》记载，它最早由秦始皇开凿，俗称秦河，是杭州历史上第一条人工疏通河道，也是江南运河浙江段故道，是杭州入京的水陆要道。2007 年它被列为世界文化遗产，成为杭州继西湖之后又一张金名片，成为江干区城管局打造现代化河道文化的载体。基于这一载体，"美丽河湖""美丽河道""河长制""一河一景"等水文化特质逐渐被打造成型，有助于推动河道文化的现代化发展。

在"美丽河湖"治理过程中江干区城管局改变传统的河道治理理念，坚持以新理念推动新实践，创新采用"设计—建设—养护"为一体的综合生态治理模式。从单一河道治理向流域性综合治理转变，从分段式治理向一体化治理转变，从水质改善治理向河岸美化治理转变，联动推进丁兰片区 10 条河道建设，形成"一河一景"风貌，将上塘河流域丁兰片区河道创建成为省级"美丽河湖"。

2014 年江干区城管局开展河长制工作，江干区从"谁来管、管什么、怎么管"出发，从最开始的"一河一长"逐步探索形成一套具有江干特色的"5＋2"特色河长制，实现河长制从单独作战向团队治理、从阶段性突击向常态化监管、从点线型管理向网格化管理三个转变。2016 年江干城区城管局推出"河长固定活动日"，全区 60 条（段）河道配齐了"5＋2"河长团队成员。此外，全区积极发展爱水护河、热心公益的群众担任民间河长，面向社会招募 71 名民间河长，河长团队形成合力，共护江干河道美。

围绕"一河一景"，江干区将河道亮化与城市建筑、街景亮化有机融合，系统实施河道沿岸美化工程，构建"白天赏水景、晚上看亮灯"的独特河道风光。如环丁水系实现了勤丰港亲水平台、丁桥一号港健身步道、泥桥港海绵公园、东风港城市绿廊、三义港特色生态河等"六河六景"滨水景象，钱江新城的新塘河升级为高品质休闲河道。

截至 2020 年底，江干区成功打造了 21 条共计 50 余公里的"美丽河道"，尤其是丁兰街道全域 10 条河道被评为省级"美丽河湖"。在治理下不仅全区河道的水质变好了，江干区在景观、文化融合、亲水上也下足功夫，按照"一河一品""五化两好"等要求全方位打造美丽河道。市民朋友可以在家门口的河道散步、休息、垂钓、跑步、休闲等，美丽河道已成为生活中不可缺少的组成部分。

（四）公厕文化

小小的一间公厕，是城市的一扇窗户。透过这扇窗，不仅能观察到城市的文明程度，还可以感受城市的内在品质。2020 年，为响应与配合浙江省全面推进城乡公共厕所、交通设施、旅游景区等九类公共场所服务大提升行动，针对城乡公共厕所，江干区城管局发起城乡公厕服务大提升行动。此次提升行动以"无味有纸、如厕方便、舒适贴心、干净卫生"为目标，全面建设提升公厕文化，将公厕打造成为城市的美丽风景，不断提升人民群众的幸福指数。

在公厕改造提升前，江干区城管局专门开展了数次调研，发现缺乏文化特色是传统公厕的一个重要缺憾，并认识到，公厕是城市空间中一个独特的环境空间，也是构成城市微景观的重要内容，对于城市文化和地方文明有着宣传和展示的功能，一个有文化内涵的公厕，可以诉说历史、服务现在、体现未来。基于此，江干区城管局针对辖区不同区域的文化差异，因地制宜对公厕进行提升改造，力求"江干特色"，建设江干公厕文化。我们可以通过采荷街道芙蓉公园的花园公厕建设结果，来展示江干城管人打造公厕文化的努力和成果：

> 还未步入采荷街道芙蓉公园的花园公厕，墙上硕大的荷花彩绘便映入眼前，整个公厕建筑被改造成黑白辉映的马头墙，配合仿木纹铝格栅中式窗，营造出一种"青砖小瓦马头墙，灌木回廊绣阁藏"的自然之美。《江干区地名集》里有言：采荷桥在凯旋路通荷花塘上。古代的采荷一带水网密布，每到夏天，偌大的荷花塘里荷花盛开，因此，采荷街道的公厕提升主打"荷"文化品牌。在以老街文化著称的笕桥街道，公厕在建筑形式上采用覆瓦坡屋顶，并融入青砖白墙灰瓦原木的元素配合。

江干城管人在建设公厕文化过程中，还特别注重公厕的人文关怀功能。在改造提升公厕过程中，格外注重人性关怀措施的植入，使市民享受到更加温馨服务：在公厕门口增设了廊亭、自动售卖机、雨伞租赁等配套设施；公厕内部除了标配男、女厕间，第三卫生间外，还首次设置无性别厕间，这使得灵活调配厕位使用率的同时，也大大降低了公厕的能耗费用；为了方便市民夜间如厕，公厕在醒目位置设置夜间灯光指示牌；盥洗室设置带灯光的面镜、洗手液、烘手器、免费纸巾等；公厕24小时免费开放。在改造提升的公厕中，大部分涉及无障碍设施提升改造，这有效解决了特殊人群如厕难的问题。

在公厕提升改造过程中，江干区城管局将文化建设融入工作中，让公厕成为城市的美丽风景，把江干区不同区域的公厕打造因地制宜的文化品牌，形成具有江干特色的公厕文化。具有人文关怀的提升改造，体现了"以人为本"的城市文化内涵。

江干区城管局始终秉持"以人为本"的理念，在多个层面为加强城市文化建设而做出巨大贡献，形成了驿站"家"文化、清道夫文化、河道文化、公厕文化等多领域多方面的文化特色。在党建引领、政府引导的模式下，江干区城管局推动区域协同和社会参与，以文化建设增强城市的凝聚力、民众的归属感和认同感，提升市民生活的幸福感。

二 江干区城管局组织文化建设

江干区城管局取得一系列突出的成就，离不开组织的高效运作，而组织的文化建设是凝聚组织成员力量的重要一环。众所周知，一个单位的灵魂，就是其核心文化，一个没有文化内涵的单位必将是平庸的、缺乏凝聚力的。江干区城管局将《江干城管》报刊、江干城管之歌《我们的担当》和"江干城管"公众号打造成为展示单位核心文化的重要阵地和展现载体。

《江干城管》报刊于 2015 年 8 月正式创刊，该报开设工作要闻、五水共治进行时、作风建设在路上、民生实事聚焦、执法案例赏析、城管志愿者风采以及艺术畅想、贴心城管在身边、社区城管在行动等多个栏目，旨在全面反映江干辖区城市管理工作、展示城管工作成果。在《江干城管》创刊词中，江干城管宣誓："我们要力争使江干城市管理工作进入全市第一方阵，全面实现与'国内一流现代化中心区'相匹配的城市管理水平。"创刊词中提出了江干城管人具有"敢于负责、甘于奉献、干字当头、敢为人先"的江干精神和"特别能吃苦、特别能战斗、特别能奉献、特别能忍耐"的城管精神，有"激情奉献、快乐工作、和谐执法、满意城管"的文化理念和精神支柱。《江干城管》的定位是成为传递城管信息的窗口，成为展现城管风貌的舞台，成为各级各部门干部职工沟通探讨的桥梁，成为广大员工学习交流展示才艺的园地和精神家园。

江干城管之歌《我们的担当》，唱响了属于江干城管人自己的城管文化：脚踏着千年文明的土地，见证着时代新城的崛起，我们是光荣的江干城管，守护着钱塘江畔的美丽。我们为城市街道打扮梳洗，为城市的血管维护清理，我们为城市安全化雪除冰，为城市呼吸浇灌绿地。我们快乐工作激情奉献，我们和谐执法赢得满意，我们有理想有担当，为人民服务全心全意，肩负着一流管理的使命，创造着无数未穷的奇迹。我们是光荣的江干城管，捍卫着城市璀璨的神奇，我们让城市河道水清岸绿，让城市井然有序，我们让城市环境景美宜居，让城市家园温馨亮丽，我们快乐工作激情奉献，我们和谐执法赢得满意，我们有理想有担当，为人民服务全心全意、全心全意。

江干区城管局创立了"江干城管"公众号，含有"党建引领""创新引擎""标准化"三个模块。该平台也是传递城管信息的窗口，成为展现城管风貌的舞台，便于市民了解江干区城管局以及提出建议。

江干城管局注重自身的组织文化建设，优质的组织文化大大提高了组织效能，在组织中树立了正确的价值导向，引领组织成员心往一处想、智往一处谋、劲往一处使，从而形成一支上下齐心的优秀城管队伍。

第七章

"四化协同"的凯旋综合行政执法样本

"四化"协同这一创新发展的城市治理现代化实践，覆盖了江干区城管局工作的方方面面。其中，作为该局主业的城市综合行政执法，更是"四化"协同实践的主阵地和主要实施者：在执法实践过程中，"四化"协同得以实践，并在实践过程中得到检验、修正和发展；"四化"协同与综合行政执法之间形成了一个具有即时化特征的正反馈机制。在实证调研中我们发现，作为城市管理重心再度下移载体的各执法中队，不仅是江干区基层综合行政执法的改革探索者和实践者，更是"四化"协同的"具体而微"者。研究这些"具体而微"者，我们可以从更加具体而直观的角度，探究"四化"协同之于江干区城市管理事业创新发展的功能与绩效。概览江干区城管局下辖的 11 个执法中队，我们也发现，可以作为典型样本予以研究的中队为数不少，可以说是各有千秋。经过大数据比对和典型性考查，我们最终选定凯旋执法中队为研究样本，从更具体的角度，进一步探究江干区"四化"协同的城市治理现代化实践。

第一节 党建与综合行政执法融合化

城市管理重心再度下移后的凯旋执法中队，在管理体制上，接受江干区综合行政执法局和凯旋街道党工委的双重领导；在业务领域，则为江干区综合行政执法局下属街道中队。中队现有执法队员 18 人，其中，党员 13 人，是江干区人员配备最年轻的执法中队。中队先后荣获杭州市省级文明规范公正基层队所、杭州市五星级执法中队、杭州市城管系统最强支部、杭州市青年文明号等称号，成为杭州市首批培育的浙江省"最佳实践"基层执法队所之一。十三五期间，凯旋执法中队在"党建城管工作融合化"领域创新发展，总结凝练出突出城管执法特色的"凯联心"党建品牌，在实现党建与城市管理执法工作融合化的同时，逐步完成了深化队伍建设、深耕执法主业，全面推进"队伍正规化、执法规范化"建设的工作目标。

一 "凯联心"

"凯联心"创建的原始动力来自基层"一队所一品牌"的工作要求，凯旋执法中队党支部深挖党建潜能，将党建工作贯穿到执法业务始终，创新党建工作载体，建构出突出城管执法特色、将党建城管工作融合化的"凯联心"党建品牌。"凯联心"核心内涵是执法讲公心、管理贴民心、服务暖人心；其工作目标是打造"最强支部"；其具体工作举措是加强学习型、服务型、创新型的党组织建设，将队员分为驿站服务组、执法网格组、办案先锋组、巾帼文明组四个特色小组，各小组各司其职，发挥特长，落实"执法讲公心、管理贴民心、服务暖人心"核心内涵，尽最大努力，将基层问题化解在萌芽状态。我们可以通过图7-1了解到"凯联心"的结构。

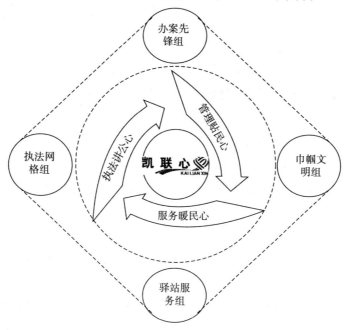

图 7-1 "凯联心"结构

（一）执法讲公心

"执法讲公心"体现与落实于民生优先、提升市民幸福感、化解矛盾于基层和增强执法公信力等多个方面：①在综合行政执法过程中，凯旋中队党支部以民生优先为理念，以为辖区创建一个优美的生活环境、提升广大群众的幸福感为目标，发挥党建引领作用，推深做实党建和业务工作；②结合城管和事佬、民间调解室、信访投诉"两访一开放"等多样的服务模式，为辖区居民牵线搭桥，建立起互谅互解的和谐邻里关系，将矛盾化解于基层；③全面发挥基层支部的战斗堡垒和党员的先锋模范作用，时刻提升全体党员的党性修养，坚持在业务标兵中发展党员积极分子，增强中队党支部的战斗力、生命力，切实增强执法公信力，做到"执法讲公心"。下述案例从多个方面展示了凯旋中队"执法讲公心"的"凯联心"内涵。

典型案例："我们没有砍树，怎么处罚也这么重啊！"

（1）案由：夜间修剪大树引居民投诉

9月19日凌晨，江干区综合行政执法局凯旋中队接到市民投诉，称凤起东路花鸟市场门前有人正进行夜间施工，声音吵得睡不着觉。

12点30分，城管队员赶到现场，发现一辆登高车上，有工人正在使用切割机修剪凤起东路上的树木，还有数名工人在清理着散落在路面上的断枝树叶，许多被剪掉的树枝都有碗口粗细。执法队员现场清点后，发现被修剪的树木共有11棵，还都是有着二十年以上树龄的法国梧桐。

（2）为防设备剐蹭擅自"锯树"

9月20日，上海某储运有限公司委托人鞠先生来到凯旋中队，解释修剪树枝是"事出有因"：前几日，他们承接了两台盾构设备的运输业务，从萧山厂家分别运送至环城北路、绍兴路的两个地铁工地。为保证运输顺利，公司提前研究线路，沿途避开桥梁和隧道，向交警部门报备后，在9月18日夜间获准进入杭州市区。9月19日凌晨，车辆在行驶到凤起东路花鸟市场路段时，刮擦到了路边的树枝。为防止设备再次被树枝剐蹭，便使用随行登高车对凤起东路沿线较低的梧桐树进行了修剪。这位鞠先生表示："可以说，我们什么因素都考虑到了，却偏偏疏忽了市区行道树高度对运输设备的影响，临时决定修剪一下可能会碰到的树枝，却不知道这是违法的。"

（3）处理结果

执法队员对现场进行了取证，被擅自修剪的法国梧桐，胸径最粗的有51.3厘米，最细的也有32.8厘米。根据《杭州市城市绿化管理条例》的相关规定，并参照《杭州市树木损失补偿价格表》，执法部门对当事人作出罚款壹拾壹万陆仟肆佰元的处罚决定。

（4）城管建议及市民反馈

江干区综合行政执法局凯旋中队负责人表示："在日常生活中，人们往往认为修剪树木不算什么大事，不知道擅自修剪树木也需要经过审批。我们希望通过这起案件，也给其他人一个警醒。"

11月17日，回想起被罚的经历，上海某储运有限公司委托人鞠先生仍难以释怀。他说："车在经过凤起东路时，因为运送的盾构设备比较高，这几棵树的树枝影响通行，我们只是修剪了几棵树的树枝而已。""我们没有砍树，怎么处罚也这么重啊！"

住在凤起东路附近的市民黄阿姨说："这几十棵法国梧桐，在这条路建好的时候就种上了。现在长得粗的，我们大人伸手抱都抱不牢了。夏天的时候，人走在树下阴凉得很，现在被剪得光秃秃的，真是可惜啊！"

（二）管理贴民心

"管理贴民心"既是管理理念的转变，也是管理方式的转变，更是对"柔性执法"的新诠释，它的主要诉求就是做到"管理"与"民心"相应，城管执法者做人民的贴心人。

凯旋中队所在街道是杭州市昔日的菜篮子工程基地，随着城市化的快速推进，其承担的城市菜篮子功能不复存在。城市功能的转变，一方面催生出众多的拆迁户，截至2020年底，尚有5万多拆迁户在外过渡；另一方面，吸引了大量的流动人口，截至2020年底，流动人口已达36万，是杭州流入人口最多的城区。面对城市转型升级加速、人口流动加快、城市管理难题增多等复杂情况，凯旋中队把执法管理转化为执法服务，并将执法服务延伸到居民家庭，做到"管理贴民心"。

典型案例：流动摊贩违规经营流动早点摊，居民多次投诉，城管执法多次处罚没有效果，分队长入户访谈发现问题症结。

（1）案件处理过程

景芳五区有居民违规摆流动早点摊，因为影响环境，小区居民不止一次投诉。城管执法人员对违规小摊贩进行了行政执法，并处以罚款。瞿卫民是江干区城管执法局凯旋执法中队的分队长，他告诉我们："去过了，罚过了，第二天照样摆摊。"为了寻找问题的症结，真正解决问题，分队长到居民家中入户访谈，发现这户人家夫妻都是下岗工人，为了供女儿上大学，到街上违规经营流动早餐点。

（2）案件处理结果

"人家这么难，我们也不忍心再罚了"，分队长赶紧找凯旋街道城管科副科长商量，吴科长协调街道经管科，几经努力，帮助夫妻俩拿到了临街一个小店面。他们开起了小饭馆，房租比市场价格低不少。

（三）服务暖人心

"服务暖人心"包含三个方面的内容，它诠释的是"三位一体"的最终成果：城管执法者、创新化执法手段与"为人民服务"的执法目的与归宿，三者次第展开又相互生发与强化。

第一，结合城管执法"三进三亮"、贴心直通车、信访投诉"两访一开放"、执法服务进城管驿站等活动，党员和执法业务骨干长期活跃在执法办案、社区服务的最一线，全面发挥支部的战斗堡垒和党员的先锋模范作用，以有灵魂、有本事、有血性、有品德的标准来要求自己，在中队内部形成"守规矩、讲团结、敢作为"的浓厚氛围。

第二，凯旋中队在"两晓讲堂"、案件沙龙、中队长接待日、网格化管理、每日一练等特色活动中，着力培育自己的中队文化，并将之活用于城市综合行政执法过程中。

第三，本着"以人为中心"的宗旨，凯旋中队将为市民服务贯彻于工作理念，实施于城市综合行政执法具体实践，让城市管理的初心与使命在

"暖民心"行动中落地生根。下述案例从多个方面展示了凯旋中队"服务暖人心"的具体实践过程。

典型案例：走进企业推动垃圾分类实施

（1）时间节点

2019年8月16日，也就是《杭州市生活垃圾管理条例》正式实施的第二天，杭州市江干区综合行政执法大队凯旋中队走进企业开展新条例宣传普法活动。

（2）工作理念

时任中队长薛红洋认为，垃圾分类是一个全民行动，需要人人参与进来。企业作为责任人，管理着成百上万名员工，如果企业通过这次宣讲活动，再对其他员工进行培训，将垃圾分类知识普及到上万个家庭中去，垃圾分类普及效率将会城成倍增长，将会极大促进垃圾分类的实施。

（3）管理方式

①现场详细介绍垃圾分类新规的相关内容："餐厨垃圾"改名"易腐垃圾"；大件垃圾需要和街道联系，定时定点投放；处罚力度加大，增加征信处罚，等等。②针对企业关心的诸如垃圾分类型概念、如何分类、分类不好将受到怎样的处罚等问题，江干区综合行政执法大队凯旋中队中队长现场一一解答。③凯旋中队执法队员还到凯旋街道各条街道商铺开展垃圾分类情况检查，并根据现场实际情况，灵活运用处罚手段：在一家面馆内，执法人员发现这里的垃圾确实进行了分类投放，但是垃圾桶设置还不完善，桶也没有贴上相应的标志，本该放在绿桶里的易腐垃圾却被错放在了灰桶里，考虑到该店垃圾分类质量整体不错，执法人员对该店负责人进行了口头警告。

（4）管理绩效

某企业负责人表示，原来大家只知道一些点滴的知识，也通过网络、电视了解到新版《杭州市生活垃圾管理条例》已经开始实施，但是知晓后也就过去了，并没有太深入了解。但通过宣讲活动，他就更加清晰地认识到具体该怎么分，以及新条例具体有哪些改变，今后企业也将根据新条例的规定进行垃圾分类。

二 "凯旋铁军"

打造城市管理铁军队伍是江干区城管局内部队伍建设的主旋律，实际上，这个主旋律也是其他的城管局，甚至是全国大多数城管局内部队伍建设的重要理念与抓手。不同的是，江干区城管局志在打造"城市管理铁军排头兵"，这一愿景在凯旋中队变现为"凯旋铁军"，志在打造江干区城管铁军排头兵。

（一）打造"最强支部"

"凯旋铁军"的第一个建设举措是打造"最强支部"，提升支部凝聚力和战斗力。中队坚持"抓人促事、制度理事、组织管事、知事识人"的党建引领思路，以打造"最强支部"为抓手深化执法队伍建设，努力打造一支政治合格、素质过硬、业务精湛的铁军队伍。中队全面推进支部建设，全面落实支部七项组织生活制度，注重队员思想政治教育，重点抓"两学一做"融入经常、抓"主题党日"提升活力、抓党员干部教育培训等工作。为不断巩固"不忘初心、牢记使命"主题教育成果，深化主题教育总结精神，支部通过学习全国、省、市及辖区两会精神、落实习近平总书记在浙江调研重要讲话精神，借助"绿袖章"疫情防控党员志愿服务活动、向韦长春同志学习活动、保障"两战全胜"心得体会交流分享、"同心凯旋·幸福联盟"区域化党建共建活动等多项活动，持续落实每月党建学习清单和党风廉政建设每月清单工作，全面防范中队廉政风险的产生，树立底线意识，坚决不触红线。凯旋中队将党建与业务相结合，中队党员们始终做到对责任和使命的敬畏之心，成为敢于担当、用于奉献的执法队员。

杨玉明是凯旋中队的优秀党员。他是城管局办公室主任，妻子是凯旋中队的内勤，夫妻二人都是辛勤奋战在城管战线的执法队员。他们的工作都很忙，日日年年中没有正常的礼拜天和节假日，也没有完整的时间陪伴家人。但是因为理解和包容，他们做到了对待事业始终保持进取之心，对待责任和使命始终保持敬畏之心，对待个人名利始终保持平常之心，也实现了家庭的和谐。品德是这个家庭教育的核心，他们教育孩子诚实守信，帮助孩子从小养成良好的道德观念，从而维护家庭和谐关系，构建幸福美满的家庭。

（二）发挥巾帼力量

第一，创建区级巾帼文明岗。凯旋中队以团队女队员为主力，结合驿站服务、贴心直通车、城管和事佬、民间调解室、两访一开放、执法进社区等模式开展群众工作。十三五期间，中队开展公益类宣传活动共20余场，举办社会实践8场，服务群众900余人次。2020年，凯旋中队成功创建区级巾帼文明岗。

第二，转换角色、直面挑战。新冠肺炎疫情防控工作开展以来，凯旋中队巾帼力量毫不退缩，女子分队在副中队长钱雅霏的带领下，从窗口、内勤、办案人员迅速转换成奋战在一线的"战士"角色，凯旋中队"娘子军"也成为战疫中的一道亮丽风景线。

（三）"领头雁"带队齐飞

江干城管凯旋中队有执法队员和街道配备综管队员70人左右，管辖下的凯旋街道辖区有4平方公里，含15个社区。中队下设96310巡查分队、机动分队、办案分队、女子分队和综管中队，主要承担街面序化、广告监管、亮灯管理、信访投诉、地铁口管理、犬类管理、数字城管等工作任务。管理人员少、工作任务重是其基本队情，"头雁领头群雁飞"的方式弥补了人手少的窘境，推动了"凯旋铁军"的建设步伐。

第二节　城市综合行政执法科学化

在江干区城管局层面上，城市治理的科学化体现在四个方面：一是标准化，这是十三五期间，江干城管人在科学化治理领域贡献最为突出的一块内容；二是多元化；三是个性化与差异化；四是智慧化。具体到凯旋中队层面，则主要体现于他们在城市综合行政执法中执法手段的规范化和执法行动中的硬功夫和硬本领。

一　执法手段的规范化

凯旋中队将执法手段的规范化操作分为"教科书式执法"和队伍的正

规化两个方面，从而将城市管理执法的科学化变现为具有操作性、针对性和时效性的可感、可见、可检验的常规方法。

（一）教科书式执法

中队着力培养专业人才，推进"教科书式执法"：①按照"不忘初心、转型驱动、深耕主业"的工作主题，通过每日一练、每旬一学、每月一案、每季一研，全面提升队伍的执法办案能力和综合素质。②全力推进重大案件查处、开展典型案件剖析、开展重大执法整治活动、开展案件交流，使每名队员都有精通的专业职权，每一类执法案件中队都有专业办案队员，力求案件指标量化、案件多元化、案件高质化，用严格规范的执法来促使辖区管理水平提升。③以非现场执法、全过程执法为抓手，通过规范执法人员执法流程和依法行政，提升执法人员的执法业务能力；通过调取监控视频、现场证据固定、相关部门协助配合等方式来还原违法事实。

典型案例：整治车辆抛洒滴漏现象

（1）车辆抛洒滴漏

2018年4月11日20点30分，江干区城市管理行政执法大队凯旋中队执法人员巡查至凤起东路双菱路交叉口时，发现该处有车辆抛洒滴漏现象，沿凤起东路东向西方向，从凤起东路与双菱路交叉口起至凤起立交桥下上桥口位置，一路抛洒。经测量，抛洒长度为200米，现场未发现造成抛洒的车辆。

（2）处理过程

执法人员通过调取设在该处的治安监控设备，发现车牌号为浙A2M330号的绿色重型自卸货车于20点10分经过凤起东路与双菱路交叉口时抛洒滴漏。在交警部门的配合帮助下，执法队员了解到该车挂靠在杭州某汽车运输有限公司名下，进一步调查后，确定该车车主为居某。2018年4月13日，当事人居某来中队接受调查处理，提供相关材料包括号牌为浙A2M330号的绿色重型自卸货的《杭州市建设工程渣土运输车辆准运证》和《杭州市建设工程渣土处置证》以及车辆挂靠协议。通过询问确定案发当天当事人居某驾驶浙A2M330号的绿色重型自卸货从钱江路和江锦路交叉口地铁9号线2标段工地运输渣土，该项目与其所出示的《杭州市建设工程渣土处置证》上"工程项目为地铁甬江站申请城市建筑垃圾处置核准、工程地点为富春路甬江路口"不符，属于运输工程渣土与准运证要求不符的违法行为。根据调查取得的现场证据以及当事人的调查询问笔录，中队于2018年4月13日对该违法行为进行立案调查。于2018年5月10日向当事人直接送达了《行政处罚事先告知书》，告知当事人拟作出行政处罚的事实、理由、依据、处罚具体内容以及享有的进行陈述、申辩的权利。当事人于当日书面表示自愿放弃陈述申辩的权利。于2018年5月10日中队向当事人直接送达《行政处罚决定书》，给予当事人贰万元整的罚款。

居某运输工程渣土的工程项目与准运证要求不符并造成抛洒滴漏，违反了《杭州市城市市容和环境卫生管理条例》第六十一条第一款"运输工程渣土的单位和个体工商户，应当到市容环卫主管部门申领工程渣土准运证（以下简称准运证）。未达到密闭化运输要求的车辆（船），不予核发准运证。未领取准运证的车辆（船），不得运输工程渣土。准运证不得出借、转让、涂改和伪造"的规定。依据《杭州市城市市容和环境卫生管理条例》第六十一条第二款的规定"违反前款规定，由行政执法机关责令其改正，对有准运证的运输车辆（船）未实行密闭化运输的，处以一千元以上一万元以下的罚款；对无准运证、伪造准运证运输工程渣土的或者运输工程渣土与准运证要求不符的，处以二千元以上二万元以下的罚款；对出借、转让、涂改准运证的，处以二千元罚款"。

当事人居某驾驶号牌为浙A2M330号的绿色重型自卸货运输工程渣土过程中由于车辆密闭不严导致凤起东路共计200米长的道路被污染，给过往行人及车辆带来安全隐患，影响市容市貌。并且在知晓车辆抛洒情况下，未主动停车减轻抛洒危害，未主动采取有效措施改正违法行为，造成恶劣影响，属于从重情节。根据相关法律法规并参照《杭州市城市管理自由裁量权实施办法》的规定，决定责令当事人改正违法行为并处罚款贰万元整。当事人自觉接受了调查处理并按期缴纳了罚款。

（3）简单地分析

该案例查处过程中存在以下几个难点。首先工程车渣土抛洒滴漏范围广，在其行驶路段覆盖各中队辖区，单个中队难以单独进行查处。其次是工程车动态行驶，且抛洒滴漏属于偶发性行为，这与传统静态执法有所区别，难以第一时间发现，这增加了锁定当事人的难度。最后因其运输性质的特殊性，抛洒滴漏行为往往发生在夜间，加大了取证和查处难度。该案例中，执法中队通过交警路面监控确定造成抛洒滴漏车辆，并在交警以及渣土行业协会等部门配合下确定了车辆驾驶人，解决了确认当事人这一难题，为案件进一步办理扫清了障碍。

（二）建立正规化队伍

在队伍规范化建设进程中，凯旋中队采取了有针对性的措施，稳步推进，取得了显见的建设成效：2019 年 2 月，凯旋中队获评杭州市城管系统五星级中队，自此以后，在创建全省"最佳实践"基层执法队所、杭州市执法规范化中队等创建活动中中队不断改善队部硬件设置、提升执法规范化水平；2020 年，通过完善局部格局，配置部分电子设备，完善接待区为民服务设施等工作，中队严格按照规范化中队的建设要求改进功能区设置；落实"法制员"职责，由法制员对本中队办理的案件进行审核把关，对本中队当月办理的案件进行质量检查，对办案时限超时、自由裁量异常进行实时监控；狠抓办案质量提升，加强学习培训，通过案件研判会议开展案件分析，总结办案经验，查找办案瑕疵，在交流讨论中不断受启发，不断提高。

典型案例：老城管队员的自述

我 2001 年进入了城管行业，分管办案，在中队领导班子中工作时间最长、资格最老。2001 年进来时队伍刚成立，当时也不是很懂，觉得城管的工作也不算很烦琐，事情也不是很多，当时是七项职能结合起来，和现在的差距太大了，当下工作职责增加了很多，办案越来越规范，市里要求做两化建设，最近这段时间体现得越来越明显。队伍正规化是按照要求建设的，在执法办案过程中更加要求按照法律法规的要求来，抠得特别细，现在要求有且精。当时的执法是简单粗暴但有效，不讲程序。现在必须经过办案过程，才能做出决定。当时居民对城管队伍印象不好，成立队伍初衷是把几个部门职权集中在一起，这几年法治要求特别严。现在不光是法治部门，在信访层面也有要求，做事时要看职权范围有没有包括？怎么履职？现在12345、社会媒体都可以进行投诉。大环境来讲的话，要求越来越严，以前小打小闹，现在都可以办理一些以前从来没有接触过的一些案件。中队前年办理了一个燃气案例，处罚了11.5万元，数额还是比较大的。以前的办案职权在市局层面，区级不太接触到，后来燃气管理方面的工作调整，经过一段时间培训，在路上碰到了这样一个情况，就按照法律的条文和程序来走，最终顺利做出了行政处罚。这个案件当事人做出了行政复议和行政诉讼，最终法院都是判城管局胜诉，经过这个过程队伍经受住了考验。现在基层执法改革落实到街道执法层面，面临16项职能398项法条。最近要查教育局办学违规等，作为基层改革第一枪，现在要把这枪打响。在老队员接受新的执法业务以及适应新的执法方式方法方面，凯旋要走在别的中队前面，要做成示范，形成自己的模式，并把这个模式推广出去。

二　执法队员用实际行动执法为民

从某种程度上可以说，执法为民更应该是一个结果命题：有没有一个实际为民的结果，以及这个结果被市民接受和认可的程度如何，是判断执法为民与否的重要尺度。为了保证这一结果的实现，在信念、理念坚守的基础上，执法者的能力和水平是最为关键的保障。

（一）练就办案"硬本领"

凯旋中队从"学"与"做"两个维度开展自身的"硬本领"建设，通过提升自身能力保证执法的规范性和科学性，进而扎扎实实、真真正正地实现执法为民的现实成果。

（1）凯旋中队队员时刻不忘学习，按照用什么学什么、缺什么补什么的原则，不断用城市管理的新理念、业务工作的新知识、日渐完善的新法条武装自己的头脑，做到常用法律法规倒背如流，办案流程熟记于心。中队队员间常常与其他承办人员一起学习、一起探讨法律条款，互相取长补短，形成工作合力，推动中队办案水平再上新台阶。

（2）展现办案"好能力"。凯旋中队牢固树立质量第一的理念，坚持用清晰的思路指引、完整的证据链固定、精准的法条处理，做到每一份文书都核对无误、每一个案件都经得起推敲。特别是在新办案系统启用后，队员们仔细推敲每个流程，规范每个步骤；在处理重大案件时，面对社会影响大、群众关注度高的重大案件，中队队员迎难而上、敢于碰硬。在城管职权范围不断扩大的背景下，基层也面临了更多更复杂的案件。队员们主动适应新要求，及时与法规科反复沟通联系，在探讨实践中"摸着石头办案"，用最精准的法律条款和最认真的工作干劲，让复杂案件不再是大家心中的"拦路虎"。

（3）守好办案"廉洁线"。在执法办理中，队员们始终坚持以法律法规为准绳，以《杭州市城市管理行政处罚自由裁量权实施办法》为规范，面对当事人的说情送礼，不越红线一步，做到自身正、自身硬；坚持履职为民理念，想当事人之所想、急当事人之所急，以案件办理促进问题解决。

（二）打造"宣传硬本领"

凯旋中队在执法工作宣传方面也做出全面的努力，以改变市民对城管队伍和城管队员的负面形象与刻板印象，提高社会美誉度，减轻执法队员心理压力，力求在轻装上阵中提升执法为民的实效。具体措施有：通过传统的媒体平台，报纸电视等进行宣传；利用微博、微信、抖音等新型的媒介平台，执法队员把普法、执法过程中的真实故事拍摄记录并宣传出去。

典型案例：疫情期间的执法为民

（1）基本案情

在疫情期间，路边上有小商贩贩卖鱼肉等食品，执法队员上前询问后得知，这是一家自助餐饮企业的员工在售卖商品。

（2）处理过程

执法队员到自助餐饮企业进行调查；调查证实确是该店员工，由于开店时间不长，刚刚经营了短短数月就发生了疫情，复工复产后没有人去消费，所以，员工擅自到路边售卖商品。执法队员考虑了实际情况，决定不进行处罚，但对店家进行了教育，同时，用"疫情总会过去，生活必定更加美好"等激励性语言鼓励他们合法经营，创造属于自己的辉煌。

（3）社会评价

本次执法案件被放到抖音，获得了三万多点赞量，为凯旋中队未来普法、执法宣传工作开拓了新思路和新路径。

第三节　城市综合行政执法创新化

见之于凯旋中队的城市综合行政执法创新，主要集中于具体管理行为中的方式方法创新。当然，其整体创新思路和推进路径与江干区城管局创新发展历程是息息相关的，或者说，凯旋中队创新发展一方面是对后者创新发展的理念、体制、机制和管理方法的及时回应和到位执行；另一方面也是后者创新发展的一个组成部分。

一　跨区域燃气安全案

"跨区域燃气安全案"是凯旋中队创新管理方法的一个里程碑式的经典实践，不仅是因为它是江干区城市管理工作领域中的首例燃气类案件，更因为其是突破固有管理框架的创新性探索。

（1）发现问题

2018年3月12日13点15分，本机关执法人员依据职权检查发现，当事人在凯旋路260号停靠车号为浙AA349D蓝色货车，正给凯旋路260-3/4的兰州拉面店配送瓶装液化气，现场有一名驾驶员刘某，承认是杭州某煤气有限公司星桥储配站的员工，送了一个满瓶煤气并回收一个空瓶。当事人出示了《燃气经营许可证》（编号201201020003P），经营区域为余杭区，当事人现经营地点在江干区。经清点车内共有50kg瓶装液化气15瓶（10满，5空），15kg瓶装液化气20瓶（13满，7空）。经本机关执法人员经进一步调查询问得知，当事人在江干区的客户除凯旋路的兰州拉面店外，还有两家（天城路蓝天城市花园温州小吃店、昙花庵路 214 号麻辣烫店）。本机关执法人员对江干区这三家店铺的店主进行询问，该三名见证人确认当事人在江干区从事燃气经营活动的事实。

（2）案件查处

杭州市道路交通管理局江干管理处出具的浙 AA349D 在 2018 年 3 月 12 日 4 点 37 分至 18 点 37 分的 GPS 运行轨迹 1 份，确认该车于 2018 年 3 月 12 日在江干区的行驶路线。本机关根据向杭州市城市管理委员会《关于杭州某燃气有限公司涉嫌跨区域经营一案有关事项的请示》及《关于杭州某燃气有限公司涉嫌跨区域经营一案有关事项的批复》，确认江干区不属于当事人的经营区域。综上事实，确认当事人系属不按照燃气经营许可证的规定从事燃气经营活动的违法行为。当事人行为违反了《城镇燃气管理条例》第四十五条第二款的行为。根据《城镇燃气管理条例》第四十五条第二款之规定，并参照《杭州市城市管理行政处罚自由裁量权实施办法》的规定，对当事人处以罚款人民币壹拾壹万伍仟元整的行政处罚。

（3）听证会

当事人于 2018 年 6 月 24 日书面提出要求举行听证的权利。杭州市江干区城市管理行政执法局于 2018 年 6 月 27 日对当事人送达《行政处罚听证通知书》，于 2018 年 7 月 5 日对本案进行听证。听证后维持原处罚决定。当事人到指定银行缴纳了罚款并改正了违法行为。

（4）固定查处成果

本机关执法人员对当事人在江干区三家客户（凯旋路 260‑3/4 的兰州拉面店、天城路蓝天城市花园温州小吃店、昙花庵路 214 号麻辣烫店）进行复查，该三家店已改用在江干区合法经营公司的燃气使用。

（5）创新小结

该案为江干区首例燃气类案件。在整个案件过程中，执法队员改变单一的执法方式，灵活采用多种执法手段与执法方式，运用非现场执法手段固定证据，充分将视频监控以及 GPS 定位系统等科技手段运用在一线执法办案中。

与上述案例相呼应，凯旋中队按照"不忘初心、巩固深化、深耕主业、强化执法、服务于民"的工作理念，严格按照"标杆中队"要求，力求案件指标量化、案件多元化、案件高质化。仅在 2020 年，中队查处各类案件 6780 件，累计处罚金额 840249.5 元。其中办理一般程序案件 301 件，罚款金额 280385.5 元；办理简易程序案件 183 件，罚款 9280 元；查抄违停 6296 辆，缴款结案 550584 元。中队积极回应信访投诉举报，接处 96310、省政务平台等渠道投诉 994 件，接处 86999290 快速反应电话 100 余件。

二 "1 + N"网格化管理

"1 + N"网格化管理模式是凯旋中队对江干区城市管理局网格化管理的应用型创新实践，"1 + N"是指一名执法队员带领 N 名综管队员，以一张动态图、一本台账、一个微信群为载体，将辖区划分为 6 大网格，全面落实"721 工作法"，对网格内社区管理、街面序化等问题进行全面管控。

典型案例一：网格排查出首例改变燃气用途案件

（1）杭州市首例改变燃气用途案件

杭州市近年来查处的首例改变燃气用途案件，是凯旋中队通过网格排查发现并立案查处的。

（2）执法网格长的职责

执法网格长不仅要熟悉自己网格内的商家店铺、在建工地、施工车辆、大厦物业等各类信息，更要做到主动对接，实现信息的实时更新，以确保问题在第一时间被发现、第一时间被解决。

（3）履职过程中发现问题

2019 年 1 月 9 日，凯旋中队网格长吴钰成与网格员彭永新在景芳网格内正常排查店家油烟和燃气使用情况。检查至景芳路一家麻辣烫店时，执法队员发现该店居然将二楼的住宅用管道燃气用一根简陋的黑色软管连接延长，一路沿着墙壁接到楼下店面的大灶上，连接一楼店面和二楼住宅燃气的黑色软管长达 15 米，存在重大燃气安全隐患。

（4）立案查处

执法队员立即联系天然气公司专业人员共同排查，当场做出整改处理并立案查处。

典型案例二：实现犬类管理协同机制

（1）管理难点

城东公园作为凯旋街道一大型开放式公园，优美风景，在吸引市民群众同时也吸引了不少爱狗人士在此处遛犬。按照《杭州市限制养犬规定》，允许携带小型观赏犬出户的时间为 19 时至次日 7 时，而城东公园内遛犬行为一般发生在白天，对此市民投诉较多。

（2）发挥网格化管理优势

为解决这一扰民问题，在加强该区域巡查的同时，凯旋中队与城东公园保安班开展犬类管理协同机制，一旦公园内出现违规遛犬行为，在劝导教育无法起效情况下，由保安班立即上报执法网格长，执法队员立即跟进，对违规遛犬行为进行查处，仅 2019 年就查处城东公园犬类违法案件 23 起。

（3）管理成效

截至 2020 年底，该机制运行平稳，违规遛犬行为大大减少。

典型案例三：贴心直通进校园

（1）为校园量身定制垃圾分类方案

凯旋中队联合区治废办、凯旋街道公管办将贴心直通车开进景芳中学，为全校 800 余名师生带去垃圾分类宣讲课。同时执法网格长抠细节、抓重点，瞄准校园垃圾分类靶心，为校园量身定制垃圾分类方案，协助景芳中学建立一系列垃圾分类工作制度：将垃圾分类融入主题班会；建立垃圾分类检查小组，每日开展垃圾分类抽查工作；班级班委担任小桶长，班主任做好监督工作；年级组长作为教师办公室桶长，为教师办公室垃圾分类工作负责；学校固定垃圾投放时间为 17 点至 17 点半，落实专人监督垃圾分类，发现垃圾分类不合格退回垃圾桶；定期开展垃圾分类宣传等。

（2）建立长期普法课堂合作

2016 年以来，凯旋中队依托网格管理与辖区内多所中小学校建立长期的普法课堂合作关系，构建中小学生假期实践基地，结合"假日小队"、寒暑期假日实践等开展主题活动 11 场。

（3）构建网格长与学校的沟通网络

按照网格划分，由网格长带领景华小学、景芳中学、春芽实验学校、南肖埠小学等辖区内数所中小学生开展垃圾分类、犬类宣传、共享单车管理等主题活动，进一步构建与学校的沟通网络，密切党群干群关系。

三 破解"贴沙河"难点

"贴沙河"是杭州城内的千年古河、护城河，开凿于公元861年，主要用以泄钱塘江潮水，护卫杭城。古时候因泥沙聚集于河滩上，曾与相邻几条河流统称沙河，俗称"贴沙河"。自1931年清泰门自来水厂建成后，贴沙河成为水源保护区，是杭州市民游乐休闲的好地方。贴沙河的水最深处有四五米，最浅也有两米多。贴沙河是杭州的备用水源地，不过每年都有人在这里游泳、垂钓，既影响饮用水安全，也影响城市景观，而且每年都有人在这里溺水身亡，很不安全。虽经多次治理，成效不大，逐渐成为城市管理的难点。

典型案例："贴沙河"管理服务外包

（1）基本案情

作为备用水源，"贴沙河"是禁止垂钓与游泳的。但是，以前的管理比较松散，加上当地居民从小就在"贴沙河"里游泳，从小游到大。居民游泳的时间都是早上五六点，而且有很多的冬泳爱好者；他们垂钓的时间都是半夜十一二点以后到凌晨三四点，都错开了上班的时间。因为游泳和垂钓，这里基本每年都会发生溺亡事故。

（2）服务外包、效果明显

居民的投诉越来越多，城管中队采取相关措施，包括在河边用围栏搭建，防止下水。但是钓鱼的人会破坏栏杆，劝阻不了管理不住。后期凯旋街道做了服务外包，聘请了保安公司，在城东公园路段安排了十多个工作人员，进行二十四小时轮班倒的日常管控，针对以前经常出现的钓鱼、游泳等现象进行手段强硬的制止。中队做了很久的联合整治，花了一两个月的时间将这些现象彻底遏制住了。

（3）强强联合

外包的工作人员是发现、制止和劝导，中队是做最终的执法介入。智慧化手段能实现发现和监管，制止的话还是得派人管，这对管理提出了更高的要求。智慧化以后，队员可以精准地发现问题处置问题。在城东公园这里服务外包是很成功的案例：城东公园居民有反应遛狗、音乐扰民的情况，外包的保安公司和中队强强联合就做一个执法查处，在2020年上半年就查处了二三十个遛狗的案件；对钓鱼行为的查处也有十多件，执法成效实现翻天覆地的变化。

四 借力"凯联勤"

凯旋中队借力凯旋街道的"凯联勤"平台，按照平台工作流程和以"四个平台"为依托，深耕网格，明确责任，深化与街道科室、社区、公安、交警、消防、市场监管等部门联动，参与各项整治行动；依托各部门资源，完成执法案件查处工作；借势借力破解各类热难点问题，减少重复投诉案件和数字城管采集量，全面提升街面序化管控水平，提升群众满意度。

"凯联勤"具有网格管理特征，是城市治理工作机制的创新，它把街道所有部门集合起来，并形成了与社区、物业网格化联动机制，建构起城市治理的整体联动和综合整治格局。凯旋中队利用这一管理网格，并根据社区网格重新布局中队管理网格，实现每个队员下沉到社区，每个队员包干一个区块，成为城市管理重心再度下移的实践样本。

第四节 城市综合行政执法人本化

城市管理重心二次下移之后，城管执法中队就成为城市管理固置于街道、社区里的前哨阵地，他们的工作对象和工作内容毫无例外地与市民息息相关、与民生休戚与共。这是他们的工作平台和工作高地，江干区城管局"四化"协同之"城市治理人本化"在中队执法管理过程中得到很好的实践和展现。作为中队中的佼佼者，凯旋中队在如下几个领域充分展现了具有浓郁的人本化特征的城市综合行政执法。

一 以担当冲锋"疫"线

2020年初，当人们满心期待迎接春节假期到来之时，新冠肺炎疫情席卷全国。疫情如火，在这个看不见"敌人"的战场上，凯旋中队战"疫"人逆行而上，不惜牺牲小我以换取大家的平安与安心。

典型案例：一心抗疫护民众

（1）应急而动

自浙江省启动防疫一级响应以来，凯旋中队全面动员、全情投入、全力保障，迅速形成防控新冠肺炎疫情工作的态势。中队上下在市区两级局党委和凯旋街道党工委的领导下，不分昼夜、勠力同心、投身社区，始终坚守在最前线。在抗击疫情的特殊时期，凯旋中队作为浙江省"最佳实践"基层执法队所和杭州市五星级中队，发挥了标杆中队应有的战斗堡垒作用。

（2）统筹谋划、合力布局，将中队执法力量最优化配置

中队里除1人居家隔离外，所有执法队员和综管队员全员投入了防疫战斗。在保障街道序化工作基础上，以工作内容细分，全员整编出发，支撑辖区重点管控区域和社区疫情防控工作：①设立执法保障组，落实特殊时期的网格化管理责任。以网格为单位，由执法网格长和网格员对接街道15个社区，对社区投诉和增援、应急保障等工作予以及时跟进。②设立社区志愿组助力24小时在线的"门岗登记制度"。③设立街道应急组，成立应急小分队随时机动支援辖区抗"疫"工作。④设立专业消杀组，清扫消毒隔离点垃圾是防疫中的关键一环。

（3）具体工作及成效

执法保障组以网格为单位，由执法网格长和网格员对接街道15个社区，对社区投诉和增援、应急保障等工作予以及时跟进。共处置社区禽类投诉6件，其他投诉24件，联合街道、市场监管部门对农贸市场和沿街店铺经营情况检查200余家/次。社区志愿组派驻37名综管队员，全天候参与金秋等4个社区的15处门岗登记，队员不怕风、不怕雨、不怕冷，连续无休作战。半个月的时间里，出动人员667人次，

检查外来人员 4527 人，测量体温 8696 人次，排查湖北全省、温州、台州等地返杭人员并上报社区 24 人次。街道应急组 3 名队员配合街道做好防疫物资领取和发放，协助街道领取帐篷、消毒用品等防疫物资 21 批次，出动车辆 60 余次，同时听候街道安排，完成街道应急任务。专业消杀组 2 名中队队员全程参与街道居家医学观察隔离户生活垃圾处置工作。在疫情最严重的新年伊始，陆续回家的序化队员有召必回，从年初三开始所有序化队员到社区帮忙，收居家隔离点的垃圾。2020 年，凯旋中队年序化成绩评为局级优秀。

从 2020 年初开始，凯旋街道一直是疫情防控的前沿，是全市关注的焦点，防控责任重大、任务艰巨。在做好日常主责主业的同时，凯旋执法中队充分发挥勇于担当的作风，积极投入凯旋区域抗"疫"队伍，他们的身影活跃在一线的每个角落，他们的坚守铸成一道道最强的防线，他们用自己的行动彰显城管人的风采，成为凯旋街道最美的身影。

二 护校安园保学子

凯旋街道附近有好几所学校，凯旋中队的重要职责之一就是做好考试期的服务以及在校学生安全保障。为了给学生们创造整洁、安宁的学习环境，南肖埠社区城管服务室工作人员联合各部门对学校逐个开展联合巡查工作；在杭九中，凯旋中队执法人员对校园垃圾分类情况进行了检查，并向在校的学生们详细介绍垃圾分类的意义、知识及方法，让学生们了解和掌握垃圾分类小知识；在对南肖埠小学、南肖埠幼儿园的复学情况进行检查的过程中，执法队员同步针对校园周围的违建、小摊小贩等问题进行有效处理；执法队员对辖区楼宇内的各家培训机构进行逐一检查，确保培训机构合法合规经营，并积极向其开展五水共治、垃圾分类等工作内容宣传。执法队员还经常将贴心直通车开进校园，更好地践行以人为本的工作理念。

三 助商户复工复产

2020 年，在疫情的影响下，各行业都面临着不同程度的复工复产困境，凯旋执法中队切实落实疫情防控与复工复产"两手抓"，积极为商户创造良好的营商环境,为居民创造良好的居住环境。通过实行"定岗、定责、定时、定人"工作机制,进一步细化工作责任、落实工作任务,确保保洁工作不留"盲区"。在人流量较大的重点时段、路段周围等,社区城管服务室有针对性地增加保洁力量,保障社区干净整洁。在做好日常保洁的同时,工作人员针对检查出的工作薄弱点、卫生死角开展环境卫生整治,快速解决问题、补齐短板,并坚持防疫工作机制不变、力度不减,每天由专人、专车对垃圾桶、生活垃圾集置点、小公园、楼道等进行循环消杀,继续牢筑疫情防控"环卫防线"。

    典型案例:热心助力商户

    疫情期间及后期的店铺复工,不仅要效率,也要安全。为了助力辖区店铺复工复产,凯旋中队在金兰池社区成立了"红色服务队"——以网格为划分,1名网格社工加上N名党员志愿者,组成了7支"店小二突击队"。社区连同城管执法、综治的力量、街道纪工委、市场监管,组成了复工复产"监督组"。

    "分组突击后,平均每组分摊20多家店铺,减轻工作压力的同时,也加快了复工速度",社区党委副书记、居委会主任郑飞飞说。

    在较短的时间内,辖区近80%的店铺已签订了《凯旋街道沿街商户(个体户)疫情防控承诺书》,有效地帮助与促进了商户的复工行动。

    在附近小有名气的胡记牛肉汤,3月5日重新营业,不仅支起热气腾腾的汤锅,还第一次做起了外卖打包生意。店老板胡永富说:"以前一天少说能卖三四百碗牛肉汤,店里生意都忙不过来,现在有规定,一律不准堂食,这不,索性做个新尝试,刚刚我还入驻了外卖平台。""估计恢复正常,还要一段时间,街道和社区为了帮助我们复工也出了不少力,之前我买不到体温枪,还是请社区帮助的。"

四 爱心微心愿

    凯旋中队通过"爱心包"和爱心微心愿活动,诠释城市管理之爱,让一年四季坚守在一线的员工感受到城市综合行政执法的温度与热度,打造温暖的城管之"家"。

典型案例："爱心包"微心愿温暖一线人

截至 2020 年底，"爱心包"活动已经开展四年了。2020 年 12 月 18 日上午，滨和"爱心日"四周年活动在城管驿站闸弄口京杭运河点举行，城管驿站东宁路滨和点、凯旋滨和点、滨和艮山西路点、东站滨和环站东路点、东站滨和新风路点、东站滨和二层平台点、运河公园驿站、天仙庙路 60 号驿站等 8 个城管驿站"爱心包"赠送活动同时进行。四年来驿站中累计发放包子 24000 个、豆浆 12000 袋、月饼 2600 包、咸鸭蛋 2100 份、腊八粥 1500 份、粽子 2000 份。

除开展城管驿站"爱心日"滨和爱心点揭牌仪式外，在活动现场，爱心包由到场一线员工纯手工制作，从和馅到爱心包出锅，全程参与，让一线户外劳动工作者感受到关怀和温暖。

为了纪念这四年来的坚持，驿站内还特意准备了"四周年纪念蛋糕"。环卫工人邵治会大姐等几人组成的尤克里里队伍，为四周年庆活动献上精彩的歌唱表演。这支平均年龄 40 岁以上的特殊队伍，工作之余通过音乐感受生活的美好。就如邵大姐所说："四年坚持，真真切切地让环卫工人感受到了温暖，在驿站我们还用音乐丰富生活，挺开心的。"

与"爱心包"一样带给一线工人温暖的还有微心愿活动。为帮助一线环卫工人实现小愿望，在各城管驿站会不定期开展微心愿认领"圆梦"活动。区城管局各支部与不同驿站点结对，开展微心愿认领，为一线环卫工人送去棉衣、电饭煲、保温杯、书包以及他们所需所想的物品，温暖了他们的身心。

|第八章|

城市治理现代化的标杆

行文至此，我们可以清晰地感受到，江干区城市管理局以其取得的创新发展成就，为全国的城管同行们树立起了一个既具操作性，又具前瞻性，同时具有引领性的城市治理现代化发展标杆，提供了可资借鉴、可资学习的管理样板。为了更全面深入地认知江干区城市管理局的"四化协同"实践，也为了更好地帮助借鉴者们根据自身实际创造性地学习与应用，同时为了服务于城市治理理论研究者们的相关研究，在这一章，我们将进一步探讨内蕴在管理实践之中的一些话题，揭示江干区城市管理者们探索实践"四化协同"的"时空际遇"、客观价值以及"关键少数"与制度创新的重构效应，并在此基础上，对城市治理未来发展趋势予以科学的探寻与思考。

第一节　时空际遇

江干区城市管理局"四化协同"的城市治理现代化实践，既具有客观性，也具有历史必然性。我们将其客观历史必然性概括为"时空际遇"。正是其所处的特殊时空场域，才满足了江干城管人的创新发展需求，成就了江干城管人创新发展的大业。

一　时间际遇

单纯从时间这一个维度来理解，江干区城市管理局并没有自己独享的、特殊的时间际遇。在这一维度上，它和全国各地的城市管理局共享着同样的时间坐标。具有特殊意义的是，全国城市管理者们共享的这个坐标，对城市管理事业来说却具有特殊性，具有异于此前乃至此后发生的城市管理的特殊意义和价值，这个特殊性起码可以表现在三个方面：其一是城市化快速发展带给城市管理特殊的创新发展际遇；其二是创新发展的时代氛围形构的可以创新发展的特殊际遇；其三是不断优化增长的城市需求带来的特殊发展际遇。

首先，城市化的快速发展在从空间上带来了城市体急剧膨胀的同时，也制造出急剧增长的城市困境：城市病的暴发和蔓延是城市生命历程中的一个特殊发展阶段，急需城市管理的强力介入以消弭城市的种种沉疴。特殊时期、特殊任务与特殊使命需要特殊的应对方略和应对之策，因此，城市治理的创新发展就成为这个特殊时期其应该承担的历史使命。

其次，当下的城市治理生逢创新发展的盛世良辰。在创新成为我们这个时代重要特色的大背景下，城市治理创新发展不仅是适应时代要求的主题色，也是促进并实现自身发展的首选路径。

最后，上海世博会的一个重要成果就是使"城市让生活更美好"不仅成为城市的一个天然标签，成为城市自身发展的一种目标和追求，而且也成为城市良性运行协调发展的一种过程性措施与手段。它在优化城市发展路径、手段和目标追求的同时，也拔高了城市居民的期望值，丰富与扩充了市民及城市本身的充要性需求。为满足市民与城市的种种"新需求"，传统的城市管理无论是从"质"的方面，还是从"量"的方面，抑或是从"度"的方面，都需要一个全新的提升。因此，创新发展就成为满足上述种种"新需求"的最优选择。

上述三个方面的时代特征，为城市治理的创新发展提出了要求，创造了条件，准备了手段，塑造了使命。所以，城市治理的创新发展既是必需的，也是必然的，这是时代的呼唤，是时代的要求，城市治理创新发展责无旁贷。

二　空间际遇

从空间这一个维度来理解，江干区城市管理局拥有自己独享的、特殊的空间际遇，那就是与其管理范围相对应的城市空间区域。但是，作为一个设区市下的区级政府职能部门，尽管是省会城市下的一个区级政府职能部门，它的空间际遇实际上是被高度分享的。江干区是杭州市的主城区，但是，它的主城区地位是与其他5个区分享的，在狭小的主城区空间内，无论是区位优势，还是经济、社会、文化地位，抑或是空间区划，甚至是天际线特征，各区的同质性大于异质性，各区在市级层面的重要性也不分轩轾。因此，从方方面面的"市情""区情"分析，江干区实际上是在与其他主城区分享着属于杭州市的空间际遇，自己独享的空间际遇即便是有，也只能是偶发的、随机性的和微乎其微的。所以，我们在探索江干区城市管理局创新"四化协同"城市治理现代化时间的空间际遇时，更多的是基于杭州市的空间际遇来展开研究的。

基于杭州市的空间范围，我们发现，江干区的城管人在创新发展过程中拥有的空间际遇是得天独厚的，从最粗放的层面计算，起码有下述几类空间际遇是属于杭州市的，因而也是属于江干区城市管理局的。

第一，作为开放发达的省会城市，杭州市为江干区城市管理事业的创新发展提供了开放包容的政治、经济、社会空间。

第二，作为长三角一体化的重要支点，杭州市为江干区城市管理局在城市治理现代化奋斗征程上提供了新型的空间际遇。

第三，"干在实处、走在前列、勇立潮头"的浙江精神，在赋予杭州市这个浙江省最大的城市、浙江省的省会城市实干、肯干、能干、敢想敢干、敢为人先、创新发展的城市精神的同时，全方位为江干区城市管理事业创新发展提供源源不断的动力和保障。

第四，"精致、和谐、大气、开放"的杭州精神则从"和谐宜居、富有活力、特色鲜明的现代化城市"方位，从建设国际化的"独特韵味别样精彩世界名城"的目标定位等维度，构建出让江干区城市管理事业创新发展的独特空间际遇。

第五，以阿里巴巴为代表的新技术产业及相关新技术在城市治理领域的应用，为江干区城市管理局创新治理模式，推动城市治理现代化发展提供了得天独厚的技术优势。

除了上述五个方面外，属于杭州市的，同时也是江干区的城市空间际遇还可以列举出很多，正是这些空间际遇的存在和发挥作用，成为江干区城市管理局"四化协同"实践创新发展的重要外部原因。

三　时空交织建构的特殊时空际遇

如果把时间际遇作为横坐标轴，把空间机遇作为纵坐标轴，那么，它们相交的原点，就是我们要研究的重心所在，也就是江干区城管局探索实践"四化协同"城市治理现代化的那个基准方位。在这个原点处，时间机遇和空间机遇交织与互构，成就了江干区城市管理局创新发展的优越条件。

当然，时空交织建构的特殊时空际遇，只是江干城管人创新发展的客观条件，是外部因素。江干区城市管理局之所以能够通过"四化协同"实践推动城市治理现代化的创新发展、能够创造性地利用和挖掘外部因素的积极作用，"善假于物"是他们创建出全国性标杆的重要原因，也是他们为后发者提供的重要工作思路和工作方法。

第二节　关键少数与制度创新的互构效应

我们在这里研究的关键少数，特指在探索"四化协同"城市治理现代化实践过程中发挥着引领性作用的那些关键人物。从理论上说，他们可能是江干区城管局的领导群体，也可能是一线的管理人员，也有可能是某个具体的个人。在实地调研中，我们发现，在整个创新和建设过程中，主要发挥"关键少数"作用的是江干区城管局的党委班子和该"班子"中的关键个人。当然，一线管理人员中的典型人物，也在某种程度上发挥了"关键少数"的作用。

"政治路线确定之后，干部就是决定的因素。"[①] 这是对工作中关键少数作用的经典论述。这些关键少数之所以起着决定性的作用，不仅在于他们是贯彻执行"路线"的关键，更在于他们是根据实际情况，将执行政策的原则性和灵活性完美结合的关键。政策执行中，没有原则性就是胡闹，而没有灵活性就是僵化与教条。只有将二者有机地结合在一起，才是政策执行的最高境界，唯有如此，才能够在正确的道路上创新发展。

---

① 毛泽东：《中国共产党在民族战争中的地位》（一九三八年十月十四日），《毛泽东选集》第二卷，人民出版社，1962，第485～501页。

西方的研究者基于自身的研究观察，也注意到了相似的问题，特别是致力于城市管理的一些学者们，从城市管理行业的角度，进而从城市管理中"领袖人物"的作用角度，研究涉及关键少数的作用问题。美国的戴维·R.摩根提出了"城市领导者必须理解社区价值、制度惰性、政治环境和领导力资源"① 的观点；奥威尔·鲍威尔从更具应用性的角度提出了自己的观点，认为"城市管理者处于一个能影响人们生活的位置。我们处于促进形成社区历史、目标和价值的位置，也许这个位置在全国之中很小，但是就在这小小的一块领地上（城市/县），我们能够对人们的生活造成积极的影响，没有几个职业可以做出这样的宣言"②。细细品味其观点我们可以发现，西方这两位学者的观点具有异曲同工之妙，其内蕴的管理理念和方法具有很大的启发意义。在传统意义上，管理可能就是一个触发性行为、末端行为，无论是城市事件管理，还是城市部件管理，只有当需要管理的现象出现之后，管理行为才能发生也才应该发生。这种被动的管理模式是有可能将现实中发生的管理问题——对应地处理掉的，如果管理艺术高超的话，也能够很好地完成城市管理者应该完成的任务。但是，在大多数情况下，这种被动反应的模式难以有效地处置城市管理领域中发生的各类问题，特别是应急管理问题。于是，各种管理后遗症在意想不到的场域纷纷发生，哪怕是已经处理好的问题，也会经常出现反弹。这是人们产生有关城市管理绩效不高、管理措施不得当等许多负面形象的重要原因。我们认为，问题产生的原因主要不在于城市管理者的管理能力与管理技巧等方面，甚至也不在于城市管理体制机制是否健全合理等方面，主要原因在于这种被动适应的管理格局。上述两位学者的观点至少可以给我们两个方面的启发，其一是城市管理者"领袖能力"的建设问题。从严格意义上讲，一个好的城市管理者，不仅仅是一个优秀的管理工匠——拥有所有的管理技巧与手段，能够将其掌握的各种手段与艺术很好地甚至是创造性地应用于城市管理实践中，能够将管理中出现的各类问题化解于无形，一个好的城市管理者应该具有领袖品质——他不仅能够处理问题，更应该知道问题产生的原因、形成的机制、产生的影响和未来走势，他要善于改造与

① 戴维·R.摩根：《城市管理学：美国视角》，中国人民大学出版社，2011，第2页。
② 奥威尔·鲍威尔：《城市管理成功之道》，北京大学出版社，2008，序言。

优化管理环境，充分利用城市管理部门之外的经济社会资源，利用自己掌控不了的人力资源，集社会之合力求解城市管理之难题。正是基于这样的思路，具有 26 年城市经理经验的奥威尔·鲍威尔凝练出九条"持久而又成功的"城市管理方法，分别是"作为领导者的管理者、为获得尊敬进行管理、时下管理方法、私营化、员工的解雇、员工的暂时停职、让员工自我完成工作、坚决果断以及站在五年后观望"[①]。这九条经验，站在城市经理的角度，阐述了城市治理过程中的关键少数应具有的治理理念、品质和能力，进而释放出了对关键少数之关键作用解释与理解的意思和信号。

追根溯源，关键少数之所以得到毛泽东主席的重视，得到西方众多知名学者的研究，核心是其在具体工作中举足轻重的地位，而这一地位的变现载体，实际上就是关键少数与既定制度的互构效应——政策执行中的原则性和灵活性的有机结合、创造性结合。纵览江干区城管局"四化协同"实践全程，这种互构效应得到了全方位的展现，我们可以从"四化"中任何"一化"的创新过程中发现众多的实践案例，也可以从"四化"协同中发现比比皆是的经典案例，甚至在许多具体的操作性环节中发现生动形象的实践案例。

第三节　不断进步的杭州实践：
被需要的全国标杆

"四化协同"是近年来杭州市江干区城市管理事业创新发展的主要成就之一，也是其能够创新发展的主要载体，"四化"协同、"四轮"驱动，江干区城市管理局为全国的同行们找到了一条推动城市治理事业健康快速发展的可行道路。在这一坦途上，"四化协同"也必定继续自己的发展之路，并在应对与解决城市治理现实问题、引领全国城市治理创新发展过程中实现自身的进一步优化与进一步发展。因此，它仍然会不断克服困难、化解矛盾、解决问题、不断进步。

---

① 　奥威尔·鲍威尔：《城市管理成功之道》，北京大学出版社，2008，第 49 页。

一　创新发展之基因与品质的推动效应

作为创新发展的产物,"四化协同"内蕴着不断创新发展的基因与品质,我们可以从以下几个方面来予以理解和说明。

其一是实践的行为主体,也就是江干区城市管理局中的关键少数和城管局的其他干部职工,这一善于创新、勇于创新和惯于创新的管理群体,是推动"四化协同"不断进步的最积极、最活跃、最能持续发力的群体,他们的存在和发挥作用,是"四化协同"实践不断进步的最主要原因和最主要的动力因素。

其二则属于实践本身的发展惯性或曰模式创新发展的路径依赖。一般说来,模式一经形成,就具有了如下的几个主要特点,分别是结构性、稳定性、一般性、重复性和可操作性等特点。其结构性与稳定性特点,决定了模式的惯性发展特征,在没有外力强制性干预的条件下,模式总是能够沿着既有的发展方向,自动组织与安排结构性要素的比例关系和互动方式,沿着可预期、可重复的既有路径惯性推进,形成模式发展本身的路径依赖。也正是因为模式发展具有的路径依赖特征,才使得它在以后的推进过程中容易陷入固化和僵化的泥淖,这是专业人士对模式抱持怀疑与排斥态度的原因之所在。因此,在实践中,警惕与防止模式本身的固化和僵化趋势,应在其重复性和可操作性等特点上做文章,使其牢牢地扎根于城市治理的具体实践环节和具体实践场域,用实践性和灵活性稀释其结构性和稳定性特征,促其永远跟实践过程同频共振,这样一来,其创新发展的基因和品质得以坚持和弘扬,模式本身的不断进步就是题内之意了。实际上,由于"四化协同"实践正在模式形构的"路上",也由于江干区城市管理局中关键少数的强力存在和积极作用的发挥,"四化协同"始终内在于城市治理创新发展的实践逻辑中运行,实践的与时俱进这一特点不断微调着该模式雏形的结构、构成因素及其他特点。因此,"四化协同"在看似惯性发展的过程中不断地推陈出新、创造性发展。

其三是创新发展的正向反馈与激励。"四化协同"导向下的江干区城市治理实践捷报频传,这既是对其科学性、实效性和可操作性的充分肯定和佐证,同时也是对其沿着既定的发展路径和发展方向继续推进的鼓励与支持,这种正向的激励反馈,对于创新发展中的"四化协同"实践是弥足珍贵和关键的。在实证调研过程中我们欣喜地发现，"四化协同"实践和城市治理的创新发展已经形成了良性循环的正向反馈机制，"四化协同"在促进和被促进的过程中不断进步与完善。

二 全国城市治理发展诉求的推动效应

到目前为止，我国的城市治理实践始终在不断探索过程中艰难前行，有研究者基于实证研究的资料和数据得出这样的结论："相对集中城市管理模式虽然对提升城市管理水平成效显著，但面临困惑也颇多……相对集中城市管理模式面临着公众参与不足、执法裁量权限膨胀、执法程序缺失、执法手段暴力化、执法公信力降低等诸多困惑，这些困惑与服务行政的时代背景格格不入。唯有走出'运动式、粗放式、突击式'的城市管理误区，建立相对集中城市管理模式的长效机制才是应对困惑的得力之举。"① 显然，这一研究是基于特定城市的个案研究，其研究结论也具有明显的时代和地域局限性，但是，该研究也从中揭示出城市综合执法的困境，并为其走出困境、解决难题提出了对策性建议。也有研究者基于对城市治理同样的困境观察，提出了自己的破解之道，认为"随着城市化的快速推进，城市人口急剧增长，城市规模不断扩张，城市管理任务越来越重、难度越来越大，人民群众对城市管理的要求也越来越高"。② 并从以下四个方面来理解与应对实践中面临的棘手问题，分别是：人性化是城市管理的基础、法制化是城市管理的前提、数字化是城市管理的保障、多元化是城市管理的趋势。凡此种种，给予我们许多明确的信息，其中就包含着诸如城市治理的困境和出路等信息，这也说明，我国的城市治理实践还处于比较初始的阶段，发展过程中还面临着重重困难；同时，这些信息还说明，处于探索中的我国的城市治理，还缺乏富有成效的、普适性的、教科书般的案例和经验以供学习、模仿甚至是创新。在这样的发展阶段，具有全国行业标杆性质的江干区城管局"四化协同"实践探索，其被需要的重要性和被需求的程度也日渐凸显。在这样的背景下，

---

① 江国华、韩玉亭：《相对集中城市管理模式面临的困境及对策研究》，《北京社会科学》2014 年第 11 期，第 4~11 页。

② 张宪威、罗时平：《城管困局破解》，《求实》2012 年第 7 期，第 49~51 页。

外在的学习、效仿，在制造出一个榜样的同时，也给榜样施加了巨大的压力，这种压力势必推动浸润在"干在实处、走在前列、勇立潮头"浙江精神中的江干城管人继续发力，推动"四化协同"实践的不断创新发展。

三 客观环境的推动效应

正如上文所言"四化协同"是在既定的时空环境中产生的，客观环境给定的时空际遇让其脱颖而出。同样，该模式雏形也不会止步于固有的架构、满足于固有的成效、按照成型的运转机制运行，相反，它会以与时俱进的姿态，不断进步发展。个中原因，除了其行为主体及雏形本身的发展惯性影响以外，客观环境因素发挥着重要的推动作用。这里所说的客观因素包括方方面面的内容，诸如政策环境、技术环境、社会文化环境等。我们在此重点对政策、社会文化及技术环境推动"四化协同"不断进步的相关问题进行简单讨论。

1. 政策环境推动

政策环境中的驱动因素包括了从中央顶层政策设计到省、市、区各层级的政策设计与政策安排。从中央层面讲，相关政策设计，特别是"十三五"以来的相关政策设计，一直是推动城市治理健康快速发展的强大力量。《中华人民共和国国民经济和社会发展第十四个五年规划和2035年远景目标纲要》继续就城市治理问题做出重要的政策安排。纵览整个纲要全文，与之相关的主题起码包括三个层次的内容。一是从国家治理体系和治理能力宏观层面发出的政策指令：到2035年，"基本实现国家治理体系和治理能力现代化"。二是从城市治理的中观层面发出的政策指令："提高城市治理水平，加强特大城市治理中的风险防控"。三则是从社会治理层面发出的政策指令："完善社会治理体系，健全党组织领导的自治、法治、德治相结合的城乡基层治理体系，完善基层民主协商制度，实现政府治理同社会调节、居民自治良性互动，建设人人有责、人人尽责、人人享有的社会治理共同体。发挥群团组织和社会组织在社会治理中的作用，畅通和规范市场主体、新社会阶层、社会工作者和志愿者等参与社会治理的途径。推动社会治理重心向基层下移，向基层放权赋能，加强城乡社区治理和服务体系建设，减轻基层特别是村级组织负担，加强基层社会治理队伍建设，构建网格化管理、精细化服务、信息化支撑、开放共享的基层管理服务平台，加强和创新市域社会治理，推进市域社会治理现代化。"①

从我们引述的《纲要》中的这三段文字可以看出，中央系统化的顶层政策设计，既为城市治理现代化指明了方向、设计了路径、制定了具体的行动方案，也为城市管理者探索适宜的城市治理模式提供了蓝图，同时也是推动既有的管理模式继续创新发展的强大力量。再将省、市、区的政策推动效应考虑在内，由此可以推知政策环境推动"四化协同"不断进步的基本态势和"四化协同"不断进步的必然结果。

2. 社会文化环境推动

从复杂性和来源的多样性方面讲，推动"四化协同"不断进步的社会文化环境因素是复杂的和多样化的，我们在此主要是从共管、共治、共享和城市治理文化这几个维度，进行简单说明和解释。

首先，共管、共治、共享在城市社会与城管局之间建构起一种新型的关系模式，其背后的理念实际上就是"人民城市"理念：人民城市人民建、建好城市为人民，以及人民城市人民管、管好城市为人民。其具体的操作路径，或者说这种关系模式下的具体治理方式与方法，就是全民化的城市治理行动与实践，即多元的城市治理行动模式。多元间的关系互构、行动互构、思想互构，本身就是充满活力和挑战的，在挑战中行动，在行动中前行，"四化协同"犹如裹挟在洪流中的浪花，不断进步就成了其唯一的选择和唯一的进路。

其次，通过全市域城市治理文化的建设与城市治理文化的进步，提升了整个城市市民的治理能力和水平，建构起现代化的城市治理文化，这既是城市治理现代化的良田沃土和强有力的抓手，同时也是城市治理进一步现代化的推动因素。对于"四化协同"来说，如何匹配城市治理文化的进步与发展，如何引领城市治理文化的继续进步和发展，成为摆在管理者面前的一个现实问题。换句话说，"四化协同"还能不能继续扮演此前推动、建设、引领城市治理文化发展的角色，抑或是成为现代城市治理文化需要

---

① 新华社：《中共中央关于制定国民经济和社会发展第十四个五年规划和二○三五年远景目标的建议》，中央人民政府门户网站，http://www.gov.cn/zhengce/2020－11/03/content_5556991.htm，最后访问日期：2020 年 11 月 3 日。

改造和改良的对象？唯有自身不断进步与发展，才能够不被自己建设好的城市治理文化所抛弃，不成为城市治理文化继续进步的障碍，而继续以建设者、推动者、引领者的身份逆风飞扬。这是"四化协同"不断创新发展的又一个推动因素，也是其必须和必然继续发展的原因之所在。

3. 技术环境推动

从理论上讲，技术环境的日新月异，为"四化协同"再发展提供了无限的可能性；从实践层面看，技术环境的进步的确成为"四化协同"实践的重大推动力量和创新发展助手。回顾"四化协同"创新发展的整个过程，可以发现，新技术对现代化的城市治理来说，无论是从理念层面，还是从基础设施层面，抑或是从具体的治理手段层面，都发挥了重大作用。前文中我们提到过的内容，特别是在"城市智慧化管理"一节中的"城市垃圾智慧管理系统（生活垃圾计量清运系统）"和依托"美丽河道智慧管理平台"的河道智慧化治理实践，就是两个典型的依托技术进步实现城市治理创新发展的案例。事实上，类似的案例还能够在江干区城市治理实践活动中发现，例如，利用"地磁 + POS 机"模式、万物互联视频桩、电动车版"城市巡航舰"智慧停车管理系统等智慧化手段打造的智慧化停车管理体系，不仅高效地利用了城市的停车资源，为破解城市"停车难"现象提供了解决的手段与方案①，而且，还解决了此前存在的两大治理难题：停车收费社会效益与经济效益存在矛盾和一线收费人员紧缺问题。

> 其一是停车收费社会效益与经济效益存在矛盾。停车收费是一项公益性行业，不但要注重经济效益，更要注重社会效益。由于目前科技的运用还无法达到最大化效益，实现社会效益的同时势必会损失部分经济效益。例如目前停车公司一名收费员掌管约 18 个停车泊位，按照市物价部门核定的 120 元/月的居民包月费，若全部泊位包月测算一

---

① 为满足不断增长的停车需求，停车公司通过"POS 机 + 地感"、巡检管理模式、全视频智慧停车商业模式，开设了太平门直街东 1（63 个泊位）、太平门直街东 2（24 个泊位）、太平门直街东 3（14 个泊位）、双菱路 1（49 个泊位）、双菱路 2（40 个泊位），庆谐路（76 个泊位）、景昙路 18（40 个泊位）、景昙路 19（56 个泊位），丁群街（56 个泊位），明珠街（62 个泊位）等，共计 10 个点位之上的 480 个泊位。与 2019 年相较，路面收费泊位同比增长 50.3%。泊位周转率原来几乎为 0 的双菱路，现在每天周转率为 5.4 左右一

年收 2.6 万元左右，而一名收费员一年的薪酬在 6.8 万元左右，支出远远大于收入。以采荷路为例，居民包月达到 80% 以上。其二是一线收费人员紧缺。目前全区收费点位 61 个，按照做一休一的工作时间，应配备收费员 122 名，但实际路面收费员却只有 68 名，点位暂停收费（10 个），员工超时加班现象普遍（除去综合工时制正常工时为 166 小时外，平均每人每月加班工时均为 144.39 多个小时，严重超过国家规定的不超过 36 个小时）。2020 年共入职员工 17 名，离职 14 名。人员紧缺的主要原因是租房成本高、收入水平有限等相关因素，为此停车公司积极联系劳务市场，采用停车楼 LED 显示屏挂招聘信息、进社区招聘、黔东南地区扶贫对口招聘等手段，加强人员的招聘力度。[1]

更重要的在于，智慧停车系统的建立和实施，还促进了停车管理职能的主动求变与转变："随着城市大脑、社会场库监管、行政备案、智慧停车工作的开展，如今的江干停车行业已转型升级，跟原本传统的停车收费管理工作相比有了前所未有的挑战和压力，同时也给我们带来了新的机遇和挑战，我们将优化人员结构，整合人才资源，提高工作能力，将团队的工作效率达到最高，使停车管理工作更上一层"。[2]

上述三项技术变化引起城市治理创新发展的具体案例揭示的仅仅是未来城市治理创新发展的冰山之一角，从某种意义上说，还属于单项技术引起局部治理创新发展的范畴。在中央顶层政策设计对创新发展如此重视的大背景下，新技术不断推陈出新，新技术大量、不间断地涌现，将成为可预期的"近景"，或曰是即将发生的社会事实。这个近期的未来事实会越来越广泛地覆盖于经济社会发展的方方面面，城市治理当然也在其覆盖的范围之内，成为城市治理创新发展的新的客观环境。回顾上述"城市垃圾智慧管理系统（生活垃圾计量清运系统）"、依托"美丽河道智慧管理平台"的河道智慧化治理实践，以及智慧停车管理系统三个新技术推动的创发展案例，可以有理由地推断：偶发的技术创新尚且能够推动城市治理的

---

[1] 江干停车收费服务有限公司内部资料：《经营企业 企业经营 创新理念 全力开创停车管理智慧化新局面》，2020 年 11 月 27 日。

[2] 奥威尔·鲍威尔：《城市管理成功之道》，北京大学出版社，2008，第 49 页。

创新发展，大面积、广覆盖的技术创新无疑会推动城市治理实现井喷式创新发展。因此，我们认为，以信息技术、生物技术、空间技术等为代表的高新技术的不断发展而形成的技术化环境，是推动"四化协同"不断进步的又一关键因素。

第九章

思考与讨论

杭州市江干区城管局"四化协同"的现代化治理实践，在城市治理领域树立了一个领先发展的标杆，拉动并驱动全国城市治理事业在更高的平台上创新发展；在理论领域，这也为研究者提供了极具研究价值和启发意义的经验材料。结合上述研究所得，结合国内外已有的研究成果，以及在实证调研中的所见所闻，在行文的最后章节，本书拟就城市治理领域的一些前瞻性理论问题和实践问题进行进一步的思考与讨论。

第一节　对话与思考

为了能够更好地站在理论的最前沿，全面科学、理性、准确地梳理和推广江干区城市治理创新发展的实践经验，我们首先对国内外理论工作者的相关研究成果进行系统梳理，并在梳理的过程中阐明我们的观点与思考，形成与相关作者跨时空的对话，以期从中获得促进我国城市治理事业再上新台阶的理论设想和应用性对策设计。研究发现，由于对城市治理概念理解的不一致，国内外学者之间，在城市治理诸多问题域中的发声差异巨大。总的来看，国外学者更关注以整个城市为治理对象的城市治理，并站在这一角度，发现问题、分析问题，同时在理论研究的基础上提出改善城市治理的诸多见解。而在国内学者间，则存在着三种研究倾向，一是与国外学者相同的研究旨趣，以整个城市治理为研究对象，为整个城市的健康、可持续发展提供理论和对策支撑；二是以城市执法管理为研究对象，并在这个相对窄下的范围内，从事相关的研究；三是介于两者之间的一种研究，他们以我国实践中的城市治理作为研究对象，既研究城市执法管理局工作领域的问题，也研究城市管理委员会（城市管理局）工作领域的问题，研究结论也与之形成对应关系。

一　与国内学者的对话与思考

截至 2020 年底，国内以"城市治理"或"城市管理"为主题的相关研究成果已经逐渐增多，其主要的关注领域集中在微观层次：我国学者更加注意对城市管理进行分门别类的具体研究，而在较为宏观的层次上，关注则远远不够。

1. 有关城市治理模式问题的对话与思考

在这个问题领域，研究者的兴趣点主要集中以下两个方面。首先，从宏观视角审视与解读我国城市管理现实状况，并提出自己的解决思路。有学者从我国市场化改革全面展开、城市化进程加速推进和国际合作向纵深方向发展等宏观背景出发，研究我国城市治理宏观模式的转变问题，提出"我国城市管理模式创新的四大取向，即民主、节约、高效与可持续发展，并以此为基础从形塑城市政府新型职能、创新政绩考核机制、培育城市多元治理主体三个方面"①，对模式创新路径做出了自己的研究。还有学者从城市管理体制改革角度出发，探索适宜的城市管理模式研究，认为"我国现行城市管理体制在不少方面影响并制约着城市经济社会的协调发展。针对现阶段城市转型期的特点，城市管理方式应从'经济主导型'向'社会主导型'转变，积极推进城市政治和经济体制改革，理顺城市管理机构，创建城市建设投入新体制"。② 这类研究的主体是城市政府，是从城市政府管理体制机制改革这一切口入手，研究如何通过体制机制改革，实现城市政府管理模式的改革；从时间点上看，这类研究一般出现于 21 世纪初期及以前，随着时间的推移，我国城市政府管理体制机制改革不断取得成效，现代化转型不断推进之后，这类研究的客观背景便不复存在，其研究的意义和价值也便与特定的历史时期相固定。对于本研究来说，这类研究主题

---

① 王志峰：《新时期我国城市管理模式创新取向及路径选择》，《经济体制改革》2005 年第 6 期，第 11 ~ 15 页。

② 蔡雪雄、李桂平：《现代城市管理模式的优化取向》，《社会科学研究》2004 年第 6 期，第 39 ~ 42 页。

太过宏大，虽然具有启发价值，但总有些距离的隔阂，因此，我们会汲取其研究成果合理的内核，经过思考加工以后，变成我们研究的知识源泉。

还有一些学者，虽然关注的也是宏观的城市治理，但是，他们却是从一个局域、一个方面思考城市政府治理模式创新发展问题，例如，有研究者就从治理成本角度分析相关问题，认为"现代化城市管理新模式是低成本的管理模式"，发现了"由传统城市管理模式向现代化城市管理新模式转变过程中，在政府的城市管理成本基本稳定的条件下，其公共服务的市场单位数量是可以增加的规律"；① 有研究者从城市生长机制着手，"论述生态位的竞争与演化以及导致城市结构和空间的变化"，认为"城市管理模式随着城市功能的转变而从后果导向转向原因导向……并提出在生长机制研究的基础上进行城市生态规划，重点应突出生态评价、生态功能分区及定量模拟"。② 有学者从资源环境供给的有限性角度研究约束性条件下城市治理模式创新发展问题，认为"随着社会观念由传统发展观向可持续发展观的变革，城市发展和城市管理都越来越受到资源的强约束……应当建立适应于可持续城市发展导向的新型现代化城市管理模式"，③ 并从操作层面上对如何实现传统城市管理向现代化城市治理模式变革提出了自己的对策建议。上述这些研究的启发具有一定的技术意义，可以为本研究拓宽视野、深化思考提供专业化技术支撑。毕竟城市治理是一个跨越了多个学科、专业的综合性治理工作，任何专业的故步自封都是城市治理的灾难。

其次，从中观领域研究城市治理模式创新发展问题，这是众多研究者的兴趣之所在。在这个研究层面上，虽然涉及的问题域仍然很多，但都是主要围绕城市管理局或者城市管理执法局这类政府职能部门的具体工作开展研究。其中，较为典型的，也是较为集中的研究在数字城市领域快速展开，有学者"针对城市管理中信息不及时，管理被动后置；政府管理缺位，专业管理部门职责不明，条块分割，多头管理，职能交叉；管理方式

---

① 李如刚、刘伟：《城市管理模式变迁中的管理成本经济学分析》，《城市发展研究》2013年第6期，第40~43页。

② 彭晓春、陈新庚、李明光、黄鹄、林亲铁：《城市生长管理与城市生态规划》，《中国人口·资源与环境》2002年第4期，第24~27页。

③ 周建亮、诸大建：《资源强约束下的城市管理——从传统到现代化的变革》《江海学刊》2005年第5期，第111~116页。

粗放，习惯于突击式、运动式管理；缺乏有效的监督和评价机制等问题"，以北京市东城区的数字管理为研究对象，关注全新的城市管理数字化模式，从中发现了"利用计算机、网络、地理信息系统和无线通信等多种数字城市技术，设计的一种全新的城市管理模式——万米单元网格城市管理新模式，在解决城市管理中'政府失灵'、提高城市管理效率和政府管理水平等方面取得的明显效果"。① 在此基础上，尝试进行了城市治理模式创新发展的初步探讨。较为明显的是，此类研究还是基于应用方面的技术性探讨，较多地看到了新技术带来的治理新模式及其有效性，至于新技术带来的其他方面的改变，特别是新技术之于城市治理的挑战和潜在风险还没有被涉及。此后的研究者的关注点有所变化，他们既看到了传统城市管理模式的弊端，也看到了新技术给城市治理模式带来的革命性嬗变，还看到了存在的不足和需要进一步创新发展的可能和改革的方向。其基本观点和研究思路如下，"鉴于传统城市管理模式存在的弊端，中国一些城市开始探索和实施数字化城市管理系统，并取得了显著成效。数字化城市管理通过改造行政流程，实现了监督权与管理权相分离，建立了政府绩效评价和社会诚信评价体系。进一步完善该系统，有必要拓展公众参与和信息公开"。② 但是，数字城管毕竟是技术性很强的专业化领域，对其真正到位的理解还需要更加专业化的、分门别类的研究，因之，一些基于网格化视角的研究成果开始登场亮相。有研究者发现"在网格化城市管理过程中，事件、部件的快速查询与定位是管理效率的重要制约因素。为了快速、高效地实现城市事件、部件精细化管理"，设计出"'自适应九叉树'空间信息多级格网技术的城市治理模式。该模式是在对城市区域进行'自适应九叉树'多级网格划分的基础上，通过对事件或部件进行定位编码，利用城市信息管理平台，实现城市空间的监督与管理"。③ 还有研究者发现了物联网技术在城市治理中的巨大应用前景，研究了物联网在我国城市治理中的应用以及对城市治理模式的影响，在对城市治理内涵进行界定的基础上，对

---

① 陈平：《数字化城市管理模式探析》，《北京大学学报》（哲学社会科学版）2006年第1期，第142～148页
② 杨宏山：《数字化城市管理的制度分析》，《城市发展研究》2009年第1期，第109～113页。
③ 胡引翠、邢丹露、王昆、刘明阳、张志刚：《基于"自适应九叉树"空间信息多级格网的城市管理模式》，《地理与地理信息科学》2014年第1期。

物联网在城市治理中的应用模式进行研究，分析物联网在城市交通管理、景观与市政设施管理、地下管线管理、城市指挥决策，以及行政执法中的应用模式；对物联网在城市治理中应用的问题与原因进行分析，总结出物联网应用对城市治理模式的影响方式。① 分析此类研究成果，我们可以了解到，城市治理现代化模式的建构必须与新技术对接，而且，以互联网、物联网、云计算等为代表的各类智慧化技术，与城市治理极具亲缘关系，可以实现即时的无缝衔接，"anywhere and anytime" 可以说是两者关系本质的反映。杭州市"城市大脑"的出现和推广，无疑为这个应用提供了最好的诠释。现在的问题是：在理论研究领域，如何找到利用这类技术之长而又规避这类技术之短的方法与路径；在实践领域，如何合理利用这些技术服务于城市治理，最终服务于城市居民而又不损害城市居民的各类福祉。总体看来，理论研究已经滞后于实践应用，这不仅带来了实践领域中的困境和潜在危机，也向理论研究者提出了严峻的挑战。

除了数字城管或曰智慧城管这个热门领域以外，研究者在中观领域的其他问题域也进行了不断的探索。其中，对城市管理职能部门主要业务的城市综合行政执法模式研究也成为研究者的关注焦点。有研究者基于实证研究的资料和数据得出这样的结论："相对集中城市管理模式虽然对提升城市管理水平成效显著，但面临困惑也颇多……相对集中城市管理模式面临着公众参与不足、执法裁量权限膨胀、执法程序缺失、执法手段暴力化、执法公信力降低等诸多困惑，这些困惑与服务行政的时代背景格格不入。惟有走出'运动式、粗放式、突击式'的城市管理误区，建立相对集中城市管理模式的长效机制才是应对困惑的得力之举。"② 显然，这一研究是基于特定城市的个案研究，其研究结论也具有明显的时代局限性和地域局限性，但是，该研究也从中揭示出城市执法管理的困境，并为其走出困境解决难题提出了对策性建议。也有研究者基于对城市管理同样的困境观察，提出了自己的破解之道，认为"随着城市化的快速推进，城市人口急剧增长，城市规模不断扩张，城市管理任务越来越重、难度越来越大，人

---

① 赵恩国、贾志永：《物联网在城市管理中的应用和影响研究》，《生态经济》2014 年第 10 期。

② 江国华、韩玉亭：《相对集中城市管理模式面临的困境及对策研究》，《北京社会科学》2014 年第 11 期，第 4~11 页。

民群众对城市管理的要求也越来越高"。① 并致力于从以下四个方面来理解与应对城市管理面临的棘手问题：人性化是城市管理的基础，法制化是城市管理的前提，数字化是城市管理的保障，多元化是城市管理的趋势。实事求是地讲，随着政府管理体制改革的不断推进，随着城市治理理念的不断进步，城市管理执法无论是执法环境，还是执法本身，抑或是执法效果，都已经发生了或正在发生着剧烈的变迁。以杭州为例，"以人为本"理念已经渗透到城市治理的方方面面，"人本"化治理模式已经司空见惯，或者说已经成为城市治理者的职业"惯习"。但是，基于这类事实的研究成果还不多见，研究者好像还被过去的城市管理模式所束缚，因此，如何与时俱进地推进此类研究的不断深入，应该是理论研究者需要深思的重要问题。

另外的许多研究者也从自己的兴趣点出发，关注、研究中观领域的城市治理模式问题。例如，有研究者从某个具体案例入手，综合分析样本对象的管理模式特点，得出自己的研究结论，从特定角度推动城市治理模式的创新发展。来自广州的研究者基于广州城市管理的发展脉络，研究发现"随着快速城市化时代的到来，告别传统的城市管理、走向新型的城市治理已经成为了破解城市发展困境、实现城市良性运行的必然趋势，而广州正迎合了当前这股城市管理变革的潮流，在城市管理模式转型的实践与创新方面做了一次良好的尝试"。② 他们基于对广州城市治理转型实践的分析与思考，通过剖析独具特色的"同德围模式"，反思广州新型城市治理模式的特点与不足，进而提出了自己的模式发展思路。来自贵阳的研究者则基于贵阳数字化城市管理综合系统建设实际，进行了理念创新、方式方法创新和体制制度建设创新的分析，同时研究了创新模式发展的保障条件，最后通过对体制机制建设方面的思考，在更高的层次上探索城市管理模式创新发展问题，并得出结论，认为"贵阳市的实践证明，基于数字化综合管理的城市管理模式创新有实践依据，符合本市实情，符合国家对社会管理创新的总体要求，是有现实意义和实践意义的创新与探索，对开展我国

---

① 张宪威、罗时平：《城管困局破解》，《求实》2012 年第 7 期，第 49～51 页。

② 胡刚、苏红叶：《广州城市治理转型的实践与创新》，《城市问题》2014 年第 3 期，第 85～89 页。

城市管理模式创新能起到有益的示范和借鉴作用"。① 这些城市治理创新发展模式的地方案例研究成果，从特定的角度展示了我国城市治理的发展图景，为城市治理模式创新发展的理论研究和实践探索提供了很好的素材和地方经验。

2. 有关城市治理理论问题的对话与思考

在我国，针对城市治理模式，甚至是针对城市治理的理论研究成果还相对较少，从事这一领域研究的研究者也大多属于兼业者，他们的主要研究领域和兴趣点或者是经济学，或者是公共管理学，或者是社会学，或者是规划学，等等，研究者的学术背景复杂。从有利的方面讲，拥有不同学科背景的研究者纷纷进入城市治理研究领域，一方面带来了对城市治理的空前关注；另一方面带来了不同的研究与观察视角，有利于城市治理事业集百家之长、用百家之学，创新自己的理论学说，谋划自己的创新发展。从不利的方面讲，标准不一、众说纷纭，一方面，容易产生理念和方法上的冲突，给城市治理者带来不必要的烦扰；另一方面，易于形成研究领域的分化，消减百家争鸣的优势和利好。但是，不管有着怎样的利弊得失，相关的研究成果还是不断涌现。例如，就我们研究团队来说，近年来就陆续出版、发表了一系列的研究成果，提出了自己独到的见解，形成了自己的研究风格。在此，我们将基于自己的研究立场和研究成果，跟学界的其他研究者展开对话。因为国内所有的研究者在此领域中都没有形成自己的理论体系，只有系列的或偶见的理论观点，而且相对集中于某一个问题域。因此，我们只是将其代表性观点予以呈现与分析。

自 20 世纪末开始，就有学者从管理现代化角度开始了对城市治理现代化建设的理论研究，认为"城市治理现代化既是城市现代化的重要内容，又是推进城市现代化的内在要求"，并界定了城市治理现代化的概念，认为"城市治理现代化是指城市政府在推进城市现代化的进程中，依据城市的功能和发展战略，运用综合手段，对现代城市的构成要素和活动主体进行控制和调节的过程，以实现市政决策科学化，管理法制化，效益最优化，城市功能、发展战略、规划、建设与管理一体化。它是城市文明发达

---

① 申振东：《基于数字化综合管理的城市管理模式创新》，《中国行政管理》2011 年第 5 期，第 119 ~ 121 页。

程度的一个重要标志，是城市管理优化的目标选择。其目的是保证城市高效有序运转，为城市经济和社会活动创造最佳的经济、社会和环境效益，并为城市居民的居住、生活、工作和休息提供一个理想的环境"；还阐释了城市管理在城市中的地位和作用，认为城市管理是促进现代城市发展的龙头，同时为城市治理现代化发展找到了一条关键路径："城市治理现代化：关键在于创新。"① 这种从基础概念出发，探索城市治理现代化发展的理论努力，是一个非常良好的开始与尝试，这为以后的理论研究提供了基本方位，为学者间的对话提供了基础的话语平台，也为以后构建科学的城市管理理论体系奠定了良好的学术基础。在我们团队撰写普通高等学校"十三五"规划教材《城市管理学》时，基于对国内外研究成果的比较研究，我们对城市管理概念进行了规范和界定，认为"城市管理是政府、社会及企业以城市为对象，通过规划、管理等多种手段，调和各种相互冲突或彼此不同的利益，促进城市良性运行、协调发展所进行的决策引导、规范协调、服务与经营城市的合作行动过程。它包括城市的社会管理、经济管理、文化管理、环境管理及基础设施管理等众多内容，是一个复杂综合的系统工程，是多层次、分系统、从宏观到微观纵横交织的管理网络"。② 我们对这一概念界定的努力，既有教学的需求与目的，也有理论建设的需求与目的，我们的学术诉求是能够为城市治理现代化理论体系的构建做出基本的努力。

有研究者基于具体的问题领域进行了自己的探索努力，发现"在全球化和市场化的推动下，不仅城市外在的形态发生了改变，其内在的权力结构和运行机制也产生了改变"，并"选择从城市权力理论的角度分析城市管理转型"，认为"传统的精英论、多元论、城市增长理论强调政府在城市中主导作用，难以解释现代城市的权力转移现象。城市治理理论提出了整合多元主体的思路，注重在多层次治理、跨域治理、治理能力、伙伴关系等方面来分析城市的发展和权力运行。……城市治理归根到底是价值和利益的体现，它代表了地方经济、社会、政治和历史的禀赋在城市治理过

① 吕德雄：《管理现代化：城市管理优化的目标选择》，《南京社会科学》1999年第1期，第24~29页。
② 张本效主编《城市管理学》，中国农业大学出版社，2017，第3页。

程中的分配和整合。各个主体之间的互动过程实质上就是这些资源的分配、再分配和调整的过程。反过来，这些资源，如权力斗争和利益分配中的社会凝聚力、文化、历史和财政压力都影响着各个行为主体并决定着他们的互动过程"。①类似的研究思路还可见于具体实证研究的理论思考成果之中，上文我们介绍过的广州的案例显示，两位学者基于对广州城市管理的实证研究，得出了自己的理论发现，他们不仅论证了相关模式的理论价值，还以"同德围模式"为基础，"建立了一个更为规范化、制度化的理论框架"，虽然其理论分析与理论提炼还只是初步展开，但其理论努力能够"为广州城市治理转型工作的后续开展以及今后更为广泛的城市治理实践提供一些借鉴和参考"。②

有研究者基于国内外数字城管发展差异的比较，"从理论上探讨中国数字化城市管理的历史必然性和先进性，数字化管理的内容、当前存在的问题以及未来发展的方向"，认为"传统城市管理的问题根源于'部门化'管理制度以及由此产生的各职能部门'低成本、高效率'与整个城市管理'高成本、低效率'的城市管理悖论"，并提出在城市管理部门构建"Citi-PODAS 模式"，"运用现代计算机和网络技术，进行全新的城市管理流程再造与制度改革，根除传统城市管理弊病，实现中国城市管理的革命性突变和历史性进步，推动中国城市管理由传统走向现代"。③ 有研究者还将城市管理与信息技术发展成果相联系，探讨管理主体的多元化模式，认为"城市管理模式要解决谁来管、管什么、怎么管的问题，它是管理主体、管理内容、管理机制的有机组合。企业、民间社团以及城市居民都可以成为城市管理的主体。强调城市管理主体的多元化，是要综合运用国家机制与政府组织、市场机制与营利组织、社会机制与公众组织三套有利于城市健康发展的城市管理工具，构建一种全民参与的现代城市管理体制"。④ 现在看来，此类研究中涉及的问题已经在实践中践行良久，已经成为共识性的东

---

① 王佃利：《城市管理转型与城市治理分析框架》，《中国行政管理》2006 年第 12 期，第 97～101 页。

② 张本效主编《城市管理学》，中国农业大学出版社，2017，第 3 页。

③ 叶裕民：《中国城市管理创新的一种尝试》，《中国软科学》2008 年第 10 期，第 52～64 页。

④ 张超：《城市管理主体多元化模式探讨》，《学海》2006 年第 6 期，第 125～129 页。

西，它从某种程度上显示了理论与实践互动的密切性。这是研究者，特别是社会科学研究者的福音，理论联系实际、理论来源于实际、理论指导实际，这本来就是理论与实际应然的关系模式。提醒研究者注意的问题在于，理论虽然需要从实践中归纳、总结，但理论更应该高于实践、引领实践，更应该具有前瞻性和创新性。这就引申出务虚的理论研究在现实生活中的应用价值的问题。在城市管理模式创新的理论研究领域，就有研究者关注这样的问题，他们的发现之一是"无形城市作为新时空背景下的城市发展形态，其无形性和流动性给当前城市运营理念带来了冲击。无形城市给城市竞争力注入了新的参考因子，赋予了城市竞争力新的内涵，必将使城市之间的竞争提升到新的阶段；无形城市顺应了城市二次现代化的要求，也为二次现代化提供了方向；无形城市使得现行的城市管理模式受到冲击，给城市管理者带来了新的挑战"。① 虽然这类研究还有其稚嫩之处，但其中启发的发散思维，是可以为城市治理模式创新找到努力方向的。

当然，具有国际视野的比较研究，总是能够激发研究者对国内研究的雄心与壮志的，也可以将之比喻为"他山之石效应"。但是，在城市治理的理论与实践领域，这类研究往往更多地将注意力投放到操作性政策、对策层面，因此，其操作性价值可能更大于其理论性价值。有研究者就对新加坡的城市治理实践进行实地调查与研究，总结出新加坡模式，认为对我国城市治理具有借鉴意义。其最后的结论是"高效可行的城市管理能够预防和治理城市发展过程中的各种'城市病'，从一定意义上说，城市管理可以成为一个城市与地区经济发展的主要推动力。新加坡的城市管理模式和方法在我国有很强的实用性。但也存在不足和不适合我国具体情况的地方。因此，在借鉴的同时要结合我国城市自身的情况，有选择性地借鉴其先进经验与方法，使我国的城市治理逐步走向成熟，实现城市治理的法制化、正规化，从而最终实现城市社会与经济的可持续发展"。② 其他有关西方发达国家城市治理推介与借鉴类研究的基本路数也大抵如此，这些研究在让我们感受到不同文化环境中的城市治理实践的同时，也为我们从事相

---

① 汤茜草：《无形城市对当前城市运营理念的冲击》，《城市问题》2006 年第 6 期，第 26 ~ 29 页。

② 曲华林、翁桂兰、柴彦威：《新加坡城市管理模式及其借鉴意义》，《地域研究与开发》2004 年第 6 期，第 61 ~ 64 页。

关理论研究提供了好的素材与有价值的启发。

总之，国内学者在宏观和中观领域对有关城市治理的模式问题进行了诸多方面的研究，这些研究成果，对推动我国城市治理事业的健康快速发展，为推动实践领域城市治理模式的创新发展奠定了一定的基础。但是，整体上看，这些研究成果更多的是对经验事实的总结与提炼，创新性理论成果明显不足，系统性理论还较为缺乏，还不能很好地指导与引领我国城市治理事业向更高层次发展。因此，有关城市治理的理论研究工作仍然任重道远。

二 与国外学者的对话与思考

国外学者更多的是在宏观层次上研究城市治理这一问题域，他们把城市视为一个治理单元，以此作为研究的逻辑起点，探究促进城市良性运行的方方面面问题。因为存在着规模更大、时间更久的城市化，国外城市中暴露的问题更早、更集中、更全面，所以国外城市治理研究的历史也早于我国，其取得的成就也较我国的相关研究更深入、更全面。

西方城市治理的对象是整个城市，因此其治理主体，或者说主要的治理主体是地方政府，围绕着政府城市治理的理念、治理结构、手段、过程及绩效等相关问题，西方学者展开了广泛的研究，也提出了相关的理论学说。本研究更为关注的是城市治理的主动性或曰治理前置的问题。西方众多学者认为，城市治理扮演的不应该仅仅是一个被动者的角色，更应该是一个积极进取的主动者角色，既能够一一对应地解决好工作中的常规问题和突发问题，又能够具有前瞻性、能够防患于未然。这就要求城市治理者不能被动适应，而是能主动管理，不仅仅是积极主动的作为，更应该是将治理手段前置于事件未发生之时，让不利于城市良性运行与和谐发展的所有不利因素不具有萌发的机会，让所有有利于城市良性运行与协调发展的方方面面茁壮成长。可以试想一下，如果我们的城市拥有这样的治理者，那么城市的健康可持续发展将有一个美好景象。

西方学者基于政府治理视角在理论层面上的研究成果也有很多，其中影响最大的理论当数对戴维·奥斯本和特德·盖布勒"重塑政府"观点学术化响应的新的公共行政理论，即"新公共管理"（NPM）模式。重塑政府的基本主题是"多掌舵少划桨"，它为地方官员化解财政危机、削减开支和提升生产力提供了一系列的"药方"。①

　　新公共管理模式虽然没有形成系统化的理论体系，但是，它在西方城市治理领域产生了巨大的影响，而且，随着时间的推移，它本身也在努力纠正理论上的不足，并尝试推出更加有实践针对性的治理新方案。当然，针对新公共管理的批评声音，特别是来自学术界的批评声音始终没有停止过，可以从两个方面理解这些批评产生的原因：一是新公共管理的旨趣，"新公共管理更多的是作为一个实际工作者的运动，而在世界各地蓬勃发展起来"，②因此，其与学识研究的疏离与矛盾也就不难理解了；二是新公共管理在实践中产生的自身无法解决的经济社会难题和矛盾，也引致了很多的批评声音，甚至有人断言新公共管理会破产。但是，作为一种实践导向的新管理模式，新公共管理的理念和做法对我国的城市治理实践具有重要的启发和借鉴意义，特别是它在晚近的一些政策设想和理论展望，对今天的城市治理更具有启发意义，例如，它寄予厚望的电子政府和新合同主义。从某种意义上说，它的这两大展望实际上已经在我国城市治理领域成为现实或者是正在努力建设使之现实，由此可以推知，"新公共管理引发的变革正成为一种不可改变的现实"。③

　　还有其他学者，也从自己的研究领域提出了有关城市治理的相关学说，例如增长机器理论、城市政体理论以及社区权力议题等。"社区权力议题忽略外在因素采取'地方主义'的立场，而增长机器理论和城市政体理论考虑了更高级别的政府和更广泛的市场对地区决策产生的影响"。④当然，也有其他的研究者用自己的理论研究为城市治理出谋划策，所有这些理论成果，对今天我国的城市治理事业都具有借鉴意义，"它山之石，可以攻玉"，这是我们希望通过与国外学者对话所能够达到的一种实用主义目的。

　　在国外学者中，还有一类研究，对我国城市治理事业的健康快速发展具有重大的启发意义。在这类研究中，研究者更多关心城市规划及相关领

---

① David Osborne, Ted Gaebler, Reinventing Government: How the Entrepreneurial Spirit Is Transforming the Public Sector (Mass: Addison – Wesley, 1992).

② 欧文·E. 休斯：《公共管理导论》，张成福等译，中国人民大学出版社，2007，第 322 页。

③ 欧文·E. 休斯：《公共管理导论》，张成福等译，中国人民大学出版社，2007，第 326 页。

④ 艾伦·哈丁、泰尔加·布劳克兰德：《城市理论》，社会科学文献出版社，2016，第 89 页。

域。从最原初意义上分析，和城市良性运行与协调发展密切相关的领域有三个，分别是城市规划、城市建设和城市治理，而城市规划又被标签为"规划、建设、治理三位一体"中的"龙头"。因之，城市规划与城市治理关联密切，在某种意义上可以说，前者为后者确立了基调。换句话说，有什么样的城市规划就有什么样的城市治理，城市规划成为城市治理"苦、乐、酸、甜"的"第一责任者"，而且是不可替代、难以逆转的"第一责任者"。因此，关注城市治理应该首先关注城市规划，或者说，要想有一个好的城市治理，就必须有一个好的城市规划。也正是因为有这样的逻辑关系存在，所以西方学者从很早的时候就开始从城市规划的角度来研究城市治理。

本研究首先关注的是《明日的田园城市》这部传世名著，笔者认为，最需要当代城市治理者注意的是其"人民城市"的观点："那些拥挤的城市已经完成了它们的使命；它们是一个主要以自私和掠夺为基础的社会所能建造的最好形式，但是它们在本质上就不适应于那种正需要更正视我们本性中的社会面的社会——无论哪一个自爱的社会，都会使我们强调更多关注我们同伴的福利。"① 与"人民城市"观点相对应，在论及城市治理相关问题时，霍华德的很多观点具有启发意义，甚至可以这样说，他对城市问题的分析，他针对城市治理提出的很多政策性、对策性建议，就是在今天的语境中也不过时。"所为现代城市的问题，只不过是一个主要问题的多种表现形式。这个问题就是：怎样才能使环境最妥善地符合城市人民的福利。"② 从现代城市治理的角度，从城市治理现代化模式建构的角度来思考其以上观点，我们实际上是可以引申出多种思路的，也可以从中操作出多种治理策略。例如，如何处理流动摊贩、小摊贩与城市空间秩序的关系问题，就可以从上述观点中得到有价值的启发。"人民城市人民建、建好城市为人民"不是一句空话，也不仅仅是一条标语，它是城市的使命、城市的目的。当我们用这种思路来求解维持城市空间秩序与保护摊贩利益双赢问题时，就不会手足无措，甚至是荒腔走板，更不会出现暴力执法事件。事实上，有一种现象折射出一个规律：暴力执法发生率与所在城市经

① 埃比尼泽·霍华德：《明日的田园城市》，商务印书馆，金纪元译，2012，第26页。
② 埃比尼泽·霍华德：《明日的田园城市》，商务印书馆，金纪元译，2012，第53页。

济社会发展水平具有正相关关系，虽然这个正相关性及其相关系数还有待大量实证数据的证明，经验事实却已经揭示了它的真理性特征。这就从某种意义上验证了霍华德对现代城市问题判断的准确度，也从某种程度上证明了他的对策设计的可行性。从城市政府角度设计治理城市的方略，霍华德也提出了自己的真知灼见。在《明日的田园城市》中，他引用了英国政治家约瑟夫·张伯伦的一句话："市政活动的确切范围仅限于社区能干得比私人好的事情"，然后又对这句话做了进一步的阐述："更确切地说，不言而喻，问题的关键必然是哪些事情社区能干得比私人好。"并在一番论述之后得出了这样的有体制机制改革意味的结论："除了反对把包罗万象的企业都管起来以外，田园城市市政当局的机构是这样组成的，各种市政行业的职责直接委托该行业的官员来行使，而不是松散的托付给庞大但实际上置之不理的中央机构……机构是按范围很广而明确分工的业务来设置的，分为许多部门。"他的"当地人民抉择体制"对城市管理的具体业务更具有直接的参考价值，"在商店经营中应用当地人民抉择体制不仅仅是照章办事，而且是创造一种机会来表达公众的意志"。①

　　本研究对雅各布斯的观点也有所关注，她"对当下城市规划和重建理论的抨击……抨击的是那些统治现代城市规划和重建改造正统理论的原则和目的"。② 也许正是因为这种批评视角的存在，人们才发现了城市治理的问题之所在，以及求解城市治理诸多问题的方式与方法。雅各布斯尖锐地批评了一些城市规划者和设计者们应对城市问题的简单思路，"较之城市的复杂需求，汽车的简单需求是比较容易理解和满足的。越来越多的规划者和设计者们相信如果他们能解决交通问题，他们就能解决城市的主要问题。城市有着远比车辆交通要错综复杂得多的经济和社会问题。在你还不知道城市是如何运行的、需要为它的街道做些什么之前，你怎么能够知道如何来应付交通问题？你不可能知道"。③ 实际上，她在这里告诉我们，城市是一个复杂的巨型系统，与之相适应，城市中产生的问题也是一个系统性问题，因此，解决这些系统问题的方案也必须是系统化的。任何单打一

---

① 埃比尼泽·霍华德：《明日的田园城市》，金纪元译，商务印书馆，2012，第54、55、56、65页。
② 简·雅各布斯：《美国大城市的死与生》，金衡山译，译林出版社，2006，导言，第1~2页。
③ 简·雅各布斯：《美国大城市的死与生》，金衡山译，译林出版社，2006，导言，第5页。

的举措或许从局部、局地看是合理的、有效的，但是，一经将它应用到城市问题的解决中，放置到整个城市中，就可能会出现巨大的误差和弊端，其最终结果，可能不是解决城市问题，而是人为地制造出了更多的城市问题。作为贯穿其著作的一个中心议题，城市系统的复杂性成为她观察城市、认识城市、解决城市规划问题，乃至解决城市管理中一般性问题的依据和目的："当人类社会在事实上达到了一个新的复杂层次时，一个首先要做的事情就是要有维持这种复杂层次的手段。"① 在此基础上，雅各布斯研究了目的是提高城市活力的城市规划必须具备的六大特点，而恰好是这六大特点，对今天的城市治理，无论是以城市政府为主体的城市治理，还是以城市管理局为主体的城市治理，都具有实际借鉴意义。

雅各布斯与传统规划反其道而行之，她把现实中的城市活力作为起点，反向思考和探讨城市的空间布局及其功能结构，进而思考城市规划的文本与其背后的城市规划理念与理论，她将城市空间秩序、城市安全、城市生活密切关联在一起。因而，她的理论具有鲜活的实践生命力，对城市治理来说，具有无可比拟的亲缘关系，是将城市规划与城市治理有机结合的新型城市理论。

综上所述，我们可以发现，尽管国外研究者更多的是站在城市全局的高度，全方位、多角度地研究与剖析基于整个城市的治理问题，但是，其基本理念、基本思路、基本方法等，与我们习惯的"小城管"还是有许多相通之处的。因此，学习与借鉴国外成功的管理经验，从其走过的弯路中吸取教训，是推进我国城市治理的重要路径。另外，国外的经验教训也并不都是基于宏观领域的，在中观层面，也就是说，在与我们的"小城管"相对应的领域，也有不少的研究发现和实践经验，例如，在曼纳·彼得·范戴克的研究中心，我们能够发现诸如"城市管理者应该将文化的多样性纳入城市管理的议题范围之内，并对不同的群体采用不同的方法"，以及"民众本身就是最好的环境警察。所谓'雷达点'系统，就是指一旦当地居民向监督机构报告，监督机构就要对该地区相关的企业进行调查"② 等，

---

① 简·雅各布斯：《美国大城市的死与生》，金衡山译，译林出版社，2006，导言，第375页。
② 曼纳·彼得·范戴克：《新兴经济中的城市管理》，姚永玲译，中国人民大学出版社，2006，第19、73页。

这些都是即插即用的经验性对策，没有什么宏观与中观的限制，能够提供给我们不同的思路和方法。当然，必须警惕的一点是，不同的文化模式有对应的价值观念和对应的行为方式，因此，在借鉴西方学者的研究成果为我所用时，我们必须要懂得取舍，懂得扬弃，不能不分精华与糟粕。

行文至此，我们认为，对话已经达到了我们预期的目标，在整个研究中，我们站在时代的高度、站在前人的肩上、站在实践的最前沿，调查、解读、剖析、研究江干区城市治理的发展历程及发展成果，总结江干区城市治理的现代化模式，为我国城市治理的全面进步和创新发展提供成功的杭州实践。

第二节　城市治理的"为人"使命与"立人"使命

我们始终认为，"城市让生活更美好"是城市的初心与使命。换言之，城市本质上就是人的城市，更进一步地说，就是生活于城市中或者接受城市辐射的所有人的城市。城市没有了人就谈不上城市，没有人的城市，无论是多么富丽堂皇、美轮美奂，也只能是一片荒野，充其量是一片装扮精致的荒野；是人让城市有了灵魂、充满活力。但是，毋庸讳言，由于人的不当行为和过分的行为，长期以来，城市发展陷入困局；而历数所有的"城市病"，几乎毫无例外的都是拜"人"所赐。于是人和城市间似乎就产生了一种难以言说的悖论，难以化解的矛盾，所以才有了诸如"如果你喜欢城市，就远离它"的极端说法和做法。从城市治理的角度分析，我们认为，城市与人的"相爱相杀"在情理之中，从严格意义上说，他们毕竟有着各自不同的利益：城市的利益在于其底线的坚守：它有自己的底线，这个底线就是城市能够满足自身良性运行与协调发展的承受能力、自净能力、容纳能力和再生能力，超越了这些能力，城市将走向病态；而人的利益诉求却是没有限度的，所谓的欲壑难填可以是人之于城市利益诉求的一个深刻的描述。于是，城市"有度"和人需求无度间的矛盾和冲突天然地埋藏在城市与人的竞合关系领域。只有理顺了这个关系，让人无度的需求适应城市"有度"的供给，城市才能提供给人们美好的生活环境，人们才能保证城市的可持续发展。因此，"城市让生活更美好"的初心与使命不是一个自然而然的过程，而是一个"人为"的过程，是管控人的"无度"

以适应城市"有度"的过程。在这个过程中，现代化的城市治理承担着越来越明显、越来越巨大的功能——良好治理的城市才是可持续发展的城市，良好治理的城市才能实现"城市让生活更美好"的初心与使命。因之，城市治理之于城市的使命大致可以划分为两个类型，一是"为人"使命，二是"立人"使命。

一 城市治理的"为人"使命

城市治理"为人"使命这一主题，我们在前文中已经做过较为详细的研究，事实上，本研究的主题就是围绕着城市治理"为人"这一主线展开的。江干区城管局"四化协同"实践中的"城市治理的人本化"，直接面对和解决的就是"为人"的问题，其他"三化"的内容，也时时处处围绕或关注"为人"这个核心。所以，从某种程度上讲，城市治理"为人"的问题，可以不用做更多的研究和说明，上文的一切，已经在各个层面和各个向度上做出了详细研究。我们在此再次赘言的目的是纠偏——是针对现实生活中存在的一些片面认识和片面做法，进行必要的研究和提醒，意在更彻底地贯彻与落实城市治理的初心和使命，使"城市让生活更美好"不仅成为流行的口号和行动的理念，也成为实践中的必然。

在城市治理的实践过程中，包括在城市治理的理论研究过程中，一种可以称为目标异化的现象是广为存在的——城市治理的目标停留在城市环境的优美和赏心悦目方面，停留在汽车友好型城市方面，停留在环境友好型城市方面，等等。但是，从某种程度上讲，大家似乎选择性地忘记了生活在城市中的芸芸众生，缺乏营造市民友好型城市的真实意愿与积极行动。因之，城市建筑越来越高、城市越来越大、城市越来越漂亮，而生活在城市中的人们，生活越来越不方便、生活成本越来越高，城市的美好没有同步化为城市生活的美好。城市的初心与使命没有随着城市建筑变高，城市变大、变美而得以扎实地落地与落实，反而有渐行渐远趋势。因此，行文至此，再对这一问题稍加赘述，以引起城市治理者们和研究者们的重视，引起关心、关注城市治理的人们，包括各级领导的重视，矫正城市治理过程中，乃至城市发展本身存在的偏离现象，对于实现城市治理现代化的再度推进，对于引领全国城市治理实践的健康快速发展，还是有所补益的。

二 城市治理的"立人"使命

行文至此，有关城市治理"立人"使命的话题虽有涉及，但缺乏较为深入的研究。所谓"立人"的使命，特指城市治理者以城市管理局为阵地，以文化建设为手段，以培养契合与满足现代化城市治理需要的高素质市民群体为近期目标，以城市良性运行、可持续发展为终极目标的系统性行动。从表面上看，这是超出城市管理局职责范围的额外工作，是可以也应该归属于政府其他职能部门的工作职责。但是，城市治理的工作对象和工作任务与市民直接相关，或者说须臾不可分离，市民对城市治理的理解程度、认可程度、配合程度、自觉行动程度等，直接决定着城市治理的质量与成效，决定着城市治理的成本与成就。实践中城市治理的难点和堵点，有些源于市民的各种不理解、不配合，甚至有些有意和无意的对抗行为，所以，在整个市域范围内，建设积极向上的、现代化的城市治理文化，是城市治理毕其功于一役的战略性行动。真正具有积极性，并能够一揽子完成建设现代化城市治理文化的部门，只能是具有直接利益关系的城市管理局。换句话说，健康的、积极向上的、现代化的城市治理文化，是等不来、要不来的，依靠其他部门建设好之后坐享其成，也是不现实的。所以，积极承担这项工作、完成这项看似与己无关的"额外职责"，城市管理局应该当仁不让。

1. 江干区城管局内部"立人"成效显著

正如上文中已经呈现的，江干区城管局内部的"立人"措施与手段极为丰富，从整体上看，既通过"党建引领"塑造自己的城市管理之魂，也通过城市管理培训学院打造"铁军"之躯；同时，通过用科研责任等具体举措提升城市管理局干部职工的整体素养和管理能力。"十三五"期间，江干区城市治理事业得以健康推进和迅速发展，与其内部的"立人"措施息息相关，"四化协同"模式既是相应的成果，也是重要的推手。除此之外，他们也开始有意识地通过"普法小站"等载体，在城管局之外开展"立人"工作，虽然只是局部范围内的，但此类尝试，为他们全面开展全市范围内的城市治理文化建设积累了初步的经验，也树立起初步的信心。

2. "立人"是城市治理的前置手段

城市治理的具体内容可以简化为三个部分，分别是城市行为治理、城市事件治理和城市部件治理。从目前城市治理的实践形态来看，治理的主要对象和任务还是集中于后两者，但是，无论是城市事件治理，还是城市部件治理，都具有事后治理、末端治理的特点，因此，城市治理往往是被动的、滞后的和补救性的。在这样的状态下，城市治理"见物不见人"：只是针对已经发生的客观事件和静态的部件进行事后治理，即便是有一些事先的预警机制与手段，可以进行事先的宣传和事后的教育，但是，难以改变"见物不见人"的局限。与这后两者不同，城市行为治理具有即时性特点，它是针对城市人即发的行为进行的及时的治理，因之，克服了滞后性局限，能使城市的运行与发展更流畅，它的治理重心已经由"物"转向"人"。众所周知，城市部件和城市事件的背后都是人的因素在发挥作用，因此，"见物不见人"的治理方式实际上并没有抓住事物的主要矛盾，也没有抓住矛盾的主要方面。由"物"转向"人"的城市行为治理不仅满足了时效性的需求，而且，抓住了城市治理的关键环节，从"城市人"这个源头入手，以对"人"的行为治理为抓手，前置性地解决可能发生的城市部件和城市事件的治理问题，使城市治理具有前瞻性和预防性特点，也逐步扭转城市治理的被动局面，转为主动化的城市治理。城市治理的"立人"使命抓住了"人"的因素，通过提升"城市人"的整体素质，使之不断适合与满足现代城市发展的要求，进而在实现城市治理高质量推进的同时，为整个城市的良性运行和协调发展奠定扎实的基础、提供优质的保障、做出巨大的贡献。

3. "立人"是城市治理的最优手段和终极手段

城市治理工具箱中可以容纳人类创造的一切有用的、有效的和有益的管理手段，从成本收益的效益角度分析研究问题，我们认为，低成本而又高收益的最优治理手段是旨在"立人"的城市文化建设，是培养契合与满足现代化城市治理需要的高素质市民群体的城市文化建设。个中道理很简单，从上述研究的城市治理三大内容上看，无论是城市行为治理，还是城市事件治理，抑或是城市部件治理，"人"才是其中起关键作用的因素，只要抓住了这个关键因素，解决好这个关键问题，城市治理的问题、难题，乃至所有问题就迎刃而解了。而解决人的问题，重点不在于解决他如何行动的问题，而在于解决他为什么这样行动的问题，即从思想源头上解决人们按照现代化城市管理要求与需求行动的问题。思想上的问题只能通过思想塑造的方式予以解决，现代化的城市治理文化建设可以塑造城市的气质与灵魂，可以塑造城市的风俗与传统，可以塑造城市人的行为方式与习惯，它通过"春风化雨""润物细无声"的方式潜移默化而又深刻强劲地形塑人们的城市思维和城市行为，而且，一经形成这一成果，其发展惯性和再生能力，自然会生成适合现代化城市治理健康快速发展的城市治理文化：从城市治理文化建设入手最终形成现代化的城市治理文化。一经建成这样的城市治理文化，现代化城市治理就能得到大众化的城市文化推动力和优良的城市治理文化、社会土壤。从建设路径角度分析，现代化的城市治理文化始于城市治理文化特质的培育与塑造，继之以城市文化特质丛的建设，最终形成独具特色的城市治理文化。从建设的资金投入角度分析，无论是构建城市治理文化特质，还是扩大为城市治理文化特质丛，乃至最终形成现代化的城市治理文化，都不需要什么特殊的巨大投入，只要在工作中从点滴小事做起，只要赋予常规的城市治理工作以文化的内涵，只要在市民群体中不断开展现代化城市治理文化的宣传，只要在特殊的场域弘扬现代化城市治理文化的正能量，现代化的城市治理文化自然而然地就能逐渐形成。即便是在这个过程中需要大的投入，由于产出后难以逆转的惯性效应而形成的社会文化价值也会长久发挥作用，因之，投入产出的性价比就不可估量了。

4. 以城市治理文化建设为手段的"立人"，是城市治理的最优选择

这是从现代化的城市治理文化形塑城市人的世界观、价值观维度对"立人"功能的界定，对于这一功能的理解，我们只要参考一般意义上的文化之于人的世界观、价值观的塑造意义即可。以此为思考的起点，我们也可以从世界观、价值观之于人的思维方式和行为方式决定作用的层面，来考虑"立人"之于城市治理的价值。正是在这种众所周知的层面上，我们可以发现以城市治理文化建设为手段的"立人"，一旦达到一定的阈值，其所能发挥的城市治理功能——所有的城市人对城市治理的认知、理解、自律以及律他行为，造就出自发的、庞大的城市治理大军：大众化、全员化、全域化，即每一个城市人都成为现实态的城市治理者。这是完全意义上的城市治理大军，他们将与职业的城市治理者形成随时随地的合作。正是从这个意义上思考，我们断定，以城市治理文化建设为手段的"立人"，是一劳永逸的城市治理最优选择。

三 "为人""立人"殊途同归

"城市让生活更美好"是城市治理的初心与使命，这个使命就是"为人"和"立人"的唯一目的和最终目的。换句话说，"为人"的目的就是让城市人生活得更美好，就是人民城市人民建、建好城市为人民；"立人"的目的在于培养尽可能多的、满足现代化城市治理要求的城市人，通过全员化的共治、共管，实现城市的良性运行和协调发展，进而推动市民的城市生活步步提升和优化，实现"城市让生活更美好"的初心和使命。所以，我们说，"为人"和"立人"看似是两个领域的问题，看似出发点不同，过程也有不小的差别，但是，最终目的却是相同的。

第三节 城市治理未来发展趋势

基于对杭州市江干区城市治理事业发展的全面研究，基于对江干区"四化协同"现代化城市治理创新发展实践的实证研究，结合与国内外学者对话中的思考，我们对我国城市治理未来发展趋势做出如下八个方面的预判和展望：未来的城市治理在整个城市发展中的地位和作用日趋重要，未来的城市治理面临的压力和挑战依然巨大，未来的城市治理是继续高扬"党建引领"的城市治理，未来的城市治理日趋重视城市治理文化建设，未来的城市治理是全体市民共治共享的城市治理，未来的城市治理是科学化、智慧化与创新化协同推进的城市治理，未来的城市治理是服务型的城市治理，未来的城市治理与"城市让生活更美好"是同向偕行、"一体两面"的城市治理。

1. 未来的城市治理在整个城市发展中的地位和作用日趋重要

之所以如此，主要是因为有三方面的现实原因，一是城市化的快速推进，带来了更加紧迫、更加复杂和更加庞大的城市治理任务；二是作为城市良性运行、协调发展的抓手，它对城市发挥的作用日趋凸显，三是城市居民日渐增加的城市需求。

第一，我国的城市化率快速推进的时间还将持续 20 年左右，在这期间，城市的空间面积快速扩大、城市的人口数量快速增加、城市的基础设施也随之快速增长。与之相适应，已经爆发但尚未根治的城市病也会与影随行，城市面临的压力将会越来越大，需要解决的问题也会越来越多，这些压力和问题很多是需要城市治理予以克服和解决的。

第二，城市的良性运行和协调发展是不能够自致的，它需要治理这个平衡器的强力介入和有效率的作为。在城市这个平衡器的组件中，城市治理作为重要的治理工具之一，在众多的领域中承担着重要的治理功能，发挥着重要的治理作用。

第三，随着城市的不断进步和发展，随着城市治理的逐渐进步和发展，市民对于生活于其中的城市的要求也在不断提高，特别是"城市让生活更美好"理念的不断深入人心，契合着来自顶层设计中的"人民城市"思想和理念，再加上市民治理城市意愿的增强和能力的提高。上述诸多方面的提高形成了强大的合力，对城市治理的目标和任务就有了更高的要求和更高的期待，反馈到城市治理工作本身，客观造就了城市治理地位与作用日趋重要的客观事实。

2. 未来的城市治理面临的压力和挑战依然巨大

首先是城市治理面临的传统压力和挑战依然存在。简单地说，就是城市快速发展过程中采取的不可持续发展模式引发的城市病的压力和挑战依然存在；部门协同过程中本位主义和团体利益导致的压力和挑战依然存在；市民对城市治理的期待值和需求的不断提高导致的压力和挑战依然存在；等等。其次，新的压力和挑战也会接踵而来。它们可以包括：多元治理城市过程中的体制机制问题及技术性问题引发的压力和挑战将会发生，并严重影响着城市治理现代化推进步伐；迅猛发展的科学成果和新技术应用提出的压力和挑战会越来越多、越来越频繁；依然存在于部门间的技术壁垒和利益团体格局引发的压力和挑战亦将继续存在；变化莫测的国际关系格局也将对不断国际化的城市带来更大的不确定性，进而对城市治理提出新的挑战；等等。最后是城市治理具体实施过程中面临的"三E"① 的压力和挑战。这类挑战在传统的城市治理过程中也是存在的，应对它们的结果就是城市治理的创新发展，在这一方面，只要认真阅读上文中我们对于杭州市江干区城市治理的创新发展过程，特别是阅读与理解"四化协同"形成、推进与完善的过程，就能够得到相应的解释。未来的城市治理

---

① "三E"是指经济（economy）、效率（efficency）和效果（effect）。

在这方面遭遇到的压力和挑战不会小于此前的城市治理，"三 E"仍是考评城市治理的最重要指标集，并且因为社会各方期待的提高，经济、社会发展阶段的进步，技术环境的高度发达等因素的存在，显著地提高与优化相应的指标内涵，向城市治理者们提出了更高的要求。

3. 未来的城市治理是继续高扬"党建引领"的城市治理

学界通常认为，城市治理具有三大属性，分别是行政属性、管理属性和服务属性。我们认为，城市治理还具有政治属性，而且它是其属性集中最关键的属性，我们称之为城市治理的"第一属性"。江干区城管局在创新发展过程中的最大经验和最强有力的治理抓手实际上就是"党建引领"，同样，在未来的发展过程中，城市管理的最有力抓手仍然是"党建引领"。这既是城市治理的自然属性所致，也是城市治理实施与推进过程中的必然要求，还是城市治理始终沿着正确的方向推进的要求，唯有如此，才能实现"城市让生活更美好"的城市治理之初心与使命。

4. 未来的城市治理日趋重视城市治理文化建设

城市治理文化对于推动城市治理健康快速发展的重要作用还没有被人们完全认知，哪怕是城市治理的研究者和从业者们，也只是初窥其端倪。但是，治理文化建设已经在我国各地的城市治理实践中被以不同的形式在开展着，特别是在城市管理局内部，文化建设已经以原子化的形式，即单个的文化特质的形式存在了，例如，各个城管局都已经上墙、已经入脑的"城管之歌"。在未来的城市治理领域，文化建设不仅仅以原子化的形式存在，更多地将会以集合的形式，例如，以文化特质丛的形式存在；而且，城市治理文化的建设阵地与领域，不会仅仅局限于城管局内部，它将在全市域范围的广度开展，并将浸润每一个城市人的心灵，形成与城市发展相陪伴，并成为塑造城市及城市人的文化、传统、习惯与气质等的新武器，成为推动和保障城市治理健康快速发展的新利器。

5. 未来的城市治理是全体市民共治共享的城市治理

这既是我国政治体制改革的大发展方向使然，也是城市治理本身的规律性使然。自 2015 年国务院提出并实施"放管服"改革以来，管理重心下移的步伐就迅速加快，我国行政管理体制改革进入一个新的发展阶段；2020 年 5 月，李克强总理在政府工作报告中更是进一步提出，要纵深推进"放管服"改革。中央在这一领域的顶层政策设计，是我国政治体制改革前进的总体发展方向，在这一方向主导下，城市治理的重心不断下移，全体市民共治共享的城市治理是大势所趋。联合国 2000 年发起的"健全的城市管理全球运动"界定的健全的城市治理七项标准中，至少有三项标准涉及类似问题：

　　第 2 条：下放权力和资源应根据附属性原则分配提供服务的责任，亦即在最低的适宜级别上按照有效率和具有成本效益地提供服务的原则分担责任。这将最大限度地发挥市民参与城市管理过程的潜力。权力下放和地方的民主制度应能使各项政策和举措更加符合优先事项和市民的需要。

　　第 3 条：公平参与决策过程。分享权力的结果是公平地使用资源。男女市民，特别是穷人，应能平等地选派代表，参与所有的城市决策和资源分配过程，使他们的需要和优先事项得到平等的解决。包容性城市为每个人提供平等机会，获得基本的、适宜标准的营养、教育、就业和生计、保健、住房、安全的饮水、卫生和其他基本服务。

　　第 6 条：市民参与和市民作用。人是城市的主要财富，对于实现可持续的人的发展而言，人民既是对象，也是手段。市民参与的含义是，生活在一起并不是一个被动行为，在城市中，人民必须积极参与谋取共同的福利。市民，尤其是穷人，必须得到权力来有效参与决策过程。[①]

　　上述内容给我们的启发是，城市治理有其自身的规律性，规律性的客观性规定着城市治理发展的必然性。因之，我们可以断言，在未来的城市治理发展进程中，全体市民共治共享的城市治理是其必然的基本形态。

6. 未来的城市治理是科学化、智慧化与创新化协同推进的城市治理

　　实际上，这"三化"协同推进现象并不仅仅是城市治理的未来发展态势，它将会是治理领域所有的治理门类共享的管理形态，甚至是未来经济、社会、文化、生态等发展领域中的常规化现象。我们之所以在此特别

---

① 全面审查和评价《生境议程》实施情况的大会特别会议筹备委员会：《健全的城市管理：规范框架》，http：//www.unchs.org/govern/，2000 年 5 月。

强调这个问题，乃是基于江干区"四化协同"实践中已经出现的并在城市治理过程中发挥了巨大作用的现实样式所做出的延伸性思考。在当下的城市治理进程中，杭州江干城管人抓住了科学化、智慧化和创新化的机遇与成就，并将之应用于城市治理实践中，成就了领跑全国城市治理发展的成就；同样，在未来的城市治理进程中，只有紧跟并继续紧抓科学化、智慧化和创新化的新成果，并将之不断地应用于城市治理工作之中，城市治理才能不断满足城市发展的需求，不断满足市民的诉求，也才能实现自身的不断进步和发展。

7. 未来的城市治理是服务型的城市治理

管理就是服务这一理念，自新公共管理兴起之日起，日渐成为一种时尚和必然，从这个意义上讲，我们在此提出的"未来的城市治理是服务型的城市治理"就有点无病呻吟的感觉。但是，尽管顶层政策设计中也已经在诸多方面和领域提出和推进服务取向的管理体制改革，但在我国的传统文化中存在着根深蒂固的官本位传统，致使在各个管理领域中仍然存在着浓郁的管控思维，甚至在很多管理者头脑中还存在着一些陈规陋习，这种陋习的革除绝非一日之功。因此，在未来的各类治理活动中，包括在未来的城市治理具体进程中，管理就是服务这一理念仍然会被大力弘扬，并在不断的治理进步中最终成为固化的和习以为常的行动模式。

8. 未来的城市治理是与"城市让生活更美好"同向偕行的城市治理

未来的城市治理，人本化将会是无须言表的本质特征，它与"人民城市"互为表里又相互支撑和相互强化；"人民城市人民建、建好城市为人民"和"人民城市人民管、管好城市为人民"，从建设与治理两个层面共同缔造属于城市市民的"人民城市"。因此，未来的城市无论是建还是管，其全部内涵和唯一指向就是"为人民""为市民"，这是构建属于未来城市的"初心"与"使命"，它与城市治理的"初心"与"使命"形成无缝对接，并进一步规范和约束着城市治理的初心与使命——"城市让生活更美好"。换句话说，未来城市治理的价值理念、行动方式和目标追求是"城市让生活更美好"，城市治理将紧紧围绕着它展开与运行；未来的城市治理更加直接和无保留地追求和实现自己"城市让生活更美好"的初心与使命。因之，二者在"城市让生活更美好"向度上浑然天成，亦步亦趋，保守一点说，也达成了同向偕行的状态和趋势。

　　概言之，未来的城市治理还会面临各种各样的风险与挑战，其发展的过程绝对不会是风平浪静的，但是，未来的城市治理奠基于城市治理创新发展的今天，特别是有着像杭州市江干区城市管理局创新发展的"四化协同"这样的优良基础。因此，未来城市治理发展的成就不可限量，未来的城市治理一定是城市良性运行、协调发展最得力的抓手和最可靠的平衡器，是城市健康快速发展的"定海神针"。

参考文献

埃比尼泽·霍华德:《明日的田园城市》,金纪元译,商务印书馆,2012。

艾伦·哈丁、泰尔加·布劳克兰德:《城市理论》,王岩译,社会科学文献出版社,2016。

安德鲁·查德威克:《互联网政治学:国家、公民与新传播技术》,任孟山译,华夏出版社,2010。

奥威尔·鲍威尔:《城市管理成功之道》,姜杰、孙倩译,北京大学出版社,2008。

白建民:《现代城市管理》,中国科学技术大学出版社,2005。

彼得·圣吉:《第五项修炼——学习型组织的艺术与实务》,郭进隆译,生活·读书·新知三联书店,1997。

蔡雪雄、李桂平:《现代城市管理模式的优化取向》,《社会科学研究》2004年第6期,第39~42页。

陈红太:《从党政关系的历史变迁看中国政治体制变革的阶段特征》,《浙江学刊》2003年第6期,第79~89页。

陈平:《数字化城市管理模式探析》,《北京大学学报》(哲学社会科学版)2006年第1期,第142~148页。

D. A. 雷恩:《管理思想的演变》,孙耀君等译,中国社会科学出版社,1986。

戴维·R. 摩根、罗伯特·E. 英格兰、约翰·P. 佩利塞罗:《城市管理学:美国视角》,杨宏山、陈建国等译,中国人民大学出版社,2011。

戴维·奥斯本等:《摒弃官僚制:政府再造的五项战略》,谭功荣、刘霞译,中国人民大学出版社,2002。

丹尼斯·缪勒:《公共选择理论》,杨春学等译,中国社会科学出版社,1999。

盖伊·彼得斯:《政府未来的治理模式》,吴爱明、夏宏图译,中国人民大学出版社,2001.

胡刚、苏红叶:《广州城市治理转型的实践与创新》,《城市问题》2014年第3期,第85~89页。

胡引翠、邢丹露、王昆、刘明阳、张志刚:《基于"自适应九叉树"空间信息多级格网的城市管理模式》,《地理与地理信息科学》2014年第1期。

黄丽著:《国外大都市区治理模式》,东南大学出版社,2003。

简·雅各布斯:《美国大城市的死与生》,金衡山译,译林出版社,2006。

江国华、韩玉亭:《相对集中城市管理模式面临的困境及对策研究》,《北京社会科学》2014年第11期,第4~11页。

姜杰、彭展等:《城市管理学》,山东人民出版社,2005。

金炜竑:《杭州市江干区"四篇文章"做实城管进社区》,《城乡建设》2020年第19期,第19~20页。

卡尔·马克思:《〈黑格尔法哲学批判〉导言》,《马克思恩格斯选集》第1卷,中共中央马克思恩格斯列宁斯大林著作编译局编译,人民出版社,1995。

L.贝纳沃罗:《世界城市史》,薛钟灵等译,科学出版社,2000。

李如刚、刘伟:《城市管理模式变迁中的管理成本经济学分析》,《城市发展研究》2013年第6期,第40~43页。

列宁:《苏维埃政权的当前任务》,《列宁选集》第3卷,中共中央马克思恩格斯列宁斯大林著作编译局编译,人民出版社,1960。

吕德雄:《管理现代化:城市管理优化的目标选择》,《南京社会科学》1999年第1期,第24~29页。

曼纳·彼得·范戴克:《新兴经济中的城市管理》,姚永玲译,中国人民大学出版社,2006。

曼纽尔·卡斯特:《网络社会:跨文化的视角》,周凯译,社会科学文献出版社,2009。

毛寿龙、李梅等:《西方政府的治道变革》,中国人民大学出版社,1998。

尼古拉·尼葛洛庞帝:《数字化生存》,胡泳、范海燕译,海南出版社,1997。

诺里斯：《新政府沟通：后工业社会的政治沟通》，顾建光译，上海交通大学出版社，2005。

欧文·E. 休斯：《公共管理导论》，张成福等译，中国人民大学出版社。2007。

彭晓春等：《城市生长管理与城市生态规划》，《中国人口·资源与环境》2002 年第 4 期，第 24～27 页。

秦甫：《现代城市管理》，东华大学出版社，2004。

曲华林、翁桂兰、柴彦威：《新加坡城市管理模式及其借鉴意义》，《地域研究与开发》2004 年第 6 期，第 61～64 页。

申振东：《基于数字化综合管理的城市管理模式创新》，《中国行政管理》2011 年第 5 期，第 119～121 页。

沈耀泉：《现代城市管理》，中国轻工业出版社，2002。

汤茜草：《无形城市对当前城市运营理念的冲击》，《城市问题》2006 年第 6 期，第 26～29 页。

王佃利：《城市管理转型与城市治理分析框架》，《中国行政管理》2006 年第 12 期，第 97～101 页。

王旭：《美国城市化的历史解读》，岳麓书社，2003。

王志峰：《新时期我国城市管理模式创新取向及路径选择》，《经济体制改革》2005 年第 6 期，第 11～15 页。

维托尔德·雷布琴斯基：《嬗变的大都市》，叶齐茂、倪晓辉译，商务印书馆，2016。

文森特·奥斯特罗姆等：《美国地方政府》，井敏、陈幽泓译，北京大学出版社，2004。

乌尔里希·贝克：《风险社会》，何博闻译，译林出版社，2004。

夏征农主编：《辞海》，上海辞书出版社，1989。

杨宏山：《市政管理学》，中国人民大学出版社，2005。

杨宏山：《数字化城市管理的制度分析》，《城市发展研究》2009 年第 1 期，第 109～113 页。

叶裕民：《中国城市管理创新的一种尝试》，《中国软科学》2008 年第 10 期，第 52～64 页。

尹继佐：《城市管理与市民素质》，上海社会科学出版社，2002。

尤建新：《现代城市管理学》，科学出版社，2003。

袁锋等:《网络社会的政府与政治》,北京大学出版社,2006。

张本效:《城市管理学》,中国农业大学出版社,2017。

张本效:《城镇化的模式创新与风险管控》,社会科学文献出版社,2018。

张超:《城市管理主体多元化模式探讨》,《学海》2006 年第 6 期,第 125~129 页。

张宪威、罗时平:《城管困局破解》,《求实》2012 年第 7 期,第 49~51 页。

张跃庆、吴庆玲:《城市基础设施经营与管理》,经济科学出版社,2005。

赵恩国、贾志永:《物联网在城市管理中的应用和影响研究》,《生态经济》 2014 年第 10 期。

《中国共产党在民族战争中的地位》(一九三八年十月十四日),《毛泽东 选集》,人民出版社,1962。

《中国共产党章程》,人民出版社,2017。

周建亮、诸大建:《资源强约束下的城市管理——从传统到现代化的变革》 《江海学刊》2005 年第 5 期,第 111~116 页。

周汝昌等:《宋词鉴赏辞典(上)》,上海辞书出版社,2003。

Ashworth & Voogd. *Selling the City: Marketing Approaches in Public Sector Urban Planning* (London: Belhaven Press, 1990).

Cater, H. , *The Study of Urban Geography* (London: Edwand Amold, 1972).

Levy, John M. , *Essential Microeconomics for Public Policy Analysis.* (West Port, CT: Praeger Publishers, 1995).

Osborne, David, & Ted Gaebler, *Reinventing Government: How the Entrepreneurial Spirit is Transforming the Public Sector* (New York: Addison-Wesley, 1992).

Vedung, Evert, *Public Policy and Program Evaluation* (New Brunswich, NJ: Routledge, 2000).

附 录

附录一：2016－2020 年间江干区城管局获得的各类集体奖项明细表

序号	级别	集体	获得荣誉名称	时间	荣誉评定部门	备注
1	国家级	江干区城市管理局	江干区城市阳台公厕、沿江大道（七堡）绿化带公厕、沿江公园公厕、华景南公厕荣获 2018 年度中国公共厕所示范案例	2018.11	中国城市环境卫生协会	
2	国家级	江干区城市管理局	丁兰街道大农港治水体验店荣获美丽河湖研学基地	2019.3	中国水利博物馆	
3	国家级	江干区城管驿站	江干城管驿站党建获评全国城市基层党建创新最佳案例	2019.9	中组部组织二局	
4	国家级	江干区城市管理局	城市垃圾清运智能管理系统获评 2018 年度中国智慧环卫"政府管理创新案例"	2018.1	中国城市环境卫生协会智慧环卫专业委员会	
5	国家级	江干区分类办	生活垃圾分类"桶长制"实践案例荣获全国"垃圾分类示范案例"，并被认定为全省七个分类"模式"之一	2019.11	中国城市环境卫生协会	
6	国家级	采荷环卫所市民中心花园广场公厕	光大杯"最美公厕"评选"最美公厕"科技奖	2016.11	中国城市环境卫生协会	
7	省级	江干区	2015 年度浙江省治水最高荣誉"大禹鼎"	2016.2	中共浙江省委、浙江省人民政府	

序号	级别	集体	获得荣誉名称	时间	荣誉评定部门	备注
8	省级	江干区	浙江省第二批省级生态文明建设示范县（市、区）	2018.7	浙江省人民政府	
9	省级	江干区	2017年度美丽浙江建设工作考核优秀县（市、区）	2018.6	中共浙江省委、浙江省人民政府	
10	省级	江干区	2018年度美丽浙江建设工作考核优秀县（市、区）	2019.4	中共浙江省委、浙江省人民政府	
11	省级	江干区	2019年度全省生活垃圾分类工作优秀县（市、区）	2020.6	浙江省生活垃圾分类工作领导小组	
12	省级	江干区城市管理局	2016年度浙江省G20杭州峰会工作先进集体	2016.9	中共浙江省委、浙江省人民政府	
13	省级	江干区城市管理局	浙江省"优秀园林工程"金奖	2017.9	浙江省风景园林学会	
14	省级	江干区城市管理局团委	全省共青团"护三水"优秀项目	2016.3	浙江省青年绿色环保协会	
15	省级	江干区"五水共治"工作领导小组办公室	2015年度全省"五水共治"工作优秀县（市、区）	2016.3	中共浙江省委办公厅	
16	省级	江干区"五水共治"工作领导小组办公室	2016年度全省"五水共治"工作优秀县（市、区）	2017.3	中共浙江省委办公厅	
17	省级	江干区"五水共治"工作领导小组办公室	2017年度剿灭劣Ⅴ类水突出贡献集体	2018.10	中共浙江省委 浙江省人民政府	
18	省级	杭州市生态环境局江干分局、江干区治水办	2018年度美丽浙江建设和"五水共治"工作成绩突出集体	2019.12	中共浙江省委 浙江省人民政府	
19	省级	江干区城市管理局	浙江省智慧城管工作先进集体	2015	浙江省住房和城乡建设厅	
20	省级	江干区综合行政执法大队四季青中队	浙江省综合执法工作先进集体	2017.12	浙江省住房和城乡建设厅	
21	省级	江干区综合行政执法大队四季青中队	浙江省综合行政执法文明规范公正基层队所	2018.12	浙江省司法厅/浙江省综合行政执法指导办公室	

续表

序号	级别	集体	获得荣誉名称	时间	荣誉评定部门	备注
22	省级	笕桥中队	浙江省青年文明号	2016.03	浙江省"青年文明号、青年岗位能手"活动组委会	
23	省级	东站中队绿茵女子分队	浙江省巾帼文明岗	2020.05	浙江省妇联	
24	省级	市政园林养护所	浙江省巾帼文明岗	2016.09	浙江省巾帼建功和双学双比活动协调小组	
25	省级	市政园林养护所	服务G20杭州峰会立功竞赛工人先锋号	2016.9	浙江省总工会	
26	省级	之江环境服务有限公司	浙江省城市市容环卫工作成绩突出集体	2019	浙江省总工会	
27	省级	采荷环境卫生管理所	浙江省城市市容环境卫生工作先进集体	2017.10	浙江省住房和城乡建设厅、浙江省总工会	
28	省级	采荷环境卫生管理所公厕保洁班	浙江省巾帼文明岗	2016.02	浙江省巾帼建功和双学双比活动协调小组	
29	省级	行政审批窗口	2016~2017年度省级青年文明号集体	2018.6	浙江省"青年文明号、青年岗位能手"活动组委会办公室	
30	省级	江干区丁兰片区河道	省级"美丽河湖"	2018.12	浙江省水利厅	
31	市级	江干区	2016年度杭州市"五水共治"工作先进区、县（市）	2016.5	杭州市"五水共治"领导小组	
32	市级	江干区	秋涛路机场路口自然花境《繁盛江南》获2019年度杭州市"五一"自然花境一等奖	2019.6	杭州市园文局	
33	市级	江干区	庆春东路自然花境《春漫新城》获2019年度杭州市"五一"自然花境二等奖	2019.6	杭州市园文局	
34	市级	江干区	2019年度生态文明（"美丽杭州"）建设目标责任制考核优秀区、县（市）	2020.6	美丽杭州建设领导小组生态文明示范创建办公室	
35	市级	江干区	2019年度杭州市"五水共治"（河长制）工作考核先进区、县（市）	2020.6	中共杭州市委、杭州市人民政府	

序号	级别	集体	获得荣誉名称	时间	荣誉评定部门	备注
36	市级	江干区城市管理局	杭州市庆祝浙江省第 20 个环卫工人节文艺表演一等奖	2016.10	杭州市环卫保洁行业工会	
37	市级	江干区城市管理局	2016 年度杭州市城市管理创新实践活动一等奖	2016.12	杭州市城管领导小组	
38	市级	江干区城市管理局	G20 杭州峰会期间爱国卫生保障工作先进集体	2016.12	杭州市人民政府办公厅	
39	市级	江干区城市管理局	2017 年度杭州市平安工作先进集体	2017.7	中共杭州市委、杭州市人民政府	
40	市级	江干区城市管理局	2016 年度杭州市宣传工作优秀单位	2017.10	杭州市城市管理委员会	
41	市级	江干区城市管理局	2017 年度杭州市宣传工作优秀单位	2018.01	杭州市城市管理委员会	
42	市级	江干区城市管理局	2017 年度杭州市"剿灭劣Ⅴ类水"工作先进集体	2018.07	杭州市五水共治领导小组	
43	市级	江干区城市管理局	杭州市环卫技能比武洒水车文明避让作业第一名	2018.9	杭州市城市管理委员会	
44	市级	江干区城市管理局	杭州市环卫技能比武精细化项目第一名	2018.9	杭州市城市管理委员会	
45	市级	江干区城市管理局	杭州市环卫技能比武团体第二名	2018.9	杭州市城市管理委员会	
46	市级	江干区城市管理局	杭州市环卫技能比武垃圾集置点接驳清运第二名	2018.9	杭州市城市管理委员会	
47	市级	江干区城市管理局	杭州市环卫技能比武垃圾分类趣味投掷第四名	2018.9	杭州市城市管理委员会	
48	市级	江干区城市管理局	杭州市环卫技能比武局部路面油污清洗作业第四名	2018.9	杭州市城市管理委员会	
49	市级	江干区城市管理局	2018 年度杭州市排水管道应急处置青工技能比武大赛中荣获团体一等奖	2018.11	杭州市城管委团工委、杭州市市政设施监管中心	
50	市级	江干区城市管理局	2018 年度杭州市城管执法业务考核优胜优秀单位	2019.2	杭州市城市管理局	
51	市级	江干区城市管理局	2018 年度宣传工作优秀单位	2019.2	杭州市城市管理委员会	
52	市级	江干区城市管理局	2018 年度杭州市"五水共治"（河长制）先进工作集体	2019.8	美丽杭州建设领导小组	

续表

序号	级别	集体	获得荣誉名称	时间	荣誉评定部门	备注
53	市级	江干区城市管理局	2019 年度杭州市城管系统抗雪防冻应急演练一等奖	2019.12	杭州市城市管理委员会	
54	市级	江干区城市管理局	杭州市防台救灾先进集体	2019.12	浙江省防汛防台抗旱指挥部	
55	市级	江干区城市管理局	2019 年度杭州市无烟单位	2020.1	杭州市卫健委、爱卫委	
56	市级	江干区城市管理局	2019 年度杭州市垃圾分类推进工作先进集体	2020.5	杭州市人民政府办公厅	
57	市级	江干区城市管理局	2020 年度杭州市城管系统抗雪防冻应急演练二等奖	2020.11	杭州市城市管理局	
58	市级	江干区城市管理局	杭州市抗击新冠肺炎疫情先进集体	2020.12	中共杭州市委、杭州市人民政府	
59	市级	综合督查科	杭州市城管委 G20 峰会环境提升与整治立功竞赛先进集体	2016.9	杭州市城市管理委员会	
60	市级	市容环卫科	G20 峰会环境提升与整治立功竞赛先进集体	2016.10	杭州市城市管理委员会	
61	市级	设施运行科	杭州市城区抗雪防冻应急演练一等奖	2016.12	杭州市城区抗雪防冻指挥部	
62	市级	江干区城市管理局团委	杭州市"绿色文明号"	2015	共青团杭州市委	
63	市级	江干区城市管理局团委	杭州市百场公益夏令营优秀组织奖	2015	共青团杭州市委	
64	市级	江干区城市管理局团委	杭州市建功 G20"五水共治"杰出青年突击队	2016.12	共青团杭州市委	
65	市级	江干区城市管理局代表队	杭州市城管系统职工运动会团体总分第一名	2017.03	杭州市城市管理委员会	
66	市级	江干区城管驿站党委	杭州市市级"最强党支部"	2019.12	杭州市委不忘初心主题教育小组、杭州市委组织部	
67	市级	江干区"五水共治"工作领导小组办公室	2018 年度杭州市"五水共治"优秀县（市、区）	2019.5	杭州市五水共治领导小组	
68	市级	江干区治水办（河长办）	杭州市优秀"河小二"先进集体	2017.12	共青团杭州市委、杭州市环境保护局	

续表

序号	级别	集体	获得荣誉名称	时间	荣誉评定部门	备注
69	市级	江干区治水办（河长办）	2018 年度全市治水督查竞赛二等奖	2019.2	杭州市"五水共治"领导小组办公室、杭州市河长制办公室	
70	市级	江干区抗雪防冻指挥部办公室	2015 年度杭州市城管系统抗雪防冻应急演练二等奖	2015.12	杭州市城区防汛防台指挥部办公室	
71	市级	江干区分类办	2019 年度杭州市生活垃圾分类工作一等奖	2020.2	杭州市生活垃圾分类工作领导小组	
72	市级	江干区防汛抗旱指挥部办公室	2015 年度杭州市城区防汛防台工作先进集体	2016.1	杭州市城区防汛防台指挥部办公室	
73	市级	信访受理中心	百佳党员固定活动日案例评选荣获市级先进	2016.1	杭州市组织部	
74	市级	直属中队	2018－2019 年度城管系统市级青年文明号	2019.12	共青团杭州市委、杭州市城市管理局	
75	市级	凯旋中队"96310"为民服务冲锋岗	2017 年度城管系统市级青年文明号	2018.11	共青团杭州市委、杭州市城市管理局	
76	市级	凯旋中队工会委员会	工人先锋号	2017	杭州市总工会	
77	市级	凯旋中队	2019 年度杭州市城管系统最强支部	2019.6	中共杭州市城管局（执法局）党组	
78	市级	九堡（客运）中队 96310 示范岗	2017 年度市级青年文明号	2017.2	共青团杭州市委	
79	市级	闸弄口中队"执法为民示范岗"	2018－2019 城管系统市级青年文明号	2019.12	共青团杭州市委、杭州市城市管理局	
80	市级	闸弄口中队	杭州市巾帼文明岗	2019.10	杭州市巾帼建功和双学双比活动协调小组	

续表

序号	级别	集体	获得荣誉名称	时间	荣誉评定部门	备注
81	市级	四季青中队"精致四季青"城管示范岗	2017年度城管系统市级青年文明号	2018.11	共青团杭州市委、杭州市城市管理局	
82	市级	笕桥中队	三星级中队	2016.12	杭州市城管委	
83	市级	东站中队温馨管理示范岗	2017年度市级青年文明号	2017.2	共青团杭州市委	
84	市级	东站中队绿茵女子分队	杭州市巾帼文明岗	2017.12	杭州市妇联	
85	市级	东站中队	2019年度杭州市综合行政执法四星级中队	2019.11	杭州市综合行政执法局	
86	市级	丁桥中队治水示范岗	2019-2020年度市级青年文明号	2020.7	杭州市青年文明号、青年岗位能手活动指导委员会办公室	
87	市级	钱江新城中队CBD先锋岗	2017年度城管系统市级青年文明号	2018.11	共青团杭州市委、杭州市城市管理委员会	
88	市级	钱江新城中队	服务保障G20杭州峰会先进集体	2016.9	中共杭州市委、杭州市人民政府	
89	市级	钱江新城中队	杭州市综合行政执法三星级中队	2019.12	杭州市综合行政执法局	
90	市级	江干区行政服务中心城管窗口	2017年度市级青年文明号	2017.2	共青团杭州市委	
91	市级	江干区行政服务中心城管窗口	2019年度杭州市第二届"最美办事窗口"	2019.9	中共杭州市委宣传部、杭州市文明办、杭州市编委办、杭州市审管办	
92	市级	城管驿站江干区石德立交桥站党支部	2019年度杭州市城管系统最强支部	2019.6	中共杭州市城管局（执法局）党组	
93	市级	综合监管中心	2018年度城市河道标准化工作先进集体	2019.2	杭州市市区河道监管中心	

续表

序号	级别	集体	获得荣誉名称	时间	荣誉评定部门	备注
94	市级	综合监管中心	2018年度城市河道行业调研课题一等奖	2019.2	杭州市市区河道监管中心	
95	市级	综合监管中心	杭州市地铁建设施工区域专项管理2018－2019年度优秀城区、钱江路"明星站点"	2019.10	杭州市地铁建设施工区域专项管理领导小组办公室	
96	市级	综合监管中心	2019年度杭州市市容环卫先进管理集体	2019.10	杭州市城管局、杭州市总工会	
97	市级	江干区河道监管中心	2018年度城市河道标准化工作先进集体	2019.2	杭州市市区河道监管中心	
98	市级	综合监管中心河道监管科	2020年度杭州市河道工匠养护技能大比武水面保洁比赛亚军	2019.11	杭州市城市河道保护管理中心	
99	市级	综合监管中心河道监管科	2019年度杭州市河道工匠养护技能大比武中获得养护用船划船比赛冠军	2019.11	杭州市城市河道保护管理中心	
100	市级	综合监管中心河道监管科	2019年度杭州市河道工匠养护技能大比武水面保洁比赛亚军	2019.11	杭州市城市河道保护管理中心	
101	市级	综合监管中心市政排水监管科	2019年度杭州市市政检查提升技能比武一等奖	2019.8	杭州市城市管理局	
102	市级	综合监管中心绿化监管科	杭州市城区"国庆"立体花坛一等奖	2018.1	杭州市绿化委员会城区绿化办公室	
103	市级	综合监管中心绿化监管科	杭州市城区"春节"环境小品一等奖	2018.2	杭州市绿化委员会城区绿化办公室	
104	市级	综合监管中心绿化监管科	杭州市城区绿化"五一"自然花境一等奖	2018.5	杭州市绿化委员会城区绿化办公室	
105	市级	综合监管中心绿化监管科	杭州市城区世游赛环境小品二等奖	2018.12	杭州市绿化委员会城区绿化办公室	
106	市级	江干区城管局市民街、风起示路	2018年度"美化家园工程"评比三等奖	2018.11	杭州市绿化委员会城区绿化办公室	

序号	级别	集体	获得荣誉名称	时间	荣誉评定部门	备注
107	市级	中共杭州市江干区市政园林养护所支部委员会	2019年度杭州市城管系统最强支部	2019.7	中共杭州市城管局（执法局）党组	
108	市级	市政园林养护所	杭州市城区抗雪防冻应急演练二等奖	2015.12	杭州市城区抗雪防冻指挥部	
109	市级	江干区市政所	G20杭州峰会立功竞赛暨市政人行道铺装技能比武竞赛团体二等奖	2016.5	杭州市市政设施监管中心	
110	市级	市政园林养护所	杭州市城区抗雪防冻应急演练一等奖	2017.12	杭州市城区抗雪防冻指挥部	
111	市级	市政园林养护所	2018年度杭州市城市桥梁检测养护青工技能比武大赛团体三等奖	2018.11	杭州市总工会	
112	市级	市政园林养护所	2018年度杭州市城区抗雪防冻应急演练一等奖	2018.12	杭州市城区抗雪防冻指挥部	
113	市级	市政园林养护所	2019年度全市市政检查提升技能比武竞赛一等奖	2019.8	杭州市城市管理委员会	
114	市级	市政园林养护所团支部	杭州市五四红旗团支部	2015.6	共青团杭州市委员会	
115	市级	市政园林养护所排水班	杭州市服务保障G20峰会先进班组	2016.9	中共杭州市委、杭州市人民政府	
116	市级	市政所郑威突击班组	2017年度杭州市"最美建设工作集体"	2017.11	中共杭州市城乡建委委员会	
117	市级	市政园林养护所应急分队	2017年度市级青年文明号	2017.12	共青团杭州市委	
118	市级	市政工程公司	杭州市道路养护工操作技能比武竞赛集体二等奖	2015.11	杭州市城市管理委员会、杭州市总工会、杭州市人力资源和社会保障局	
119	市级	市政工程公司	G20杭州峰会立功竞赛暨检查提升技能比武竞赛团体二等奖	2016.4	杭州市市政设施监管中心、杭州市建设工会	
120	市级	市政工程公司代表队	2017年度杭州市桥梁伸缩缝止水带更换技能比武竞赛二等奖	2017.11	杭州市市政设施监管中心	

续表

序号	级别	集体	获得荣誉名称	时间	荣誉评定部门	备注
121	市级	之江环境服务有限公司	2018 年度城管系统职工运动会拔河比赛第四名	2018.8	杭州市城市管理委员会	
122	市级	之江环境服务有限公司	2018 年度市城管委技能比武洒水车文明驾驶第一名	2018.8	杭州市城市管理委员会	
123	市级	之江环境服务有限公司	2018 年度杭州市市容环卫工作先进集体	2018.10	杭州市城市管理委员会	
124	市级	之江环境服务有限公司春雷行动班	杭州市市容环卫先进作业集体	2020.10	杭州市城市管理局、杭州市总工会	
125	市级	采荷环境卫生管理所	先进职工之家	2016.4	杭州市总工会	
126	市级	闸弄口所公厕保洁班	杭州市先进职工之家	2016.1	杭州市总工会	
127	市级	闸弄口环卫所工会	杭州市先进职工之家	2016.4	杭州市总工会	
128	市级	道路停车收费服务中心	第七届杭州市道路停车收费员岗位技能比武竞赛团体第一名	2018.10	杭州市建设工会、杭州市道路停车收费监管中心	
129	市级	环卫汽车场机修班	2017 年度市级青年文明号	2017.2	共青团杭州市委	
130	市级	基础设施改善中心调研组	2018 年度杭州市"百千万"活动"破难之星"（团队）	2018.9	杭州市"百千万"活动领导小组办公室	
131	市级	丁兰片区河道	杭州市级"美丽河湖"	2018.9	杭州市林水局、杭州市城管委、杭州市治水办	
132	市级	笕桥港	杭州市级"美丽河湖"	2018.8	杭州市林水局、杭州市城管委、杭州市治水办	
133	市级	秋涛路机场路自然花境"繁盛江南"	2019 年杭州市"五一"自然花境一等奖	2019.6	杭州市绿化委员会城区绿化办公室	

序号	级别	集体	获得荣誉名称	时间	荣誉评定部门	备注
134	市级	庆春东路自然花境"春漫新城"	2019 年杭州市"五一"自然花境二等奖	2019.6	杭州市绿化委员会城区绿化办公室	
135	区级	江干区城市管理局	2017 年度江干区城市建设工作优秀配合奖	2018.2	中共杭州市江干区委、杭州市江干区人民政府	
136	区级	江干区城市管理局	2017 年度江干区拆违控违工作优秀配合奖	2018.2	中共杭州市江干区委、杭州市江干区人民政府	
137	区级	江干区城市管理局	2017 年度江干区城中村改造工作优秀配合奖	2018.2	中共杭州市江干区委、杭州市江干区人民政府	
138	区级	江干区城市管理局	2017 年度江干区宣传思想文化工作创新项目	2018.2	中共杭州市江干区委宣传部	
139	区级	江干区城市管理局	2017 年度江干区优秀新闻工作站	2018.2	中共杭州市江干区委宣传部	
140	区级	江干区城市管理局	2017 年度"江干发布"网络平台工作优秀单位	2018.2	中共杭州市江干区委宣传部	
141	区级	江干区城市管理局	2017 年度江干区"五水共治"工作优秀配合奖	2018.2	中共杭州市江干区委、杭州市江干区人民政府	
142	区级	江干区城市管理局	2017 年度江干区党委系统信息工作先进单位	2018.3	中共杭州市江干区委办公室	
143	区级	江干区城市管理局	2016 年度全区宣传（舆情）信息工作优胜单位	2018.4	中共杭州市江干区委宣传部	
144	区级	江干区城市管理局	2018 年度江干区治废专项考核优秀奖、治序考核优秀奖、治水治气部门评议优秀奖、防违控违工作考核部门评议组优秀奖	2019.1	中共杭州市江干区委	
145	区级	江干区城市管理局	2018 年度江干区城中村改造工作优秀配合奖	2019.1	中共杭州市江干区委	

序号	级别	集体	获得荣誉名称	时间	荣誉评定部门	备注
146	区级	江干区城市管理局	2018年度江干区内部审计工作考核先进单位	2019.1	杭州市江干区审计局	
147	区级	江干区城市管理局	2018年度江干区城市建设工作优秀配合奖	2019.1	中共杭州市江干区委、杭州市江干区人民政府	
148	区级	江干区城市管理局	2018年度江干平安综治维稳防范和处理邪教工作考核结果的通报	2019.4	中共杭州市江干区委、杭州市江干区人民政府	
149	区级	江干区城市管理局	2019年度江干区无偿献血工作先进单位	2019.12	杭州市江干区人民政府办公室	
150	区级	江干区城市管理局	"最多跑一次"改革先锋	2020.1	江干区行政审批服务管理办公室	
151	区级	江干区城市管理局	2019年度防违控违部门优秀奖	2020.3	中共杭州市江干区委、杭州市江干区人民政府	
152	区级	江干区城市管理局	2019年度轨道佳通征迁建设工作优秀组织奖、城中村改造工作优秀配合奖、城市建设工作优秀配合奖	2020.3	中共杭州市江干区委、杭州市江干区人民政府	
153	区级	江干区城市管理局	2019年度城市建设工作优秀配合奖	2020.3	中共杭州市江干区委、杭州市江干区人民政府	
154	区级	江干区城市管理局	2019年度大气污染防治工作优秀奖	2020.3	中共杭州市江干区委、杭州市江干区人民政府	
155	区级	江干区城市管理局	2019年度安全生产目标管理责任制考核优秀单位	2020.3	杭州市江干区安全生产委员会	
156	区级	江干区城市管理局	2019年度"两会"建议提案办理工作先进单位	2020.3	中共杭州市江干区委办公室、杭州市江干区人大常委会办公室、杭州市江干区人民政府办公室、政协杭州市江干区委员会办公室	

续表

序号	级别	集体	获得荣誉名称	时间	荣誉评定部门	备注
157	区级	江干区城市管理局	2019 年度江干区"学习强国·学习组织之星"	2020.3	江干区委宣传部	
158	区级	江干区城市管理局	2019 年度江干区"学习强国"优秀供稿单位	2020.3	江干区委宣传部	
159	区级	江干区城市管理局	2019 年度全区宣传信息工作优秀单位	2020.3	江干区委宣传部	
160	区级	江干区城市管理局	2019 年度新闻宣传工作先进单位	2020.3	江干区委宣传部	
161	区级	江干区城市管理局	2019 年度健康江干建设优秀单位	2020.5	健康江干建设领导小组办公室	
162	区级	江干区城管局妇委会	区级基层妇女工作先进集体	2017.3	杭州市妇联	
163	区级	江干区城市管理局工会工作委员会	2017 年度江干区工会工作成效显著单位	2017	江干区工会	
164	区级	江干区城管局"贴心城管"志愿服务大队	2016 年度江干区"十佳（优秀）志愿服务组织"	2016	共青团杭州市江干区委员会	
165	区级	城管驿站江干区新塘路站党支部	江干区先进基层党组织	2019.6	中共杭州市江干区委	
166	区级	行政审批窗口	江干区 2018 年度政务服务"最多跑一次"改革先锋	2019.1	江干区审管办	
167	区级	行政审批窗口	2018 年度信息工作优胜窗口	2019.1	江干区审管办	
168	区级	行政审批窗口	江干区"最多跑一次"技能比武竞赛（部门组）勇往直前（二等奖）	2019.1	江干区审管办	
169	区级	行政审批窗口	江干区巾帼文明岗	2019.3	江干区巾帼建功活动协调小组	
170	区级	行政审批窗口	2019 年度信息工作优胜窗口	2019.12	江干区行政审批服务管理办公室	
171	区级	直属中队防违控违先锋岗	2017 年度区级青年文明号	2017.5	共青团杭州市江干区委员会	
172	区级	闸弄口中队"执法为民"示范岗	2017 年度区级青年文明号	2017.5	共青团杭州市江干区委员会	

序号	级别	集体	获得荣誉名称	时间	荣誉评定部门	备注
173	区级	闸弄口执法中队社区分队	2017年度区级巾帼文明岗	2017.12	杭州市妇联	
174	区级	闸弄口中队团支部	2017年度江干区先进团支部	2018.4	共青团杭州市江干区委员会	
175	区级	凯旋中队"96310"为民服务冲锋队	2017年度区级青年文明号	2017.5	共青团杭州市江干区委员会	
176	区级	凯旋中队"凯联心"女子分队	2020年度江干区巾帼文明岗	2020.12	江干区巾帼建功活动协调小组	
177	区级	四季青中队精致四季青城管示范岗	2017年度区级青年文明号	2017.5	共青团杭州市江干区委员会	
178	区级	四季青执法中队微笑服务岗	2017年度区级巾帼文明岗	2017.12	杭州市妇联	
179	区级	笕桥中队	2018年度江干区文明创建工作先进集体	2019.4	杭州市江干区精神文明建设委员会	
180	区级	彭埠中队党支部	贴心直通车优秀案例	2019.6	江干区城市管理局委员会	
181	区级	丁桥中队治水示范岗	2017年度区级青年文明号	2018.5	共青团杭州市江干区委员会	
182	区级	东站中队	2018年度工作先进集体	2018.12	杭州东站枢纽管理委员会	
183	区级	东站中队	2019年度东站枢纽管理执法先进集体	2019.12	中共杭州东站枢纽工作委员会	
184	区级	东站中队	2019年度东站枢纽新时代担当有位集体	2019.12	中共杭州东站枢纽工作委员会	
185	区级	综合监管中心	"服务保障G20·人民公仆创新功"集体三等功	2016.9	杭州市江干区人民政府	
186	区级	综合监管中心	2016年度城市管理专项考核优秀配合奖	2017.3	中共杭州市江干区委、杭州市江干区人民政府	
187	区级	综合监管中心	2016年度城市管理专项考核亮化保障奖	2017.3	中共杭州市江干区委、杭州市江干区人民政府	

序号	级别	集体	获得荣誉名称	时间	荣誉评定部门	备注
188	区级	综合监管中心	2018年度江干区文明创建工作先进集体	2019.4	江干区精神文明建设委员会	
189	区级	市政工程公司	2016年度先进学习型企业	2017.2	江干区委宣传部、江干区总工会	
190	区级	之江环境服务有限公司	2018年度江干区青年文明号	2018	杭州市江干区总工会	
191	区级	之江环境服务有限公司	"严晓亮道路保洁七字诀"十佳职工先进工作法	2019.9	杭州市江干区城市管理局、杭州市江干区总工会	
192	区级	之江环境服务有限公司	2020年度江干区环卫工作先进集体	2020.10	杭州市江干区城市管理局、杭州市江干区城市环境协会	
193	区级	之江环境服务有限公司党总支	"两战先锋"先进集体	2020.7	中共杭州市江干区委	
194	区级	采荷环境卫生管理所	2017年度区级青年文明号	2017.5	共青团杭州市江干区委员会	
195	区级	市容环卫汽车场	江干区环卫优秀集体	2017.10	杭州市江干区城市环境协会 杭州市江干区城市管理局驿站党委	
196	区级	郭财根便民服务中心吸粪队	2018年度江干区"工人先锋号"	2018.5	杭州市江干区总工会	
197	区级	道路停车收费服务中心	2018年度江干区"工人先锋号"	2018.5	杭州市江干区总公会	
198	区级	道路停车收费服务中心	职工之家	2020.4	杭州市江干区总工会	
199	区级	三堡排灌站	2016年度"五水共治"工作优胜配合奖	2017.3	中共杭州市江干区委 杭州市江干区人民政府	
200	区级	江干区"绿宝藏"垃圾分类观察行动	2017年度江干区"志愿服务单项奖"	2018.8	江干区志愿服务工作委员会	

| 后 记 |

　　本书是基于实证研究撰写而成的著作。在写作过程中，得到了编委会主任金炜竑的全程关注和总体协调，得到了三位顾问以不同方式给予的指导，得到了编委会所有成员的帮助与支持。同时，广泛听取了城市治理一线职工的意见和建议。上述所有的指导、协调、帮助和建议，是本著作得以顺利完成的重要因素。

　　参加修改、通稿工作的有：陈峰、徐永盈、段振鹏、韩雨青、王汪诚、张碧缘、王琛、吴昌鹏、张凯月。鲁先锋参与了前期的调研和投标工作。钱光辉、丁芳、连恩团、王真真、楼宇杰、杨璐参与了相关研究工作。基于前期的调研材料，王汪诚、张碧缘、王琛、吴昌鹏、张凯月提供了第六、七两章的草稿。

图书在版编目（CIP）数据

　城市治理现代化：杭州样本 / 张本效著. -- 北京：
社会科学文献出版社，2021.5
　ISBN 978 - 7 - 5201 - 8359 - 8

　Ⅰ.①城… Ⅱ.①张… Ⅲ.①城市管理 - 现代化管理
- 研究 - 杭州 Ⅳ.①F299.275.51

　中国版本图书馆 CIP 数据核字（2021）第 084902 号

城市治理现代化：杭州样本

著　　者 / 张本效

出 版 人 / 王利民
责任编辑 / 胡庆英　张小菲
文稿编辑 / 庄士龙　孟宁宁　孙　瑜

出　　版 / 社会科学文献出版社·群学出版分社（010）59366453
　　　　　地址：北京市北三环中路甲 29 号院华龙大厦　邮编：100029
　　　　　网址：www. ssap. com. cn
发　　行 / 市场营销中心（010）59367081　59367083
印　　装 / 三河市尚艺印装有限公司

规　　格 / 开　本：787mm × 1092mm　1/16
　　　　　印　张：17.75　字　数：287 千字
版　　次 / 2021 年 5 月第 1 版　2021 年 5 月第 1 次印刷
书　　号 / ISBN 978 - 7 - 5201 - 8359 - 8
定　　价 / 118.00 元

本书如有印装质量问题，请与读者服务中心（010 - 59367028）联系